Algo más

Espagnol 1re B1

Élisabeth Mazoyer
Inspectrice pédagogique régionale honoraire

Jean-Patrick Mazoyer
Professeur certifié – Académie de Nantes

avec la collaboration de
Javier Soler

Programme 2011

8, RUE FÉROU 75278 PARIS CEDEX 06
WWW.EDITIONS-BELIN.COM

Belin:
ÉDITEUR INDÉPENDANT
DEPUIS 1777

Toutes les références à des sites Internet présentées dans cet ouvrage ont été vérifiées attentivement à la date d'impression. Compte tenu de la volatilité des sites et du détournement possible de leur adresse, les éditions Belin ne peuvent en aucun cas être tenues pour responsables de leur évolution. Nous appelons donc chaque utilisateur à rester vigilant quant à leur utilisation.

ISBN 978-2-7011-5538-8

Avant-propos

Un **nouveau programme** pour l'enseignement des Langues vivantes en **cycle terminal** a été publié en 2010. C'est dans cette dynamique que s'inscrit la méthode *Algo más* qui s'enrichit d'outils originaux et adaptés aux nouvelles orientations données à l'enseignement de l'Espagnol. Les principales directives, ainsi que les modalités concrètes que propose cette méthode pour atteindre les objectifs fixés, sont exposées de façon détaillée dans les pages suivantes (p. 4-7).

Permettre aux professeurs d'offrir à tous les élèves un enseignement efficace et motivant dans le respect des orientations pédagogiques actuelles est l'ambition de ce manuel. Il a été construit de façon rigoureuse avec des **documents authentiques**, de nature variée, choisis pour leurs qualités linguistiques et culturelles.

Les **huit chapitres** proposés offrent aux élèves les moyens concrets d'acquérir de réelles compétences de communication langagière.

La démarche proposée, à partir des **cinq activités** préconisées par le **CECRL**, prend appui sur des documents riches et variés, textuels, visuels, sonores et vidéo pour permettre de développer et de conforter les compétences acquises.

L'enseignement de la **littérature en langue vivante étrangère** proposé aux élèves de la **section littéraire** trouve sa place dans le manuel sous forme de **huit fiches** et **seize textes** choisis parmi les œuvres majeures de la littérature hispano-américaine.

Une grande importance a été donnée à la **construction linguistique** afin de permettre des liens et passerelles entre les différents documents. Les rubriques ***Así se dice***, ainsi que des fiches de lexique, en fin de chapitre, permettent à l'élève d'enrichir progressivement son vocabulaire. Tout au long des différents chapitres, les rubriques ***Recuerda*** invitent les élèves à réfléchir au fonctionnement de la langue et à en mémoriser certains points. À la fin de chaque chapitre, une double page d'entraînement des **compétences écrites** favorise la maîtrise de plus en plus étendue de l'écriture. Une double page, ***Vamos a ver***, propose de faire un bilan des acquis et de revenir sur les aspects de la langue découverts ou révisés lors de l'étude des différentes unités. Des exercices et des rubriques d'aide et d'approfondissement la complètent. Les différents chapitres du manuel sont construits autour de sujets qui faciliteront la découverte du programme culturel centré sur les quatre notions : **mythes et héros, espaces et échanges, lieux et formes du pouvoir, l'idée de progrès**.

La lecture, à la fin de chaque chapitre, de la double page intitulée ***¿Lo sabías?***, permettra, si on le souhaite, d'approfondir l'étude des faits culturels majeurs pour acquérir une bonne connaissance des pays de l'aire hispanique.

La méthode *Algo más* propose également deux **CD classe** et un **CD élève.** Le CD élève permettra d'effectuer en classe ou à la maison les exercices de compréhension de l'oral. Enfin, un **DVD** reprend la totalité des séquences vidéo proposées dans chaque chapitre du manuel.

Nous espérons que, grâce à ce manuel, les élèves prendront plaisir à découvrir le monde hispanique et à s'exprimer en espagnol, deuxième langue européenne la plus parlée dans le monde.

Les Auteurs

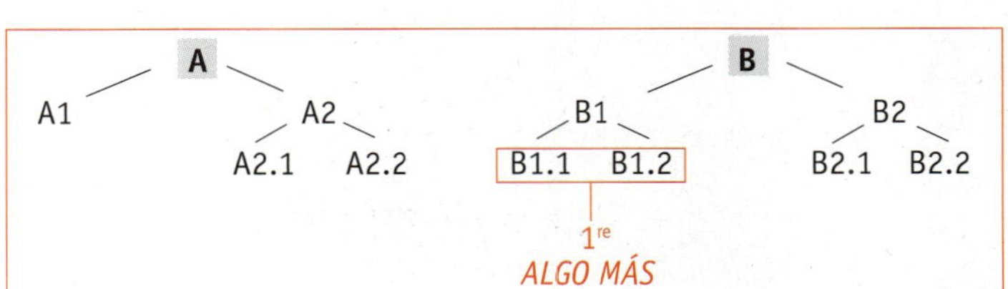

CECRL, « Niveaux communs de référence », p. 31.

Le **nouveau programme** de Première avec **«Algo Más»**

Les objectifs

1. Le CECRL : les cinq compétences

Le programme du cycle terminal s'inscrit dans la continuité des programmes du collège et de la classe de seconde. Il prend appui sur le CECRL élaboré par le Conseil de l'Europe et vise à développer l'autonomie de l'élève dans la pratique des langues vivantes dans les activités langagières suivantes :

Réception
- compréhension de l'oral
- compréhension de l'écrit

Production
- expression orale en continu
- expression écrite

Interaction orale

Programme d'enseignement des langues vivantes du cycle terminal pour les séries générales et technologiques, © MEN/DGSCO, BO n°9, 30/09/2010.

Les activités proposées dans les **unités** de chaque chapitre reprennent directement les **5 activités langagières du CECRL** et permettent à l'élève de s'exercer pour progresser dans les différentes compétences de communication.

1 Comprender y expresarse

2 Observar y expresarse

3 Escribir

4 Actuar

Dans chaque chapitre, une **unité** est plus particulièrement destinée à l'entraînement à la **compréhension de l'oral**.

5 Escuchar y expresarse

2. Le CECRL : le niveau attendu

En fin de classe de terminale générale et technologique, le niveau de compétence visé est pour :
– la langue vivante 1 : B2 (utilisateur indépendant – niveau avancé)
– la langue vivante 2 : B1 (utilisateur indépendant – niveau seuil)
– la langue vivante 3 : A2 (utilisateur élémentaire – niveau intermédiaire)

– la langue approfondie :
• en langue vivante 1 : C1 (utilisateur expérimenté – autonome)
• en langue vivante 2 : B2 (utilisateur indépendant – niveau avancé)

Programme d'enseignement des langues vivantes du cycle terminal pour les séries générales et technologiques, © MEN/DGSCO, BO n°9, 30/09/2010.

Le **niveau visé** dans les activités proposées dans les **doubles pages Ateliers** est clairement identifié.

Les outils

1. Entraînement à l'écrit

L'accès à l'écrit
En LV1 et en LV2 plus particulièrement, la maîtrise de plus en plus étendue de l'écrit permet à l'élève d'accéder au plaisir de lire et d'écrire dans une autre langue.

Programme d'enseignement des langues vivantes du cycle terminal pour les séries générales et technologiques, © MEN/DGSCO, BO n°9, 30/09/2010.

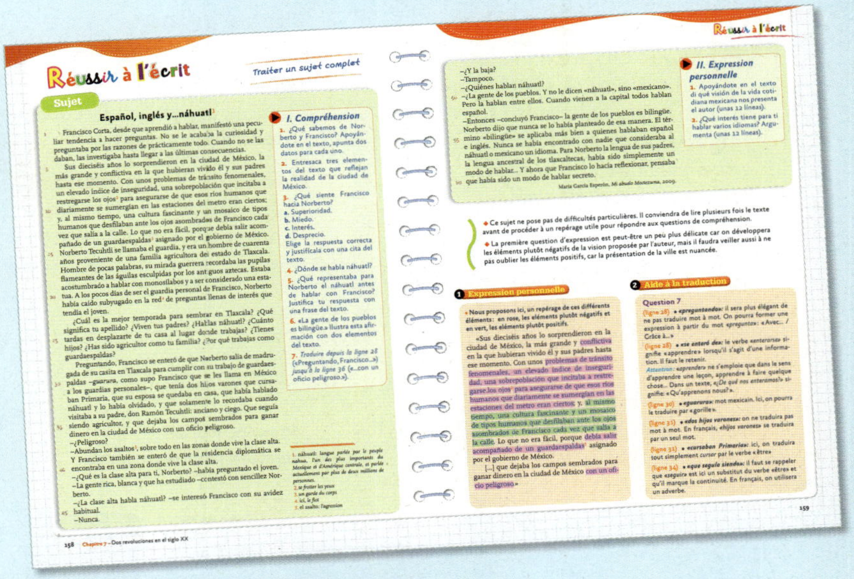

2. Les technologies de l'information et de la communication

Le recours aux technologies du numérique est incontournable, il permet d'augmenter les moments de pratique authentique de la langue tant dans l'établissement qu'en dehors de celui-ci. Il permet de renforcer les compétences des élèves à la fois en compréhension et en expression, notamment par :
– l'accès à des ressources numériques d'archives ou de la plus directe actualité (écoute de documents en flux direct ou téléchargés librement, recherches documentaires sur internet, etc.) ;
– la mise en contact avec des interlocuteurs aux quatre coins du monde (e-Twinning, visioconférence, forums d'échanges, messageries électroniques, etc.) ;
– une meilleure adaptation des réponses pédagogiques aux besoins des élèves (tableaux numériques, laboratoires multimédia, espaces numériques de travail, etc.).

Programme d'enseignement des langues vivantes du cycle terminal pour les séries générales et technologiques, © MEN/DGSCO, BO n°9, 30/09/2010.

Le manuel propose un **CD** et un **DVD** pour travailler la compréhension à partir de **documents authentiques**.
Des **adresses Internet** sont aussi proposées pour permettre des compléments de recherche.

Le programme culturel

Les contextes d'usage de la langue étudiée sont prioritairement dictés par l'entrée culturelle :
Gestes fondateurs et mondes en mouvement
Cette entrée est structurée autour de quatre notions :
- **mythes et héros**
- **espaces et échanges**
- **lieux et formes du pouvoir**
- **l'idée de progrès**

La mise en place d'un enseignement par groupes de compétences pour les enseignements communs favorise l'atteinte des objectifs visés.

Programme d'enseignement des langues vivantes du cycle terminal pour les séries générales et technologiques, © MEN/DGSCO, BO n°9, 30/09/2010.

La **page d'ouverture** de chaque chapitre présente de façon claire et synthétique les objectifs culturels et linguistiques que les documents proposés dans les unités permettront d'atteindre.

Programme

Thème culturel
- Espaces et échanges • Le monde du travail et l'argent
- Lieux et formes du pouvoir • Le travail des femmes: la parité
- L'idée de progrès • L'économie de l'Espagne d'hier à aujourd'hui • Modernité et avant-garde: la mode espagnole

Contenus linguistiques
- La négation • Les verbes de volonté • L'expression de l'obligation • Commenter une publicité ou une affiche

Les pages ***¿Lo sabías?*** permettent à l'élève de découvrir des réalités culturelles, historiques, sociologiques essentielles pour se constituer, en trois ans d'études au lycée, une vision riche du monde hispanique.

La littérature étrangère en langue étrangère en série L

THÉMATIQUES

En fonction de leur histoire propre et des cultures dont elles sont l'expression, les littératures ont exploré de façon inégale les thématiques proposées ci-après. Le professeur choisit pour chacune des classes du cycle terminal un itinéraire cohérent et structurant.

_Je_ de l'écrivain et _jeu_ de l'écriture
Pistes : – autobiographie, mémoires, journal intime ;
– l'écrivain dans sa langue, l'écriture comme jouissance esthétique, l'expression des sentiments, la mise en abyme.

La rencontre avec l'autre, l'amour, l'amitié
Pistes : – le roman épistolaire, l'amour courtois, la poésie mystique, élégiaque ;
– les jeux de l'amour, le couple et le double.

Le personnage, ses figures et ses avatars
Pistes : – héros mythiques ou légendaires, figures emblématiques ;
– héros et anti-héros, la disparition du personnage.

L'écrivain dans son siècle
Pistes : – roman social, roman policier, la littérature de guerre et d'après guerre, l'essai, le pamphlet, la satire ;
– le débat d'idées, l'engagement et la résistance, la transgression, la dérision, l'humour.

Voyage, parcours initiatique, exil
Pistes : – les récits d'exploration, d'évasion, d'aventure, le roman d'apprentissage ;
– le déracinement, l'errance, le retour.

L'imaginaire
Pistes : – l'étrange et le merveilleux, le fantastique, la science-fiction ;
– l'absurde, l'onirisme, la folie, la métamorphose.

Dans chaque chapitre, on trouvera une double page de littérature en lien avec le programme.

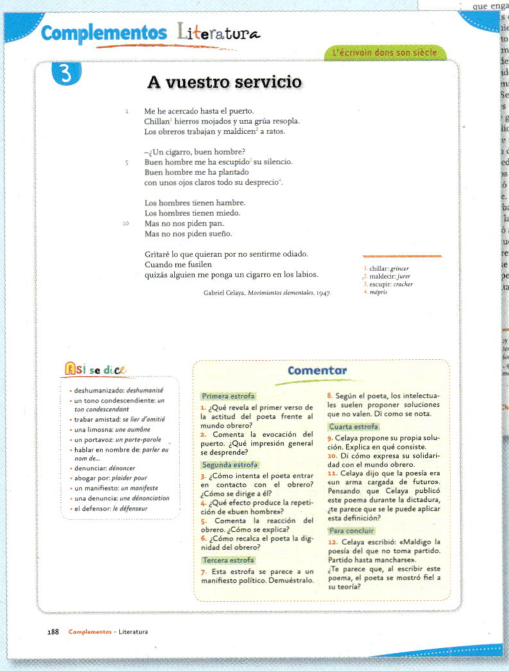

En fin de manuel, 8 fiches supplémentaires sont proposées afin de permettre un approfondissement des thèmes abordés.

Table des matières

Thème culturel

Espaces et échanges • Le monde du travail et l'argent
Lieux et formes du pouvoir • Le travail des femmes : la parité
L'idée de progrès • L'économie de l'Espagne d'hier à aujourd'hui • Modernité et avant-garde : la mode espagnole

Contenus linguistiques

- La négation • Les verbes de volonté
- L'expression de l'obligation
- Commenter une publicité ou une affiche

Littérature

L'écrivain dans son siècle • Camilo José Cela, *La Colmena,* 1951

Ateliers en groupes de compétences

- (Expression orale en continu) ***Electrodomésticos*** Comprendre le sens général d'une publicité pour en rendre compte
- (Compréhension de l'oral) ***Creadoras en Galicia*** Repérer l'essentiel d'un message oral pour en rendre compte
- (DVD) ***Una ortografía algo ligera de tildes,*** reportage télévisé sur la réforme de l'orthographe en Espagne (RTVE)

Thème culturel

Lieux et formes du pouvoir • La parité homme / femme • Les jeunes, les étudiants, les femmes : relations subies ou acceptées
L'idée de progrès • Le fonctionnement des sociétés

Contenus linguistiques

- Les emplois de « *ya* » • La cause
- Le lexique du cinéma

Littérature

Le personnage, ses figures et ses avatars
- Tirso de Molina, *El burlador de Sevilla y convidado de piedra, jornada primera,* 1630

Ateliers en groupes de compétences

- (Compréhension de l'oral) ***¿No te quedas a cenar?*** Repérer dans un message oral les éléments essentiels et en rendre compte
- (Compréhension de l'écrit, Expression orale en continu) ***Encuesta*** Repérer dans un message écrit les informations essentielles et les commenter
- (Compréhension de l'oral, Expression orale en continu) ***Efectos de la crisis*** Repérer dans un message oral les éléments essentiels et en rendre compte
- (Compréhension de l'oral, Expression orale en continu) ***Nuevos chicos Almodóvar*** Repérer dans un message oral les éléments essentiels et en rendre compte

Compréhension de l'oral — Compréhension de l'écrit — Expression orale en continu — Expression écrite — Expression orale en interaction

3 Días de guerra 54

Thème culturel

Espaces et échanges • L'exil des républicains

Lieux et formes du pouvoir • La Guerre Civile (1936-1939) • La Dictature (1939-1975) • L'école sous la Dictature • La poésie engagée

L'idée de progrès • Le musée de la Paix de Guernica

Contenus linguistiques

• La subordonnée de temps • Le mode dans la subordonnée de temps • La concordance des temps • Commenter un tableau

Littérature

L'écrivain dans son siècle • Blas de Otero, *Pido la paz y la palabra*, 1955

Ateliers en groupes de compétences

No a la especulación
Prendre la parole en continu pour présenter une analyse de document

Museo de la Paz de Guernica
Faire des repérages dans un document écrit et en rendre compte

DVD ***Un museo para el recuerdo, un museo para el futuro,*** documentaire sur le musée de la Paix de Guernica

4 Libertad de información 76

Thème culturel

Espaces et échanges • Les blogs et la liberté d'expression

Lieux et formes du pouvoir • Un témoignage de la presse : vivre dans un bidonville en Espagne • La presse écrite et la presse sur le net

L'idée de progrès • Un témoignage pictural à dimension mythique : Goya et *El tres de mayo* • Internet et la liberté de communication

Contenus linguistiques

• «*Ser*» et «*estar*» • Le superlatif • La préposition «*por*» • Le lexique de la presse

Littérature

La rencontre avec l'autre • Federico García Lorca, *La casa de Bernarda Alba*, 1936

Ateliers en groupes de compétences

Armas enemigas
Décrire un dessin humoristique, l'analyser et en rendre compte

Entrevista a Yoani Sánchez
Dégager le message essentiel d'une interview et en rendre compte

Ser periodista
Comprendre un message pour en rendre compte avec ses propres mots

DVD ***El Sacromonte,*** reportage télévisé sur le quartier du Sacromonte à Grenade (RTVE)

Table des matières

5 La Independencia 98

6 Mitos y héroes 120

Thème culturel

Espaces et échanges • Mémoire du commerce triangulaire: la route de l'esclavage
Lieux et formes du pouvoir • L'esclavage et la colonisation • Le bicentenaire de l'Indépendance • La dénonciation par l'art: Diego Rivera
L'idée de progrès • Lutter contre l'esclavage moderne • L'engagement de Médecins sans Frontières

Contenus linguistiques

• L'expression de la concession • Les emplois de «*como si*» • Le lexique de l'argumentation

Littérature

L'imaginaire • Gabriel García Márquez, *La increíble y triste historia de la cándida Eréndira y de su abuela desalmada*, 1972

Ateliers en groupes de compétences

- ***El centenario de la Independencia***
  Dégager l'essentiel d'un message oral et en rendre compte
- ***Pastillas contra el dolor ajeno,***
  campagne de Médecins sans Frontières
- ***Luis García Berlanga y el dolor ajeno,***
  spot publicitaire de Médecins sans Frontières

Thème culturel

Mythes et héros • Don Quichotte de la Manche • Carmen • Le Cid • Les Amants de Teruel

Contenus linguistiques

• L'hypothèse • «*No... sino...*» • Commenter une œuvre dramatique ou théâtrale

Littérature

La rencontre avec l'autre • *La misa de amor*, anónimo, siglo XVI

Ateliers en groupes de compétences

- ***Argumento de la ópera* Don Quijote *de Jules Massenet***
  Comprendre le sens général d'un message oral et en rendre compte
- ***El Cid pide tributo al Moro***
  Repérer l'essentiel dans un texte écrit pour en rendre compte
- ***La Alhambra que fascinó a Matisse***
  Dégager l'essentiel d'un message oral et en rendre compte

Compréhension de l'oral · Compréhension de l'écrit · Expression orale en continu · Expression écrite · Expression orale en interaction

Thème culturel

Espaces et échanges • Le *corrido* mexicain • Le muralisme mexicain • L'impérialisme américain à Cuba dans les années 50 • L'émigration vers les États-Unis à la fin du xxᵉ siècle : les *balseros*

Lieux et formes du pouvoir • La Révolution mexicaine • La dictature de Batista à Cuba • La Révolution cubaine • La réalité politique cubaine aujourd'hui

Contenus linguistiques

• Les pronoms personnels • Écrire une lettre

Littérature

Voyage, parcours initiatique, exil • Juan Rulfo, *El Llano en llamas*, 1953

Ateliers en groupes de compétences

Cuba bajo Batista
Repérer les éléments essentiels dans un texte écrit et dans une affiche pour rendre compte d'une situation donnée

«Los silencios» de Jorge Rivelino
Repérer les éléments essentiels d'un message oral pour en rendre compte

El corrido, documentaire sur l'histoire du *corrido* dans la Révolution mexicaine (INAH)

Thème culturel

Espaces et échanges • La médiatisation d'un événement : le sauvetage de 33 mineurs au Chili

Lieux et formes du pouvoir • La situation des mineurs au Chili : un témoignage de Neruda et un article de presse actuel • La dictature en Argentine

L'idée de progrès • Buenos Aires du début du xxᵉ siècle à nos jours • La Réserve Ecologique à Buenos Aires

Contenus linguistiques

• L'emploi des pronoms personnels compléments
• Écrire un court récit

Littérature

***Je* de l'écrivain et *jeu* de l'écriture** • Pablo Neruda, *Confieso que he vivido*, 2005

Ateliers en groupes de compétences

Respetar el medio ambiente
Dégager l'essentiel d'un message publicitaire et en rendre compte

El proyecto Lemu
Repérer les éléments essentiels d'un message oral pour en rendre compte

Las caracolas de Pablo Neruda
Dégager l'essentiel d'un message oral et en rendre compte

1 LOS AÑOS DE LA POSTGUERRA

Después de la Guerra Civil (1936-39), España conoció años difíciles de depresión económica. Muchos españoles emigraron a otros países de Europa para encontrar un trabajo bien pagado.
Sin embargo, diferentes elementos contribuyeron a iniciar una mejora de la economía: el plan Marshall, el auge del turismo... Así empezó lo que se llamó «el Milagro español».

2 EL INGRESO EN EUROPA Y LA MODERNIZACÍON

En 1978, promulgada la Constitución, empieza un período de optimismo. En 1986, España ya forma parte del Mercado Común y comienza entonces una fase de desarrollo espectacular en muchos sectores.

Para empezar

**España ha cambiado mucho desde los años de Postguerra hasta hoy día.
Después de leer los diferentes textos, observa la portada del *Magazine de la Vanguardia* y di lo que te sugiere.**

En Palos de la Frontera.

1 Sociedad de hoy

Activités

Écrit

Lire et comprendre • Les enjeux d'un entretien entre deux personnages de roman • Une petite annonce

S'exprimer à l'écrit • Écrire un texte bref qui servira de légende à une photo

Oral

Écouter et comprendre • Des informations sur la situation économique des jeunes Espagnols, aujourd'hui

S'exprimer en continu • Commenter l'affirmation d'un écrivain sur le bonheur • Porter un avis sur un modèle de société • À partir d'éléments relevés dans le texte, parler de la situation économique d'un personnage

S'exprimer en interaction • Engager une conversation téléphonique pour répondre à une offre d'emploi • Participer à un débat

Programme

Thème culturel

Espaces et échanges • Le monde du travail et l'argent

Lieux et formes du pouvoir • Le travail des femmes: la parité

L'idée de progrès • L'économie de l'Espagne d'hier à aujourd'hui • Modernité et avant-garde: la mode espagnole

Contenus linguistiques

• La négation • Les verbes de volonté • L'expression de l'obligation • Commenter une publicité ou une affiche

Réussir à l'écrit

• Écrire un dialogue à partir d'un texte écrit

Littérature

L'écrivain dans son siècle • Camilo José Cela, *La Colmena*, 1951

3 LA CRISIS ECONÓMICA

Uno de los sectores más favorecidos fue el de la construcción. Se desarrolló también la especulación y se multiplicaron las hipotecas. Sin embargo, a principios del siglo XXI se produjo una crisis y el colapso de la burbuja inmobiliaria.

Uno de los grupos más afectados por la crisis es el de los jóvenes: en el 2009, uno de cada tres jóvenes en España estaba en el paro.

Una entrevista de trabajo

Salón de la Formación y el Empleo en Valencia.

Nuria solicitó un empleo en una empresa y la atiende Alberto Martínez en su oficina.

–Buenos días. Nuria Ruiz, ¿no?

–Sí, buenos días.

El hombre observó durante unos minutos los impresos del test de habilidades personales y de cultura general.

–En general está muy bien.

–¿En qué consiste el trabajo? –preguntó tras un largo silencio de él.

–Es una empresa de importación y exportación. Material de cosmética y peluquería. Se va a inaugurar un centro en Málaga y estamos creando la base comercial. Ya hay dos equipos de comerciales trabajando. Tú entrarías en el tercero. ¿Tienes alguna pregunta?

–¿Qué horario tendría?

–Eso tienes que verlo con tu coordinador. Más horas de trabajo, más ventas. Se te formará a cargo de la empresa, una semana en Madrid aprendiendo técnicas de ventas y psicología comercial.

–¿Y el sueldo?

–Dependerá de las ventas.

–Pero en el anuncio del periódico decía sueldo más comisiones.

–Un sueldo fijo es en realidad una trampa[1]. Si vendes mucho puedes sacar bastante más que con un simple salario. Nuria, a lo mejor no es lo que esperabas, pero es un buen trabajo. Y ya te digo, pronto se abrirá el centro de Málaga y vosotras, las vendedoras, tenéis muchas papeletas[2] para ocupar puestos de responsabilidad.

Pablo Aranda, *El orden improbable*, 2004.

1. *un piège*
2. *vous êtes très bien placées*

1 Observar y expresarse

1. La foto fue sacada en el Salón de la Formación y el Empleo en Valencia. Describe lo que ves.
2. Di en qué pueden ser interesantes estos salones hoy día para los jóvenes.
3. Y tú, ¿ya sabes a qué te vas a dedicar en el futuro?

2 Comprender y expresarse

1. Líneas 1-5 Explica quiénes son y en qué circunstancias se encuentran Alberto Martínez y Nuria.
2. Líneas 6-25 Explica lo que significa la frase «En general está muy bien». ¿Qué nos indica acerca de las intenciones de Alberto Martínez?
3. Fíjate en las preguntas de Nuria y en la forma de contestar de Alberto Martínez. ¿Te parece que las respuestas son precisas? Da unos ejemplos.
4. Apunta la frase que muestra que el anuncio no decía la verdad.
5. ¿Te parece muy seria la oferta de Alberto Martínez? Justifica tu opinión.

Para concluir

6. Di lo que te parece esta entrevista de trabajo.

1. *vendeuse* 2. *bijouterie*

3 Observar y expresarse

Nuria tiene cuarenta años y está buscando un empleo. Ha trabajado en una joyería de Barcelona durante muchos años y al leer el anuncio piensa que puede conseguir este trabajo.

Lee el anuncio y explica por qué le interesa este anuncio a Nuria. ¿Cuáles son las ventajas del trabajo propuesto?

4 Actuar

Imagina la conversación telefónica entre Nuria y el dueño de la joyería. Básate en el texto del anuncio para encontrar argumentos para convencer al dueño.

Así se dice

- contestar un anuncio: *répondre à une petite annonce*
- solicitar un empleo: *solliciter un emploi;* el solicitante: *le demandeur*
- atender (ie): *recevoir*
- contratar: *embaucher*
- el personal: *le personnel*
- el responsable de recursos humanos: *le responsable des ressources humaines*
- darse de alta: *s'inscrire*
- el sueldo / el salario: *le salaire;* la comisión: *la commission, le pourcentage*
- la empresa: *l'entreprise;* la oficina: *le bureau*
- la trampa: *le piège;* la estafa: *l'escroquerie*
- el engaño: *la tromperie;* engañar: *tromper*
- ascender en el escalafón: *grimper les échelons*
- esperar: *espérer, attendre;* la expectación: *l'attente, l'espoir*
- la esperanza: *l'espoir*
- la alegría, el júbilo: *le plaisir, la joie*
- llevarse una decepción: *être déçu(e)*

Prácticas

Transforme les phrases en employant la forme négative.

1. El responsable de recursos humanos le explica a Nuria todo lo que quiere saber.
2. Alberto Martínez parece ser un hombre muy honrado.
3. Las condiciones de trabajo son ventajosas para Nuria.
4. Lo que expone el responsable corresponde perfectamente a lo que decía el anuncio.
5. Nuria está muy entusiasta al comprender que el puesto es suyo.
6. La oficina de Málaga está abierta.

Recuerda

La négation

«Nuria, a lo mejor **no** es lo que esperabas.»

Vamos a ver p. 22

¡Escucha!

Vivir en casa de los padres

1 Observar y expresarse

1. Observa este cartel que forma parte de la campaña publicitaria de un banco.
– Describe al joven. Fíjate en su expresión. Parece que sueña con...
– En el segundo término, se ve...
– Para atraer a los jóvenes, el banco propone...

2. ¿Qué reflexión te sugiere este anuncio? Comenta las expresiones «¿Te imaginas devolverlo cuando quieras?» y «Por tu cara bonita».

Claves para comentar un anuncio ▸ p. 23

2 Escuchar y expresarse

1

Lo esencial

1. Explica quién está hablando: cómo se llama, su edad, en qué trabaja, cuánto gana al mes...

2. ¿Dónde vive ahora? ¿Por qué motivo?

Desarrollar y comentar

3. El chico intentó dos veces independizarse. Explica cómo.

4. Apunta los gastos necesarios si quiere vivir independiente: el alquiler, la letra del coche, la comida, etc. Compara con su salario y comenta.

5. Cuando vivía «independiente», ¿estaba satisfecho con su vida?

6. Apunta una frase negativa que califica la vida anterior del chico.

7. Explica cuál es el estado de ánimo del chico.

Para concluir

8. Los chicos como él son muchos actualmente en España. Se les llama los «mileuristas». Di qué sentimientos te inspira su situación.

Así se dice

- pedir dinero prestado: *emprunter de l'argent*
- devolver: *rendre*
- la hipoteca: *l'emprunt immobilier*
- la letra del coche: *l'emprunt de la voiture*
- el alquiler: *le loyer;* alquilar: *louer*
- el piso, el apartamento: *l'appartement*
- compartir piso: *être en colocation*
- ganar lo suficiente como para...: *gagner suffisamment pour*
- el fracaso ≠ el éxito
- fracasar: *échouer*
- carecer de: *manquer de*
- los gastos: *les frais, les dépenses;* gastar: *dépenser;* despilfarrar: *gaspiller*
- los ahorros: *les économies*
- dependiente ≠ independiente
- independizarse: *se rendre indépendant, prendre son indépendance*
- por tu cara bonita: *pour tes beaux yeux*
- es un decir: *c'est une façon de parler*

Vida de una mileurista

Así se dice

- salir caro ≠ barato *revenir cher ≠ bon marché*
- no dar para...: *ne pas suffire pour...*
- dar para poco: *permettre peu de choses*
- elegir (i): *choisir*
- apuntarse a: *s'inscrire à* ≠ borrarse de: *se rayer de*
- la matrícula: *l'inscription*
- el curso: *l'année scolaire*
- la clase: *le cours*
- la afición: *le goût, le penchant*
- ser aficionado al flamenco: *être amateur de flamenco*
- la muñeca: *le poignet*
- el baile: *la danse*
- el fandango: *le fandango (chant et danse populaires andalous)*
- el cante: *le chant (flamenco)*
- el cajón: *sorte de tambour*
- tocar la guitarra: *jouer de la guitare;* el guitarrista: *le guitariste*

1 Observar y expresarse

1. Observa la foto y di lo que representa.
– Parece que la foto fue sacada en...
– En el centro, se ve un cartel que...

2. ¿Qué te parece este cartel? A ti ¿te podría interesar? Explica por qué.

2 Escuchar y expresarse

2

Lo esencial

1. Explica quién es la «mileurista» de la que se trata. ¿Cómo se llama? ¿Cuál es su afición? ¿Cuándo la practica?

2. ¿Vive sola? Explica.

Desarrollar y comentar

3. Explica lo que representan para la chica las clases a las que suele ir.

4. ¿Te parece que le salen caro estas clases?

5. ¿Qué representan para la chica sus compañeras de piso?

Para concluir

6. Comenta la situación de las cuatro chicas y explica cuáles son sus problemas.

7. La chica invierte el poco dinero que le queda en clases de flamenco. Di lo que opinas tú de esta elección.

8. A pesar de su situación que podría parecer desesperada, Carolina y sus compañeras guardan su dinamismo y su capacidad de esperanza. Explica cómo, a partir de lo que has oído.

Prácticas

A partir de lo que sabes de los mileuristas, redacta una frase de forma negativa para explicar cómo es su vida. Tienes que utilizar «no» y «ni».

Recuerda

La négation

«**No** podía salir, **ni** viajar, **ni** comprarme ropa, **ni** nada...»

➲ *Vamos a ver* p. 22

Conformarse o no

Judit no ha nacido para lucir ropa barata[1]. Nunca será sorprendida en los probadores[2] de Zara, embutiéndose en un sinfín de prendas[3], ni la veremos competir con una multitud de chicas de su edad en las rebajas de unos grandes almacenes. Porque no se conforma con menos que lo auténtico y, como carece[4] de todo, se lo inventa.

Se aleja calle abajo tan de prisa como puede, dejando atrás bloques de viviendas de los que siempre teme no saber salir, quedarse convertida en herrumbre[5] o en una mancha del techo, un elemento más en la asimetría de los edificios que se apiñan en lo alto de la cuesta y que parecen apoyarse unos en otros para protegerse de la degradación. Pasa ante varias pintadas[6]. Sus vecinos están siempre en combate: contra lo que consideran injusto, contra la autoridad, contra las guerras que se libran en lejanos países que sólo conocen por los telediarios. A Judit le basta consigo misma[7].

Ha sido empaquetadora de regalos en Navidad, vendedora a domicilio de pólizas de seguros, ha cuidado niños en una guardería, ha intentado hacerse experta en informática y ha enseñado pisos por cuenta de una agencia. Se vanagloria de haber fracasado[8] en todos estos intentos... Rocío, su madre, y Paco, su hermano mayor, no han penetrado nunca en sus pensamientos, no pueden entender su rechazo, no la conocen. Y la entenderían aún menos si la conocieran bien. Ella tampoco comprende su conformismo, la dicha[9] que les produce ser quienes son, hacer lo que hacen y estar donde están.

Maruja Torres, *Mientras vivimos*, 2006.

1. *pour porter des vêtements bon marché*
2. *cabines (ou salons) d'essayage*
3. *vêtements*
4. carecer de: *manquer de*
5. *rouille*
6. *graffiti, tag*
7. *ici, Judit ne pense qu'à elle-même / se suffit à elle-même*
8. *ici, elle se félicite d'avoir échoué*
9. *le bonheur*

1 Comprender y expresarse

Líneas 1-8

1. ¿Tiene Judit una buena situación económica o no? Justifica con detalles del párrafo.

2. Judit no se conforma con la vida que tendría que llevar. Apunta los elementos que lo muestran.

Líneas 9-18

3. A partir de detalles sacados del texto, di en qué tipo de barrio vive Judit.

4. Ella quiere escapar de este ambiente. Di cómo se nota.

5. ¿Cómo definirías la vida que llevan los habitantes del barrio?

Líneas 19-27

6. ¿En qué intentó trabajar la joven? ¿Qué te parece?

7. Judit «se vanagloria de haber fracasado en todos (sus) intentos» de trabajo.
Di en qué es reveladora esta frase de la personalidad de la chica.

8. ¿Qué les reprocha Judit a su madre y a su hermano?

Para concluir

9. Elige un adjetivo para calificar a Judit y justifica tu elección.
Resignada – Secreta – Conformista – Autoritaria

2 Observar y expresarse

1. Observa la foto y di lo que representa.
– Parece que fue sacada en una galería comercial porque...
– Los escaparates llaman la atención porque... los colores... la luz...
– Delante de los escaparates, están...

2. Comenta la actitud del padre y del niño.
Imagina sus reacciones.

Para concluir

3. ¿Qué reflexiones te sugiere esta fotografía?

En el aeropuerto de Barcelona.

Así se dice

- el almacén: *le magasin;* la tienda: *la boutique;* el escaparate: *la vitrine*
- la tienda de comestibles: *l'épicerie;* la bodega: *la cave à vin*
- el probador: *la cabine d'essayage;* probar una prenda: *essayer un vêtement*
- lucir ropa de moda: *porter des vêtements à la mode*
- la indumentaria deportiva: *les vêtements de sport*
- la ropa de lujo : *les vêtements de luxe*
- las rebajas: *les soldes*
- inalcanzable: *hors de portée*
- vistoso, llamativo: *voyant*
- gastar dinero: *dépenser de l'argent;* despilfarrar el dinero: *gaspiller l'argent*
- conformarse con: *se contenter de*
- rebelarse: *se rebeller*
- expresar su descontento: *exprimer son mécontentement*
- el conformismo: *le conformisme*
- conformista: *conformiste*
- estar conforme ≠ estar disconforme: *être d'accord ≠ ne pas être d'accord*
- la dignidad: *la dignité*
- el anhelo: *le désir;* anhelar: *désirer*

Prácticas

1. Écoute et entraîne-toi avec ton CD. 3

Tiendas y escaparates

1. Un detalle permite saber en qué ciudad vive Judit.
Di cuál es este detalle: ...... Nombre de la ciudad: ......

2. Para cada categoría, di si Judit puede ver por lo menos una tienda.

Comestibles:	Sí ☐	No ☐	Bodegas:	Sí ☐	No ☐
Cosméticos	Sí ☐	No ☐			

2. Transforme les phrases suivantes de façon à dire le contraire.

1. La chica siempre compra ropa en Zara.
2. Suele visitar a su madre y a su hermano.
3. Ella siempre se conforma con lo que tiene.

Recuerda

«Nunca» et les emplois de «ni»

«**Nunca** será sorprendida en los probadores de Zara, **ni** la veremos competir con una multitud de chicas de su edad en las rebajas...»

➲ *Vamos a ver* p. 22

Tener o no tener

Me gusta por estas fechas dedicar un artículo a esos abnegados padres que durante el verano se devanan los sesos[1] para hacer de las vacaciones de sus hijos un perpetuo parque temático: piragüismo por la mañana, mountain bike a medio día y por la tarde claqué, submarinismo, trekking, parapenting, puenting y así hasta la extenuación del hijo y no digamos de sus padres.

Observo a estos heroicos progenitores con una mezcla de admiración y perplejidad. Creo que son víctimas de lo que podríamos llamar el síndrome del superpapá y que consiste, (elemental, querido Freud) en hacer con sus hijos lo que hubieran querido que sus padres hicieran con ellos. Y eso, en apariencia, suena correcto pero a poco que uno reflexione no resiste ni un primer análisis. ¿Qué queríamos nosotros de niños? Pasarlo bien, no pegar ni chapa[2] y, por sobre todo, librarnos de aquella terrible disciplina paterna que nos llevaba más tiesos que una vela[3].

Es muy loable intentar dar a los hijos lo que nosotros no tuvimos de pequeños pero según y cómo[4]. Cuando se obtiene fácilmente una cosa, automáticamente se quiere otra distinta y luego otra y otra, porque la vida moderna con su necesidad de gratificación inmediata ha erradicado de nuestras vidas el anhelo[5], el deseo.

Nosotros, los niños de otras épocas con más penurias, teníamos que trabajar duro para conseguir lo que queríamos. No bastaba con desear una bici para que ésta, abracadabra, se materializara. Había que sacar buenas notas durante un año y ayudar en casa todos los días, por ejemplo. Para mí, fomentar[6] el deseo y el merecimiento es la mejor forma de educar porque aquello que hemos deseado mucho y por fin merecemos es mucho más apreciado (y por tanto produce más felicidad) que lo que se tiene porque sí[7]. He ahí la gran paradoja de tener o no tener.

Carmen Posadas, *XLSemanal*, 03/08/2008.

1. *se creusent la tête*
2. *ici, nous la couler douce*
3. *qui faisait que nous étions raides comme la justice*
4. *tout dépend de la façon dont c'est fait*
5. el anhelo = el deseo muy fuerte
6. *susciter, encourager*
7. *parce que c'est comme ça / sans aucune raison*

1 Comprender y expresarse

Líneas 1-7

1. ¿Qué critica Carmen Posadas en la actitud de los padres de hoy?

Líneas 8-17

2. Según ella, ¿en qué consiste «el síndrome del superpapá»?

3. ¿Qué le parece a ella esta actitud?

Líneas 18-31

4. ¿En qué era diferente la educación cuando Carmen Posadas era niña?

Para concluir

5. Carmen Posadas dice: «aquello que hemos deseado mucho y por fin merecemos es mucho más apreciado (y por tanto produce más felicidad) que lo que se tiene porque sí». ¿Te parece verdad o no? Explica.

2 Observar y expresarse

1. ¿A quién se dirige este anuncio?
2. Di cuáles son los diferentes resortes que utiliza el publicista para alcanzar su meta (foto, lema, colores, etc.).
3. ¿Te parece acertado o no este anuncio? Explica por qué.

Claves para comentar un anuncio ▶ p. 23

3 Actuar

En muchos países se celebran el Día del padre, el Día de la madre, el Día de los abuelos, el Día de San Valentín o Día de los enamorados, etc.
¿Qué opinas tú de tales celebraciones?
Busca elementos a favor y en contra y participa en el debate.

Así se dice

- ofrecer, regalar: *offrir*
- un regalo, un obsequio: *un cadeau*
- dar una sorpresa: *faire une surprise*
- complacer a alguien: *faire plaisir à quelqu'un*
- festejar: *fêter*
- un detalle: *une attention*
- a los amigos hay que cuidarlos: *les petits cadeaux entretiennent l'amitié*

Prácticas

Transforme les phrases, sans en changer le sens, en employant «*siquiera*».

1. Los chicos ni aprecian lo que los padres les ofrecen.
2. No hacen ni un esfuerzo para merecer lo que les dan.
3. Ni se dan cuenta de la suerte que tienen.
4. En mis tiempos, no teníamos ni la mitad de los juguetes que tienen hoy.
5. No teníamos ni tiempo para pensar en divertirnos.

Recuerda

Les emplois de «*ni*»

«No resiste **ni** un primer análisis.»
Cela ne résiste même pas à une première analyse.

L'obligation

«Teníamos que trabajar duro.»
Nous devions travailler dur. / Il nous fallait travailler dur.

➲ *Vamos a ver* p. 22

VAMOS a VER

La négation

1 La place du mot négatif

Dans une phrase négative, la négation doit toujours se trouver devant le verbe.

• Nuria, a lo mejor no es lo que esperabas.
Nuria, ce n'est peut-être pas ce à quoi tu t'attendais.

Attention : *lorsqu'on répond de manière négative à une question, il convient parfois de répéter* «no» *:*

• No, no esperaba eso.
Non, je ne m'attendais pas à cela.

Avec les négations telles que «nunca», «nada» *(etc.) deux constructions sont possibles :*

• El hombre no le promete nada.
• El hombre nada le promete.

2 Les emplois de «*ni*»

Ne ... pas même / même pas

«No» + *verbe* + **«siquiera»**
ou
«Ni siquiera» *(qui peut se réduire à* **«ni»***) devant le verbe.*
• No viajaba siquiera. / Ni siquiera viajaba. / Ni viajaba.
Elle ne voyageait même pas.

Ni ... ni ...

• **Ni** salía **ni** viajaba.
Ni *elle ne sortait* ***ni*** *elle ne voyageait.*

Les verbes de volonté

Après les verbes exprimant une prière, un conseil, un ordre, etc. on utilise le subjonctif.

Remarque : *en français, ils sont suivis de « de » + infinitif.*

• Le dice **que venga** a verla.
Elle lui dit ***de venir*** *la voir.*

• Le pide **que espere** un momento.
Elle lui demande ***d'attendre*** *un moment.*

Quelques verbes :
pedir (i), decir (i), recomendar (ie), ordenar, aconsejar, escribir, rogar (ue), etc.
sont suivis du subjonctif.

Attention : *il ne faut pas oublier de faire la concordance des temps si le verbe de la principale est au passé.*

• Le **dijo** que **viniera** a verla.
Elle lui a dit de venir la voir.

• Le **pidió** que **esperara** un momento.
Elle lui demanda d'attendre un moment.

L'expression de l'obligation

1 L'obligation impersonnelle

La forme la plus couramment utilisée est «hay que» + *infinitif.*

• Hay que sacar buenas notas.

On peut aussi trouver «es preciso», «es menester», «hace falta» + *infinitif.*

• Es preciso sacar buenas notas.

Pour introduire une nuance de convenance, on peut utiliser «se ha de» + *infinitif.*

• En España, se ha de pronunciar la ceta.
En Espagne, il faut (il convient de) prononcer la « ceta ».

2 L'obligation personnelle

Pour marquer l'obligation, la nécessité, on emploie «tener que» + *infinitif.*

• Teníamos que trabajar duro.
Nous devions travailler dur. / Il nous fallait travailler dur.

On peut aussi trouver «es preciso que», «es menester que», «hace falta que» + *subjonctif.*

• Es preciso que trabajemos duro. / Era preciso que trabajáramos duro.
Nous devons travailler dur. / Nous devions travailler dur.

Lorsqu'il s'agit d'un véritable devoir, on utilise «deber» + *infinitif.*

• Los jóvenes deben respetar a sus padres.
Les jeunes doivent respecter leurs parents.

Pour exprimer une légère obligation due, par exemple, à un accord ou un rendez-vous, on utilise «haber de» + *infinitif.*

• Julia ha de ver la última película de Almodóvar con una amiga.
Julia doit aller voir le dernier film d'Almodóvar avec une amie.

Prácticas

1. Réécris ces phrases en utilisant un verbe de volonté au présent.

1. ¡Come el tomate, Miguel! dice el padre. El padre le dice a Miguel que ....
2. ¡Lea este libro, señor!, me aconseja el vendedor. El vendedor ....
3. ¡Chicos, estudiad esta lección!, ordena el profesor.
4. «Espérame un momento», me pide mi amigo Juan.
5. «Por favor, Carlos, explícame otra vez», le ruego yo.

2. Réécris les phrases que tu as transformées en les mettant au passé.

3. Traduis les phrases suivantes.

1. Ni siquiera le explicó lo que debía hacer.
2. Ni me habló siquiera.
3. Ni le gusta el cine ni la televisión.
4. Te aconsejo que veas esta película.
5. Le aconsejó que la viera porque era muy interesante.

4. Transforme les phrases suivantes en suivant le modèle: ¡Saca buenas notas! → Tienes que sacar buenas notas.

1. ¡Trabajemos duro!
2. ¡Escuchad los consejos que os dan!
3. Ustedes, ¡vengan a visitarnos!
4. ¡Sigue trabajando!
5. ¡No pierdas la confianza!

5. Transforme les phrases obtenues dans l'exercice précédent de la façon suivante:
Tienes que sacar buenas notas. → Es preciso que saques buenas notas.

Claves para comentar un anuncio

Para la presentación

- el anuncio es comercial o de información
- se trata de una campaña para...
- este anuncio promueve... intenta promover...
- la meta del anuncio es... el objetivo...
- el anunciante es...
- promueve esta campaña el organismo... el ministerio...
- quiere llamar la atención gracias a...
- quiere informar... convencer... atraer... / seducir a...
- el publicista pregona las cualidades de...

Para describir y comentar

- el producto / la marca
- el patrocinador: *le sponsor*
- el lema: *le slogan*
- el logotipo: *le logo*
- el cartel: *l'affiche*

Colores y maqueta

- un dibujo atractivo: *un dessin attirant*
- los colores llamativos: *les couleurs vives*
- las imágenes / palabras impactantes: *les images / mots choc*
- el fotomontaje
- el refrán: *le proverbe*
- la tipografía
- en negrilla: *en gras*
- el tamaño: *la taille*
- la desproporción: *la disproportion*
- patrocinar una campaña publicitaria: *parrainer une campagne publicitaire*

Los resortes

- lo que llama la atención...
- la originalidad...
- el desfase: *le décalage*
- el humorismo...
- el juego de palabras / de vocablos: *le jeu de mots*
- el público meta: *le public cible*
- los resortes que enganchan al lector: *les ressorts qui accrochent le lecteur*
- los elementos se completan / se oponen
- la impresión de sorpresa nace de / surge de
- esta imagen (frase) surte un efecto...: *produit un effet...*
- remitir a: *renvoyer à*
- evocar / sugerir (i-ie)

Recuerda también

- la eficacia: *l'efficacité*
- un anuncio acertado / eficaz
- seducir al consumidor
- informar / convencer al ciudadano
- el consumo: *la consommation*
- alcanzar su meta: *atteindre son but, toucher sa cible*

Ateliers en groupes de compétences

Vers B1

Expression orale en continu

Comprendre le sens général d'une publicité pour en rendre compte

Electrodomésticos

1. Describe este anuncio. Di en qué es un buen ejemplo de que vivimos en una sociedad de consumo.

2. Si piensas en el mensaje llevado por este anuncio, ¿no te parece que habrá alguna paradoja en la sociedad actual?

A2+ 4

Compréhension de l'oral

Repérer l'essentiel d'un message oral pour en rendre compte

Creadoras en Galicia

Después de escuchar la grabación, explica por qué se puede hablar de «doble discriminación» contra las mujeres en el mundo del cine.

Campaña Iberoamericana contra la violencia de género (Diego Forlán, futbolista del Atlético de Madrid).

Vers B1 DVD

¡De película!

Repérer les éléments essentiels dans une séquence filmique pour en rendre compte

Una ortografía algo ligera de tildes

1. Según los académicos, ¿cuál es el interés de publicar la nueva «Ortografía de la lengua española»?
2. Ciertos alumnos están un poco preocupados. Explica por qué.
3. ¿Quién es Blanca Pérez Alvear? Según ella, ¿para qué sirve la ortografía?

Réussir à l'écrit

Écrire un dialogue

Sujet

Una periodista colombiana

La narradora trabaja en una revista colombiana.

A las ocho de la mañana de un lunes corriente entré de pésimo humor a la sala de redacción de la revista *Somos*, donde trabajaba como reportera. Tenía la certeza de que mi jefe me daría una orden que no quería oír. Sabía que me mandarían a cubrir el reinado nacional de belleza[1], que estaba por empezar en la ciudad de Cartagena.

De todas mis obligaciones en *Somos*, el reinado era por mucho lo peor. Era una tarea desapacible entrevistar treinta muchachas con talles de avispas[2] y cerebros del mismo animal. Reconozco que también me lastimaban[3] el orgullo su mucha juventud y sus pocos kilos.

Para colmo, las reinas se esforzaban por fomentar una imagen simpática y descomplicada, a todo el mundo trataban de tú, repartían besos, derrochaban jovialidad.

Entré, pues, a la redacción murmurando maldiciones, porque sabía demasiado bien que sería imposible conseguir otro trabajo estable, así que de ninguna manera podría renunciar.

Laura Restrepo, *Dulce compañía*, 1997.

1. el reinado nacional de belleza: *le concours national des reines de beauté*
2. la avispa: *la guêpe*
3. lastimar: *blesser*

Expression personnelle

A partir de este texto, imagina un diálogo entre la narradora y el jefe.

Selon les cas, il s'agira de:

- poursuivre un dialogue qui existe déjà dans un texte étudié;
- transformer un récit en dialogue;
- rapporter, sous forme de dialogue (par exemple avec un ami n'y ayant pas assisté), une scène présentée dans un texte narratif;
- imaginer un dialogue à propos d'un sujet déterminé.

Dans tous les cas, il conviendra de lire attentivement les consignes données, ces dernières pouvant imposer des règles plus ou moins précises de rédaction. S'il s'agit de poursuivre un dialogue, on s'efforcera, naturellement, de se conformer au style adopté par l'auteur dans le texte qui est à continuer. Toutefois il est possible, dans certains cas, que toute liberté soit laissée: il te reviendra alors de choisir toi-même entre différentes façons de rédiger.

Trois mises en forme possibles

1 Un dialogue avec tirets en début de ligne

Un dialogue peut être indiqué par des tirets en début de ligne, sans aucune indication typographique. Il faudra, dans ce cas, s'efforcer d'éviter toute confusion possible entre les personnages. Si besoin est, on indiquera clairement avant chaque tiret le nom correspondant à chacun des personnages.

Exemple :

–Oye, tú... Tengo un trabajo para ti.
–Pues bien, y ¿se puede saber de qué se trata?
–Bueno, sí...

Écris la suite du dialogue.

– ....
– ....
– ....

2 Un dialogue avec annotations

Un dialogue peut être accompagné d'annotations qui indiqueront le ton adopté et les attitudes et réactions des différents personnages.

Exemple :

JEFE: Oye, tú... Tengo un trabajo para ti.
PERIODISTA: *(de mal humor)* Pues bien, y ¿se puede saber de qué se trata?
JEFE: Te vas a Cartagena, al reinado nacional de belleza.

Écris la suite du dialogue.

PERIODISTA: ....
JEFE: ....
PERIODISTA: ....
JEFE: ....

3 Un dialogue rapporté

Un dialogue rapporté, introduit et accompagné par de courtes phrases de récit et des verbes (au présent ou au passé) tels que « dit-il », « ajouta-t-il » / « ajoute-t-il », « répondit-elle » / « répond-elle », etc.

Exemple : Imagina que X vuelve a casa y le cuenta a su hermano lo que le pasó por la tarde en la oficina. Imagina el diálogo.

Exemple :

Aquel lunes por la mañana, apenas acababa de entrar en la sala de redacción cuando mi jefe me dijo:
–Oye, tú... Tengo un trabajo para ti.
Yo, de pésimo humor, pregunté:
–Pues bien, y ¿se puede saber de qué se trata?

Écris la suite du dialogue.

– ....
– ....
– ....

Conseils pour réussir

- Noter les informations qui doivent être données au travers du dialogue ou les idées qui doivent être développées. Attribuer un rôle à chacun des personnages de façon à ce qu'ils transmettent telle ou telle information, défendent ou combattent certaines idées.
- Situer les personnages et leurs relations de façon à choisir le ton et le niveau de langue : par exemple, on ne s'adressera pas de la même façon à un supérieur hiérarchique, à un ami, à sa mère ou à un enfant... Un dialogue entre amis sera différent d'un entretien d'embauche ou d'une interview pour un journal, etc.
- Situer le décor : une conversation qui a lieu dans la journée, au bureau, sera différente de celle qu'on aura en famille, le soir, à la maison ou dans un café où l'on bavarde avec des amis... Par ailleurs, dans certains cas spécifiques, il faudra utiliser un vocabulaire ou des expressions particulières (ex. : Dans un restaurant : *¡Camarero!*; Au téléphone : *Oiga... Dígame... ¿Podría comunicarme con... ?*, etc.)
- Prévoir les émotions qui seront ressenties par les personnages : l'amusement, la passion, la colère, le chagrin... devront être rendus par divers moyens (choix des expressions, de la ponctuation, des annotations...).

El gitanillo

Complementos ▸ p. 186

En la acera de enfrente, un niño se desgañitaba[1] a la puerta de una taberna:

> Esgraciaíto[2] aquel que come
> el pan de mano ajena[3];
> siempre mirando a la cara
> si la ponen mala o buena.

De la taberna le tiran un par de perras[4] y tres o cuatro aceitunas que el niño recoge del suelo, muy de prisa. El niño es vivaracho[5], como un insecto, morenillo, canijo[6]. Va descalzo y con el pecho al aire, y representa tener unos seis años...

El niño no tiene cara de persona, tiene cara de animal doméstico, de sucia bestia, de pervertida bestia de corral[7]. Son muy pocos sus años para que el dolor haya marcado aún el navajazo[8] del cinismo –o de la resignación– en su cara, y su cara tiene una bella e ingenua expresión estúpida, una expresión de no entender nada de lo que pasa. Todo lo que pasa es un milagro[9] para el gitanito, que nació de milagro, que come de milagro, que vive de milagro y que tiene fuerzas para cantar de puro milagro.

El gitanito, a la luz de un farol, cuenta un montón de calderilla[10]. El día no se le dio mal: ha reunido, cantando desde la una de la tarde hasta las once de la noche, un duro[11] y sesenta céntimos. Por el duro de calderilla le dan cinco cincuenta en cualquier bar; los bares andan siempre mal de cambio[12].

El gitanito cena, siempre que puede, en una taberna que hay detrás de la calle de Preciados, bajando por la Costanilla de los Ángeles; un plato de alubias[13], pan y un plátano le cuestan tres veinte.

El gitanito se sienta, llama al mozo, le da las tres veinte y espera a que le sirvan.
Después de cenar sigue cantando, hasta las dos, por la calle de Echegaray, y después procura coger el tope[14] del último tranvía. El gitanito, creo que ya lo dijimos, debe andar por los seis años.

Camilo José Cela, *La Colmena*, 1951.

Comentar

▸ Presentación del niño

1. Apunta todos los detalles que permiten hacer una presentación física del niño.

2. ¿Qué provoca la miseria en su apariencia física? Justifica con frases del texto.

3. Analiza lo que dicen los versos que canta el niño.

4. El niño vive como cualquier trabajador, o peor. Demuéstralo.

▸ Actitud de la gente

5. Comenta la reacción de la gente de la taberna frente al niño. ¿Qué revela?

▸ La crítica social

6. ¿Qué puede simbolizar la figura del gitanillo?

7. ¿Qué revela este texto acerca de la vida cotidiana en España en aquellos años?

▸ Escritura y tonalidad

8. Estudia cómo expresa Camilo José Cela su indignación.
Básate, por ejemplo, en la última frase: «El gitanito, creo que ya lo dijimos, debe andar por los seis años» para calificar la tonalidad general.

9. Este texto fue escrito en 1951. A pesar de ello, puede parecernos bastante moderno. Di cuál es tu opinión a este propósito. Justifica.

1. *s'égosillait*
2. pronunciación gitana de «desgraciadito». Desgraciado: *malheureux*
3. *de la main des autres / d'une main étrangère*
4. *pièces de monnaie*
5. *vif*
6. *chétif, malingre*
7. *basse-cour*
8. *ici, imprimer la marque*
9. *miracle*
10. *petite monnaie*
11. *pièce de 5 pesetas*
12. *les bars manquent toujours de monnaie*
13. *haricots*
14. *le tampon (amortisseur)*

Claves para el comentario

El autor y la obra

Camilo José Cela (1916-2002)

- Nació en Galicia en 1916 y murió en Madrid en 2002. Novelista, poeta, ensayista, fue un escritor prolífico. Obtuvo el **Premio Nobel de literatura** en 1989.
- Antes de la guerra estudió Derecho y Medicina. También se interesó por la literatura y la poesía y encontró a varios escritores y poetas. Al estallar la guerra civil estaba en Madrid. Luchó brevemente del lado nacional y pronto resultó herido.
- En 1942, publicó la novela *La familia de Pascual Duarte*, relato de forma autobiográfica de un asesino. Esta obra, que recuerda las formas de la *picaresca*, causó escándalo por la visión muy negra que daba de España. Con ella, Cela renovó la novela española y fundó lo que se llamó el ***tremendismo***.
- En 1951, publicó *La Colmena*, novela en la que pinta la sociedad madrileña de aquel entonces y en la que aparece el ***realismo social***. La novela fue censurada y Cela tuvo que publicarla en Buenos Aires.
- Entre sus numerosas obras están también relatos de viajes (*Viaje a la Alcarria*, 1946) en los que aparece su interés por España.

Reconocido por la crítica, en particular por la calidad de su escritura, fue colmado de premios y honores. Fue académico de la Lengua. También fundó la editorial Alfaguara.

El contexto histórico

- Cela publicó la mayoría de sus obras durante la época de la Postguerra. En ellas aparece una visión crítica de la sociedad de aquel entonces. Aunque encontró ciertos problemas con la censura, no se opuso directamente al régimen franquista.
- Cuando la democratización, Cela fue reconocido como uno de los intelectuales españoles de más importancia. El Rey lo nombró Senador en las primeras Cortes (1977) y participó en la redacción del texto de la Constitución. Cuando cumplió los ochenta años, el Rey le otorgó el título de Marqués de Iria Flavia.

El contexto literario

Después de la guerra, muchos novelistas se habían exiliado (Ramón Sender, Max Aub...). En España, una nueva generación de novelistas apareció, entre los cuales ciertos fueron propagandistas del régimen. Otros intentaron pintar la realidad de la sociedad española a pesar del contexto político y de la censura. Camilo José Cela fue el que dio el mayor impulso entonces para la renovación de la creación literaria en España.

Influencias, resonancias...

El premio Nobel consagró la notoriedad internacional de Camilo José Cela.

En España

Sus novelas más famosas fueron adaptadas al cine. *La familia de Pascual Duarte* (1975 – Director: Ricardo Franco), *La Colmena* (1982 – Director: Mario Camus – Protagonizada por Ana Belén, Victoria Abril, Charo López).

¿Lo sabías?

Moda española

La moda española ha tenido, en el siglo XX, una relación muy directa con la evolución del país.

◀ **Cristóbal Balenciaga** abrió su primera tienda de costura en San Sebastián en 1914 pero se exilió a París al principio de la Guerra Civil en 1937.

Hasta que cerró su casa de costura, **Elio Berhanyer** vistió a la Reina Sofía y a gente famosa como Ava Garner, Cid Charisse... ▶

De la Alta Costura al «pret a porter»

- Entre los grandes maestros de la Alta Costura española se encuentran **Pedro Rodríguez** (1895-1990), **Mariano Fortuny** (1871-1949), quien fue el primero en diseñar, en 1919, un vestido que liberaba a las mujeres del corsé y **Cristóbal Balenciaga** (1895-1972).
- En **1974**, se decidió un aumento desmesurado de los impuestos de los diseñadores de Alta Costura en España y tuvieron que cesar en esta actividad. Unos modistos, como **Elio Berhanyer**, se dedicaron entonces al «pret a porter».
- Las marcas de «pret a porter» conocieron un desarrollo fulgurante. La primera tienda **Zara** abrió en 1975 y, hoy en día, hay 1.500 Zaras en casi todos los países industriales.
- **Agatha Ruiz de la Prada, Camper, Custo...** son algunos de los numerosos nombres de los creadores que hacen hoy de España uno de los países líderes en el mundo de la moda.
- Los dos centros de la moda española son Madrid, con la **Pasarela Cibeles** y la semana «Fashion Week» y Barcelona, con la **Pasarela Gaudí**.

◀ **Adolfo Domínguez** supo innovar: fue el primero en abrir su marca con su propio nombre en Madrid. Pronto se convirtió en una cadena con tiendas dentro y fuera de España. Finalmente salió a Bolsa convirtiéndose en una de las cotizaciones estrella de la Bolsa de Madrid.

▲ Los hermanos **Custodio y David Dalmau** crearon en Barcelona la marca **Custo** haciendo camisetas para hombres. Su inspiración fue una camiseta de surf, que vieron a fines de los años ´70, en California, en medio de un viaje alrededor del mundo que hicieron en moto.

◀ En Barcelona, **el salón Noviaespaña,** organizado por la Pasarela Gaudí, hace de Barcelona la «capital mundial de las novias».

1975

Con la muerte de Franco, el 20 de noviembre, el año 1975 marcó un hito en la historia de España. Se acababan los años de la Dictadura y se abría para el país una fase de renovación espectacular política, social y culturalmente.

Actividad

5

Balenciaga – Loewe – Zara – Cortefiel – Manuel Pertegaz – Jesús del Pozo – Mango – Adolfo Domínguez – Agatha Ruiz de la Prada – Castellano.
Tres de estos nombres de marcas y creadores españoles no se mencionan en la grabación. Escúchala y di cuáles son.

1 LA DICTADURA

Durante los años de la Dictadura influyeron mucho en la sociedad española los principios ideológicos conservadores impuestos por el régimen. La religión católica era religión oficial y su papel en el sistema educativo era muy importante. Se exaltaban los valores tradicionales y la familia como base de la sociedad.

2 LA CENSURA

El matrimonio únicamente civil y el divorcio no eran válidos. La censura moral vigilaba estrechamente las costumbres en películas y libros. Sin embargo, la situación había de evolucionar. Poco a poco, el turismo, la emigración y la modernización de la economía contribuyeron al cambio de las mentalidades.

3 LA DEMOCRACIA

Con la llegada de la democracia, se produjo una liberalización repentina de las costumbres que se manifestó a través de la Movida madrileña. Los jóvenes necesitaban un nuevo aire tras largos años de dictadura y la Movida llenó de vida a España. Se legalizó el divorcio, desaparecieron la censura y muchos tabúes.

Para empezar

La foto de Manolete con su novia fue prohibida por la censura en España.
La «pareja de hecho» que formaban el torero y Lupe Sino no era un modelo aceptable por el nuevo orden social. Observa la foto y comenta.

El torero Manolete y su novia. Foto censurada.

2 Familia y educación

Activités

Écrit

Lire et comprendre • Un texte pour découvrir les relations familiales • Un extrait de roman qui traite de la parité homme / femme • Un extrait de roman qui traite de l'éducation de l'enfant dans la société actuelle

S'exprimer à l'écrit • Écrire un texte bref pour illustrer une photo

Oral

Écouter et comprendre • Le parcours d'un acteur • Un dialogue de film

S'exprimer en continu • La vision de la femme dans la publicité • L'image de l'homme dans la publicité • Les relations mère / enfant

S'exprimer en interaction • Débattre des relations au sein de la famille

Programme

Thème culturel

Lieux et formes du pouvoir • La parité homme / femme • Les jeunes, les étudiants, les femmes : relations subies ou acceptées

L'idée de progrès • Le fonctionnement des sociétés

Contenus linguistiques

• Les emplois de «*ya*» • La cause • Le lexique du cinéma

Réussir à l'écrit

• Répondre à une question d'expression écrite

Littérature

Le personnage, ses figures et ses avatars • Tirso de Molina, *El burlador de Sevilla y convidado de piedra, jornada primera,* 1630

4 HOY DÍA

Hoy día, la sociedad española se parece mucho más que antes a las de los otros países de Europa: una de cada cuatro bodas es civil, más de un millón de personas conviven como pareja de hecho y también existen los matrimonios homosexuales. Se constata el aumento de los divorcios y de los hogares monoparentales. Uno de cada cinco bebés nace fuera del matrimonio y el promedio de hijos por mujer es sólo de 1,3.

¡Lee y exprésate!

La casa de mis padres

Mi madre ya ha abierto y me espera en el umbral, sonriendo. Tiene ya casi los sesenta años, pelo corto y canoso[1]... Le doy dos besos, qué tal todo, mamá. Bien, ¿y vosotros?

– Tu padre no está. Está trabajando. Últimamente, se queda hasta muy tarde. Pero pasa[2], pasa.

La casa de mis padres me hace acordarme de cuando era pequeña, cuando mi mundo era una casa, un jardín y un colegio. Cuando todo parecía posible, cuando soñaba con ser una princesa.

–Tu padre hay días que no termina hasta las diez de la noche. Llega siempre cansado y malhumorado. No sabes las ganas que tengo de que se jubile[3]. ¿Quieres un té?

Asiento con la cabeza y ella abre uno de los armarios y saca dos tazas de porcelana, sobres de té, dos cucharillas de plata de un cajón. Llena la tetera, la enchufa[4]. Nos sentamos en la mesa y me mira, sonriendo.

–Me alegra muchísimo verte. Estás muy guapa.

–Gracias.

–¿Y él?

Cojo mi taza y le doy un sorbo[5].

–¿Por qué le llamas siempre «él»? ¿Por qué no lo llamas por su nombre?

–Perdona. David. ¿Qué tal está?

–Está bien. Muy bien.

Ella fuerza una sonrisa. Hay un momento de silencio, luego me mira y dice con voz cansada:

–Nunca me gustó que te fueras con él. Me parece un chico estupendo pero no tiene medios. Siento ser tan clásica, pero estas cosas llegado un momento se empiezan a notar.

–Tienes razón, mamá. Pero qué le voy a hacer. Las cosas son así.

–Ay, niña. Qué senda[6] tan difícil escogiste. ¿No podías haber seguido en la universidad y...?

–Mamá, déjalo ya.

José Ángel Mañas, *Mensaka*, 1995.

Así se dice

- el conflicto de generaciones: *le conflit de générations*
- la incomprensión: *l'incompréhension*
- el prejuicio: *le préjugé*
- la idea fija: *l'idée fixe*
- el peso de las convenciones: *le poids des conventions*
- la recriminación: *la récrimination*
- la reivindicación: *la revendication*
- convencional: *conventionnel, elle*
- tradicional: *traditionnel, elle*
- formalista: *formaliste*
- callarse: *se taire*
- reprochar: *reprocher*
- chochear: *radoter*

1. las canas: *les cheveux blancs*
2. *entre !*
3. jubilarse: *prendre sa retraite*
4. enchufar: *brancher*
5. *j'avale une gorgée*
6. *ici, chemin*

1 Comprender y expresarse

Líneas 1-18

1. Presenta la situación y di quiénes son los protagonistas.

2. ¿Cómo viene evocado el padre?

3. La narradora experimenta cierta nostalgia. Apunta los detalles que lo muestran.

4. La madre parece feliz de ver a su hija. Di cómo se nota.

Líneas 19-33

5. ¿Quién será David?

6. Explica lo que opina de él la madre de la narradora y lo que le reprocha.

7. Estudia la reacción de la narradora comentando lo que le dice a su madre.

8. Di cómo interpretas esta réplica de la narradora: «Tienes razón mamá. Pero qué le voy a hacer. Las cosas son así.»

2 Observar y expresarse

1. Di cuáles son los diferentes elementos del anuncio. A partir de lo que puedes observar, a tu parecer, ¿qué será «El Viajero»?

2. Describe la foto. A tu parecer, ¿qué tipo de viajes le gustan a la chica?

3. ¿Qué te parece el lema «Voy donde quiero»?

4. Di en qué la visión de la mujer que presenta la foto es diferente del papel tradicional que se le solía atribuir a ella.

Así se dice

- el mapa: *le plan*
- el itinerario: *l'itinéraire*
- la mochila: *le sac à dos*
- el escúter / la moto
- el motocarro: *le scooter à trois roues, le triporteur*

Prácticas

Complète les phrases en utilisant «*ya*».

1. La madre sólo dice «él» al hablar de David. Cuando su hija se lo reprocha comprendemos que ya ....
2. Aunque la madre vuelve a preguntarle a su hija por qué interrumpió sus estudios, parece que su hija ....
3. Su hija intentó varias veces explicarle su forma de pensar pero ....
4. Antes las mujeres aceptaban no tener los mismos derechos que los hombres pero hoy, ...

Recuerda

Les emplois de «*ya*»

- «Mi madre **ya** ha abierto.»
- «Tiene **ya** casi los setenta años.»
- «Mamá, déjalo **ya**.»

La cause

- «¿**Por qué** le llamas siempre "él"? ¿**Por qué** no lo llamas por su nombre?»

Vamos a ver p. 44

¡Escucha!

Águila roja

David Janer.

1 Escuchar y expresarse

6

Lo esencial

1. Águila Roja es una serie televisiva. Se trata de:
a. una serie que relata hechos históricos auténticos. ☐
b. una serie de ficción. ☐

2. La acción transcurre en:
a. la Edad Media. ☐
b. el Siglo de Oro. ☐
c. el siglo XVIII. ☐
d. el siglo XIX. ☐

3. ¿Cómo se llama el héroe?
a. Alonso González. ☐
b. Alonso Montalvo. ☐
c. Gonzalo de Montalvo. ☐
d. Gonzalo Alonso. ☐

4. La heroína se llama:
a. Eloísa. ☐
b. Margarita. ☐
c. Carmen. ☐
d. Isabel. ☐

5. Tres afirmaciones son verdaderas. Di cuáles son.
a. «De niño, a David Janer le gustaban esas historias». ☐
b. «En la serie, las espadas son de cartón». ☐
c. «El héroe de la serie Águila Roja está enmascarado». ☐
d. «A David Janer tuvieron que darle clases de equitación». ☐
e. «Para el actor las caídas son lo más difícil». ☐
f. «No le gustan las acrobacias». ☐

Lo que sabemos del actor

6. Di cuál es el título de la serie en la que David tuvo su primer papel en televisión.

7. Al final, David Janer afirma que «Hoy en día, lo bueno es trabajar». ¿Qué espera entonces el actor?

2 Observar y expresarse

Observa el cartel y presenta la serie Águila Roja en una o dos frases.

3 Escribir

A partir de todo lo que sabes, redacta un texto breve para el pie de foto de la serie Águila Roja.

Así se dice

- el justiciero: *le justicier*
- la máscara: *le masque*
- enmascarado: *masqué*
- la esgrima: *l'escrime*
- la estocada: *l'estocade*
- un bombazo: *un énorme succès*
- la pantalla: *l'écran*
- el papel: *le rôle*
- la actuación: *le jeu de l'acteur*
- actuar
- el guionista: *le scénariste*
- el tesón: *l'obstination, la volonté*

Visitando a la tía

1 Ver y escuchar

DVD

Los protagonistas

1. La tía se llama ....

2. Las dos sobrinas se llaman Raimunda y ....

3. La hija de Raimunda se llama ...... y tiene ...... años.

La situación

4. Los padres de Raimunda murieron hace mucho tiempo. Di en qué circunstancias.

5. A Raimunda le gustaría que la tía se fuera a vivir en una residencia. ¿Qué le contesta la tía?

La tía

6. En otra escena de la película, una de las protagonistas dice que Doña Paula es una anciana que «está mal de la cabeza». A partir de esta escena, di si te parece que es verdad o no. Justifica con detalles del diálogo.

Resumen

7. Resume la escena utilizando todas las informaciones que tienes ahora.

Para concluir

8. A tu parecer, ¿cuál es el interés de esta escena?

Claves para comentar una película ▸ p. 45

2 Observar y expresarse

Esta foto es un fotograma de la escena que acabas de estudiar. ¿Qué momento de la escena evoca? Justifica.

3 Actuar

Raimunda insiste para que la tía se vaya a vivir en una residencia.
A tu parecer ¿cuáles son las ventajas y los inconvenientes?

Así se dice

- la sobrina: *la nièce*
- el cariño: *l'affection*
- el reportaje
- los incendios forestales
- el cementerio: *le cimetière*
- la lápida: *la pierre tombale*
- olvidarse de: *oublier*
- fregar (ie): *nettoyer, laver*

Baile de salón

Decidimos comenzar con clases particulares, para no hacer el ridículo delante de otros alumnos más avanzados. Mejor dicho, fui yo quien decidió esto, porque la verdad es que Willie es un buen bailarín y ganaba concursos de bailes de moda; en cambio yo tengo la gracia de un autobús en la pista de danza. El salón de la academia[1] tenía espejos del techo al suelo en los cuatro costados, y la profesora resultó ser una escandinava de diecinueve años con las piernas tan largas como mi estatura completa, enfundadas en medias negras[2] con costura y sandalias con tacones de aguja[3]. Anunció que empezaríamos bailando salsa. Me señaló una silla, se envolvió en los brazos de Willie y esperó el compás[4] exacto de la música para lanzarse a la pista.
–El hombre guía –fue su primera lección.
–¿Por qué? –le pregunté.
–No sé, pero así es –dijo.
–¡Ajá! –celebró Willie con aire de triunfo.
–No me parece justo –insistí.
–¿Qué es lo que no es justo? –preguntó la escandinava.
–Creo que nos deberíamos turnar. Una vez manda Willie y otra vez mando yo.
–¡El hombre siempre guía! –exclamó esa bruta[5].

Ella y mi marido se deslizaron por la pista al son de la música latina, entre los grandes espejos que multiplicaban hasta el infinito sus cuerpos entrelazados, las largas piernas con medias negras y la sonrisa idiota de Willie, mientras yo refunfuñaba[6] en mi silla.

Al salir de la clase, en el auto tuvimos una pelea que por poco acaba a puñetazos[7]... El hecho de que yo pasara una hora en la silla mientras él bailaba era lógico, puesto que el hombre guía y, una vez que él aprendiera, podría conducirme por la pista con la perfección de las garzas[8] en su danza nupcial. No lo dijo exactamente así, pero a mí me sonó a burla... Pero, en fin, fuimos a una segunda y una tercera clase antes de que yo perdiera la paciencia y le diera un trompazo[9] a la profesora. Jamás me he sentido más humillada. El resultado fue que lo poco que sabíamos de danza lo perdimos y desde entonces Willie y yo hemos vuelto a bailar juntos una sola vez.

Isabel Allende, *La suma de los días*, 2007.

Así se dice

- los celos: *la jalousie*
- el enojo: *la colère*
- la riña: *la querelle*
- enojarse: *se fâcher*
- llevarse bien con: *bien s'entendre avec*
- aguantar: *supporter*
- carecer de: *manquer de*
- dar clase: *faire cours*
- mandón, mandona: *autoritaire*
- ufano(a): *fier, fière*
- corto(a) de alcances: *borné(e)*
- testarudo(a): *têtu(e)*
- hacer el ridículo: *se ridiculiser*

1. *le cours, l'école*
2. *gainées de bas noirs*
3. *talons aiguilles*
4. *le rythme*
5. *idiote, imbécile*
6. *je ronchonnais*
7. *qui a failli se terminer à coups de poing*
8. la garza: *le héron*
9. dar un trompazo: *frapper, donner un coup de poing*

1 Comprender y expresarse

Líneas 1-12

1. En la primera parte, la narradora se burla de sí misma. Apunta las dos frases que lo muestran.
2. Busca los diferentes detalles que permiten hacer una presentación de la profesora.

3. **Líneas 13-35** A la narradora no le gustó la clase en absoluto. Di cómo se nota y explica por qué.

Para concluir

4. Analiza y comenta la personalidad de la mujer. Da ejemplos.
5. La página, en ciertos aspectos, es también humorística. Muéstralo.

2 Observar y expresarse

1. Di cuáles son los diferentes elementos del anuncio. ¿Qué se le trata de vender al lector?
2. Describe la foto. ¿Qué elementos te llaman la atención? Comenta.
3. ¿En qué consisten las ventajas de «¡Cocina paso a paso!»? ¿Qué te parece?

3 Actuar

Aquí, es un hombre el que está cocinando.

1. Di si este anuncio te parece corresponder a una realidad de la sociedad actual.
2. ¿Os parece un progreso o no?

Así se dice

- la sartén: *la poêle à frire*
- la carne picada: *la viande hachée*
- la receta: *la recette*
- aderezar, aliñar: *préparer, accommoder*
- guisar: *cuisiner*

Prácticas

Transforme les phrases selon le modèle :

Willie tiene que guiar **porque es** el hombre. ➜ Willie tiene que guiar **por ser** el hombre.

1. Ella necesitaba comenzar clases particulares porque no sabía bailar.
2. La profesora le resultó muy antipática porque no tenía tacto.
3. La chica propuso una solución que no fue aceptada porque resultaba impracticable.
4. La profesora no resultó muy eficaz porque bailaba más que su alumna durante las clases.
5. No quiso que siguieran con las clases de baile porque se ponía demasiado celosa.

Recuerda

La cause

- «Fui yo quien decidió esto, **porque** la verdad es que Willie es un buen bailarín [...] en cambio yo tengo la gracia de un autobús en la pista de danza.»
- «–El hombre guía –fue su primera lección. –¿**Por qué**? –le pregunté. –No sé, pero así es –dijo.»

➲ *Vamos a ver* p. 44

Su hijo no es tonto, caballero

La Oreja de Van Gogh.

Chile, 1957. El rector del Instituto que es también el profesor de francés ha convocado al alumno Pedro Pablo Palacios y a su padre, Lorenzo Palacios.

El rector Arenas avanza agresivo hacia Palacios y su padre, consiguiendo que la cólera lo empine[1] algunos centímetros sobre su pequeñez. Sus trancos[2] eran los de un milico[3]... Después de decir buenos días a su papá, acometió a Pedro Pablo con un dedo impugnador.

–Su hijo no es tonto, caballero. Tiene un siete en inglés. Si fuera el estúpido que finge[4] ser, tendría también en este ramo[5] malas calificaciones. Es cosa de que lo motiven para que estudie historia, física.

–Francés –escupió el joven.

–*Oui!* –gritó Arenas. El lenguaje de la libertad.

–De la fraternidad y la igualdad –bostezó el chico, sin quitarle la vista de encima.

La campana del recreo alivió la escena cuando sincronizadamente entró la secretaria trayendo un emparedado[6] con gruesas capas de mantequilla, jamón y palta[7], que desbordaban golosas las mitades del pan rural.

–¿Cuántas canciones en inglés te sabes? –quiso lucirse inoportuno don Lorenzo.

–Completas unas doscientas. A trozos, casi mil.

–¿Y en francés?

–Sólo una. *El desertor* de Boris Vian[8].

–Ésa es una canción obscena –murmuró el rector tomando el sándwich en sus manos blandas y pálidas. Si todos los jóvenes desertaran la patria quedaría sin soldados. Y sin soldados no habría orden, y el enemigo haría lo que quisiera con nosotros. Nos esclavizarían.

Antonio Skármeta, *La chica del trombón*, 2001.

Así se dice

- bostezar: *bâiller*
- reaccionario: *réactionnaire*
- retrógrado: *rétrograde*
- anticuado(a): *démodé(e)*
- autoritario: *autoritaire*
- pacifista: *pacifiste*
- el método de educación: *la méthode éducative*
- la rigidez: *la rigidité*
- la intolerancia: *l'intolérance*
- el juicio: *l'opinion, le jugement*

1. *ici, le grandisse*
2. *enjambées*
3. militar
4. fingir: *faire semblant*
5. *matière*
6. *(amér.) sandwich*
7. *(amér.) avocat*
8. Canción francesa de 1954 en contra de la guerra y de los militares. Fue utilizada por los movimientos pacifistas.

1 Comprender y expresarse

1. El rector del Instituto parece muy amenazador. Entresaca los detalles que lo muestran.

2. ¿Cuáles son las asignaturas que le gustan al joven y las en que no estudia?

3. El rector, profesor de francés, habla con entusiasmo del «lenguaje de la libertad». Sin embargo, ¿te parece que le gusta mucho la libertad? Explica.

4. Comenta los gustos musicales del chico.

2 Escuchar y expresarse

Hágale un lavado cerebral

1. Entre estas diferentes asignaturas, ¿cuáles son las dos que no menciona el rector?

- **a.** Química. ☐
- **b.** Literatura. ☐
- **c.** Física. ☐
- **d.** Educación cívica. ☐
- **e.** Matemáticas. ☐
- **f.** Historia. ☐
- **g.** Música. ☐

2. Entre las diferentes asignaturas, ¿cuál es la más importante según el rector?

- **a.** Química. ☐
- **b.** Literatura. ☐
- **c.** Física. ☐
- **d.** Educación cívica. ☐
- **e.** Matemáticas. ☐
- **f.** Historia. ☐
- **g.** Música. ☐

3. ¿Qué quiere hacer el chico cuando sea mayor?

3 Escribir

¿Qué te parece la frase que le dice el rector al padre del joven?: «Hágale un lavado cerebral». Haz un comentario en dos o tres frases.

Así se dice

- estar conforme: *être d'accord*
- (no) compartir la idea: *(ne pas) partager l'idée*
- el juicio: *l'opinion, le jugement*
- condenar: *condamner*
- acertado(a): *juste*
- equivocado(a): *faux, fausse*
- exagerado(a): *exagéré(e)*

Prácticas

Traduis les phrases suivantes.

1. Su hijo no es tonto, caballero. Tiene un siete en inglés. Si fuera el estúpido que finge ser, tendría también en este ramo malas calificaciones. Es cosa de que lo motiven para que estudie historia, física.

2. Si todos los jóvenes desertaran la patria quedaría sin soldados. Y sin soldados no habría orden, y el enemigo haría lo que quisiera con nosotros. Nos esclavizarían.

Recuerda

L'hypothèse

«Si todos los jóvenes desertaran, la patria quedaría sin soldados.»

Vamos a ver p. 130

Es muy distinto

–Fíjese no más –le había dicho en ese entonces la profesora mexicana, preocupada por el contenido de los dibujos de Mateo, mientras exhibía sobre una mesa todas las cartulinas[1] que había pintado a lo largo del semestre. No hay una sola en la que no haya representado armas, guerras, agresiones, sangre...

Los dibujos sí impresionaron a Lorenza, pero más bien por los coloridos y por lindos, y así lo expresó.

–Me parece que pinta bien, mi Mateo...

Pero la maestra no estaba interesada en valoraciones estéticas, lo de ella era la alarma por los impulsos violentos que afloraban en esos trabajos, que indicarían la urgencia de asesoría[2] psicológica. Decía que Mateo debía estar perturbado por situaciones ásperas, fueron sus términos, que quizá habría presenciado en Colombia. Lorenza se quedó callada y recogió los dibujos, uno por uno, con la devoción con que toda madre recoge los trabajos manuales de un hijo, como si fueran obras de museo. Esa misma noche extendió los dibujos por el piso de la sala para mirarlos con Mateo, que por ese entonces debía tener siete años.

–Dice tu profesora que son agresivos –le dijo. ¿Tú, qué opinas?
–¿Cómo así, agresivos?
–Bueno, ella dice que pintas unos tipos que están atacando...
–No están atacando, Lolé, se están defendiendo. Es muy distinto.

Laura Restrepo, *Demasiados héroes*, 2009.

1. *les feuilles à dessin*
2. *ici, consultation, aide*

1 Comprender y expresarse

1. Di por qué estaba preocupada la profesora de Mateo. Da ejemplos.

2. Lorenza, la madre, quiere mucho a su hijo. Busca detalles que lo muestran.

3. A tu parecer, ¿por qué cree la profesora que el niño puede haber visto «situaciones ásperas en Colombia»?

4. Fíjate en el diálogo final entre la madre y su hijo. ¿Te parece que Mateo tenía impulsos violentos como lo decía la profesora?

1. ¿Está enojada?: *Elle est fâchée ?* 2. la extrañas: *elle te manque*

2 Observar y expresarse

1. ¿Qué le explica la madre a su hija? ¿En qué términos? A tu parecer, ¿por qué lo hace así?

2. Comenta la reacción inmediata de la niña.

3. Di por qué resulta bastante conmovedora esta historieta.

4. Busca un título para esta historieta. Después propón el título a tus compañeros y explícales brevemente por qué te parece acertado.

Así se dice

- echar de menos a alguien: *regretter l'absence de quelqu'un*
- esta ocupado(a) por...
- el cariño: *l'affection, l'amour*
- tenerle cariño a: *avoir de l'affection pour*
- el globo: *le ballon*
- la cesta: *le panier*
- atar: *attacher*
- conmovedor: *émouvant*
- conmover (ue): *émouvoir*

Prácticas

1. Rédige trois phrases pour commenter la bande dessinée. Dans chacune des phrases, utilise au moins l'un de ces mots : «*por*», «*porque*», «*por qué*» ou «*ya*».

1. Al ver la foto de la abuela, la niña...
2. La madre le explica que la abuela ha muerto y...
3. Al final, a la niña se le ocurre una idea:...

2. Traduis les phrases suivantes.

1. La abuela ya no viene. Por eso está preocupada la niña.
2. La abuela está en el cielo. Por eso la niña necesita un globo.

Recuerda

Les emplois de «*por*»

«**Por** eso no viene.»
C'est pour cela qu'elle ne vient pas.

La cause

«Los dibujos impresionaron a Lorenza **por** los coloridos y **por** lindos.»
Les dessins impressionnèrent Lorenza par leurs couleurs (du fait de leurs couleurs / à cause de leurs couleurs) et parce qu'ils étaient beaux.

Les emplois de «*ya*»

«**Ya** tenemos vehículo.»
Maintenant, on a un véhicule.

➲ *Vamos a ver* **p. 44**

VAMOS a VER

Les emplois de «ya»

1 «*Ya*» est un adverbe de temps

Il indique que l'action est réalisée. Il se traduit par :

Déjà

• Mi madre **ya** estaba en la puerta.
*Ma mère était **déjà** sur le pas de la porte.*

Dès lors

• No supe nada de él, porque **ya** dejó de venir.
*Je n'ai plus eu de nouvelles de lui car **dès lors** il cessa de venir.*

Maintenant, désormais

• Son **ya** más de 47 millones los españoles.
*Les Espagnoles sont **désormais** plus de 47 millions.*

Plus tard, alors (suivi d'un futur)

• Cuando no llueva, **ya** saldremos.
Quand il ne pleuvra plus, alors nous sortirons.

Voilà

• ¡**Ya** estamos! *Nous y voilà. / Et voilà !*
• ¡**Ya** voy! *Voilà, j'arrive…*

2 «*Ya*» renforce une idée

Il permet de donner à une affirmation un caractère plus catégorique.

• **Ya lo sé.** *Je le sais bien (j'en suis tout à fait persuadé).*
• **Ya lo creo.** *Je pense bien (je suis tout à fait d'accord, bien sûr).*

*Dans un dialogue, **ya** employé seul (Ya…) suffit à donner son accord. Il se traduit par « Oui, d'accord, bien sûr ».*

3 La conjonction «*ya… ya…*»

• **Ya… ya…** *Soit… soit…* ou *Tantôt… tantôt…*

• Solía ir **ya** al cine, **ya** al concierto.
*Il allait **soit** au cinéma **soit** au concert.*

4 «*Ya no*»

*Dans une phrase négative, **ya** signifie « désormais… », « ne… plus… ».*

• Los jóvenes **ya no** salen de casa antes de los 26 años.
*Les jeunes **ne** quittent **plus** la maison avant l'âge de 26 ans.*

Attention : **Ya que** → *Puisque, étant donné que*

• No hablemos de él, **ya que** no te gusta.
*Ne parlons pas de lui **puisqu'**il ne te plait pas.*

La cause

1 Quelques conjonctions

Porque

La principale conjonction qui exprime la cause est **porque…** → *Parce que…*

• Fui a una academia de baile **porque** no sabía bailar.
*Je suis allée à un cours de danse **parce que** je ne savais pas danser.*

Ya que… Puesto que…

Puisque… Étant donné que…

• **Ya que** guía el hombre, ella se quedaba sentada en su silla.
***Puisque** c'est l'homme qui guide, elle restait assise sur sa chaise.*

Que

*La conjonction **que** peut remplacer **porque**… et **ya que**…, notamment dans la langue parlée.*

• Ven aquí, **que** te voy a decir algo.
Viens ici, je vais te dire quelque chose.

Pues

*La conjonction **pues** remplace très souvent **porque**…*

• No es una chica resignada, **pues** cuando hay algo injusto, ella se enfada.
*Ce n'est pas une jeune fille résignée **car** lorsqu'il y a quelque chose d'injuste, elle se fâche.*

2 «*Por*» + infinitif

Cette locution conjonctive exprime également une idée de cause.

• Al chico le gusta mucho su abuelo **por ser** un hombre maravilloso.
*L'enfant aime beaucoup son grand-père **parce que c'est** un homme merveilleux.*

Prácticas

1. Réponds de façon affirmative aux questions en renforçant ton affirmation.

1. ¿Sabes que me llamo Pedro? Sí, ya sé ....
2. ¿Tengo razón o no?
3. ¿Va a venir tu hermana?
4. ¿Han llegado Juan y María?
5. ¿Vendrás a verme?

2. Traduis les phrases suivantes.

1. ¿Paco, ya te vas?
2. Ya no quiero salir hoy. Llueve demasiado.
3. Ya que lo dices tú, yo te creo.
4. ¡Ya sabes cómo me gusta Madrid!
5. ¡Por fin llegas! ¡Ya era hora!

3. Remplace «*por*» par «*porque* + verbe conjugué».

1. No te escribí por el montón de trabajo que tenía.
2. Recibió un premio por haber escrito un blog interesante.
3. Leí este libro por ser aficionado a las novelas policíacas.
4. Dale las gracias por haberme ayudado.
5. Lo creo por decírmelo mi mejor amigo.

4. Retrouve dans le texte de la page 42 les équivalents des phrases suivantes.

1. *Toi, tu en penses quoi ?*
2. *Tout au long du semestre.*
3. *Elle l'exprima ainsi.*
4. *Elle les prit, un à un.*
5. *À ce moment-là, il devait avoir sept ans.*

Claves para comentar una película

La secuencia puede ser:

- una entrevista
- un reportaje
- un informe semanal
- un telediario
- una película
- un anuncio
- un documental: *un documentaire*
- un cortometraje: *un court-métrage*

Para analizarla, es importante fijarse en:

- el lugar (exterior/interior)
- los protagonistas
- los efectos sonoros
- la banda sonora (de sonido) en la que aparecen diferentes fuentes sonoras (música, ruidos, diálogos...)
- las imágenes
- los efectos visuales
- los planos sobre los objetos, la ropa, la mirada, el movimiento
- los trucajes
- El campo: lo que se ve a través del objetivo de la cámara. Se dice: entrar en el campo o salir del campo.
- El contracampo: ángulo de cámara opuesto al del campo.
- En el campo, *in*: lo que está visible en el campo.
- En *off*: lo que está fuera del campo.

Recuerda también

- el director: *le réalisateur*
- dirigir: *diriger, réaliser*
- la puesta en escena: *la mise en scène*
- el reparto: *la distribution (les acteurs)*
- protagonizar: *jouer dans un film, jouer un rôle*
- la pantalla: *l'écran*
- la cámara: *la caméra*
- el argumento: *le sujet*
- el desenlace: *le dénouement*
- el guión: *le scénario*
- la sinopsis: *le synopsis*
- la secuencia: *la séquence*
- los subtítulos: *les sous-titres*
- el doblaje: *le doublage*
- el rodaje: *le tournage*
- rodar una película: *tourner un film*
- la duración: *la durée*
- el primer plano
- el primerísimo plano: *le gros plan*
- el segundo plano
- los focos de luz: *les projecteurs*
- el tráiler: *la bande-annonce*
- el estreno: *la première représentation*
- la taquilla: *la caisse*
- un éxito taquillero: *un succès commercial*

Ateliers en groupes de compétences

Vers B1.2

8

Compréhension de l'oral

Repérer dans un message oral les éléments essentiels et en rendre compte

¿No te quedas a cenar?

Escucha atentamente dos o tres veces y contesta.

	Sí	No
1. La chica va a comer en casa de su madre y va a cocinar.	☐	☐
2. La chica viene a ver a su madre muy a menudo.	☐	☐
3. La madre parece desesperada y se siente ya muy vieja.	☐	☐
4. La madre se aburre en casa.	☐	☐
5. Al pensar en su vida, a la madre le parece que ha tenido una vida feliz.	☐	☐

Vers B1.2 B1

Compréhension de l'écrit / Expression orale en continu

Repérer dans un message écrit les informations essentielles et les commenter

JÓVENES EN UNA SOCIEDAD CAMBIANTE

La salida del hogar de los padres

Los/las jóvenes adelantan las decisiones a edades más tempranas. (Resultados estudio comparativo de 4 informes de Juventud: 1996, 2000, 2004 y 2008).

Los/las jóvenes se independizan más y antes. El 37% no vive en casa de sus padres. En el 2004 era el 32%.

La convivencia en pareja se inicia a edades más tempranas. El 36% de jóvenes viven en un hogar propio.

El porcentaje de jóvenes que viven en un hogar propio ha aumentado paulatinamente entre 1996-2008, especialmente entre las mujeres.

Alrededor del 12% de los/las jóvenes tiene hijos (1,4 hijos de media). A mayores niveles educativos, se retrasa considerablemente la paternidad/maternidad juvenil (a partir de los 26 años).

Las mujeres de 25 a 29 años que disponen de niveles educativos más altos y tienen hijos, también disponen en gran proporción de un empleo.

Encuesta

Este documento está sacado de un informe del Ministerio de Igualdad publicado en España en el año 2008. Elige uno de los resultados de la encuesta y coméntalo.

Vers B1.2 B1

Compréhension de l'oral / Expression orale en continu

9

Repérer dans un message oral les éléments essentiels et en rendre compte

Efectos de la crisis

Escucha dos veces el CD y da cuenta en voz alta de lo que has entendido.

Vers B1

Compréhension de l'oral / Expression orale en continu

10

Repérer dans un message oral les éléments essentiels et en rendre compte

Nuevos chicos Almodóvar

1. Explica lo que significa el título.
2. Según Jordi Vilalta, di cuáles son las cualidades de Pedro Almodóvar.
3. Analiza las reacciones de los padres de Jordi y de Adela.

Réussir à l'écrit

Répondre à une question d'expression écrite

Sujet

La decisión de Catalina

Desde ese día Catalina tomó la decisión y se puso a trabajar en el cambio; se imponía una mudanza[1] interior y exterior. Comenzó por comunicárselo a su marido; Luis debía saberlo, no sería justo ocultar sus planes a un ser tan querido; y a la hora de la cena, Catalina Béjar habló:

–Tengo que decirte algo, Luis.

Luis Altapuerca no se sorprendió en absoluto. Catalina siempre tenía algo que decir o que contar, y lo peor era que lo anunciaba, como un jefe de Estado o tal vez un oráculo. Por supuesto, no dijo en voz alta lo que pensaba, se limitó a responder:

–Dime, Catalina.

–Creo que tienes derecho a saber que voy a cambiar: desde hoy no seré la misma. Mi vida no es lo que deseo, nunca lo fue, así que se impone un cambio.

Su marido preguntó con voz calma:

–Voy a escuchar por décima vez en veinte años que nos separamos. ¿Qué he hecho ahora?

–Te ruego que me escuches, Luis; no es nada de eso. No quiero separarme, ¿para qué? Sería un desperdicio[2] patrimonial y personal. Y no tengo con quien irme, así que no merecería la pena.

Luis Altapuerca volvió a interrumpir a su mujer:

–No pensarás proponerme una relación abierta, de esas que tienen los europeos. Sabes que soy poco dado a esas modernidades, Catalina. Yo, español hasta la muerte; tú haz lo que quieras, mujer, como siempre, pero no me lo cuentes.

La cara de Luis Altapuerca era de risa, pero Catalina, centrada en su discurso, no lo advirtió y continuó hablando:

–No es nada de eso; yo voy a cambiar, es un cambio mío, los demás podéis hacer lo que queráis, no voy a imponeros nada. Será un cambio profundo, interior y exterior, no seré por más tiempo vuestra esclava, de nadie, no pienso servir a nadie por más tiempo, Luis. Ese periodo de mi vida ha finalizado; no voy a discutir más lo estrictamente necesario y cada uno que se apañe[3] como pueda en esta familia.

Luis Altapuerca comía un pedazo de queso y torcía el gesto[4]: Catalina estaba cada día peor. Ella, la mayor egoísta de la historia, la mayor cómoda y *bon vivant* que había conocido, le decía a él, su marido, que se sentía una esclava. Ella, que vivía como una marquesa; ella, que tenía servicio[5]; ella, que tenía lavadora y lavaplatos; ella, que se pasaba el día al teléfono y taconeando por la calle[6]; ella, que ni siquiera iba a la compra del mes, lo encargaba por fax o por e-mail. Ella decía que no iba a discutir y que era una esclava. Catalina se estaba pasando del límite que la decencia de cualquier marido podía permitir.

Susana Pérez-Alonso, *Nada te turbe*, 2002.

Expression écrite

1. Muestra que Catalina y Luis no comparten la misma visión del papel de la mujer en la familia.

2. Imagina un diálogo en el que Luis expone a su mejor amigo la decisión de su mujer.

1. una mudanza: *ici, un changement*
2. un desperdicio: *un gâchis*
3. apañarse: *se débrouiller*
4. torcía el gesto: *il faisait une grimace*
5. tenía servicio: *avait une employée de maison*
6. *elle était toujours sortie*

1 Pour réussir la question 1

- Pour répondre à cette question, tu peux relire attentivement le texte plusieurs fois. Ensuite, à l'aide de deux couleurs, tu peux souligner les éléments qui correspondent à la vision de chacun des deux personnages.
- Nous te proposons ici de souligner en bleu ce qui correspond à la conception de Luis et en rose ce qui permet de cerner la façon dont Catalina envisage le rôle de la femme.
- Tu pourras alors illustrer ton commentaire avec quelques citations du texte en guise d'exemple. N'en fais pas trop, choisis ce qui te semble le plus représentatif.

2 Pour réussir la question 2

- Tu peux te reporter utilement aux conseils donnés en pages 26-27. Mais ici, il ne s'agit pas simplement de reprendre un texte écrit et de le transformer. Il te faut aussi inventer le contenu du dialogue.
- Pour ce faire, il faut partir des éléments du texte pour réussir le dialogue: d'une part, il faut repérer le lexique utile que tu pourras réemployer; d'autre part, il te faut reprendre les idées qui sont données par le texte.
- Pour ce sujet, les repérages opérés pour répondre à la première question te seront utiles pour imaginer le contenu du dialogue.
- Ce dialogue pourra prendre l'une des trois formes proposées à la page 27.

Voici ce qui peut être souligné :

Desde ese día Catalina tomó la decisión y se puso a trabajar en el cambio; se imponía una mudanza[1] interior y exterior. Comenzó por comunicárselo a su marido; Luis debía saberlo, no sería justo ocultar sus planes a un ser tan querido; y a la hora de la cena, Catalina Béjar habló:

–Tengo que decirte algo, Luis.

Luis Altapuerca no se sorprendió en absoluto. Catalina siempre tenía algo que decir o que contar, y lo peor era que lo anunciaba, como un jefe de Estado o tal vez un oráculo. Por supuesto, no dijo en voz alta lo que pensaba, se limitó a responder:

–Dime, Catalina.

–Creo que tienes derecho a saber que voy a cambiar: desde hoy no seré la misma. Mi vida no es lo que deseo, nunca lo fue, así que se impone un cambio.

Su marido preguntó con voz calma:

–Voy a escuchar por décima vez en veinte años que nos separamos. ¿Qué he hecho ahora?

–Te ruego que me escuches, Luis; no es nada de eso. No quiero separarme, ¿para qué? Sería un desperdicio[2] patrimonial y personal. Y no tengo con quien irme, así que no merecería la pena.

Luis Altapuerca volvió a interrumpir a su mujer:

–No pensarás proponerme una relación abierta, de esas que tienen los europeos. Sabes que soy poco dado a esas modernidades, Catalina. Yo, español hasta la muerte; tú haz lo que quieras, mujer, como siempre, pero no me lo cuentes.

La cara de Luis Altapuerca era de risa, pero Catalina, centrada en su discurso, no lo advirtió y continuó hablando:

–No es nada de eso; yo voy a cambiar, es un cambio mío, los demás podéis hacer lo que queráis, no voy a imponeros nada. Será un cambio profundo, interior y exterior, no seré por más tiempo vuestra esclava, de nadie, no pienso servir a nadie por más tiempo, Luis. Ese periodo de mi vida ha finalizado; no voy a discutir más lo estrictamente necesario y cada uno que se apañe[3] como pueda en esta familia.

Luis Altapuerca comía un pedazo de queso y torcía el gesto[4]: Catalina estaba cada día peor. Ella, la mayor egoísta de la historia, la mayor cómoda y *bon vivant* que había conocido, le decía a él, su marido, que se sentía una esclava. Ella, que vivía como una marquesa; ella, que tenía servicio[5]; ella, que tenía lavadora y lavaplatos; ella, que se pasaba el día al teléfono y taconeando por la calle[6]; ella, que ni siquiera iba a la compra del mes, lo encargaba por fax o por e-mail. Ella decía que no iba a discutir y que era una esclava. Catalina se estaba pasando del límite que la decencia de cualquier marido podía permitir.

Susana Pérez-Alonso, *Nada te turbe*, 2002.

Don Juan

Complementos ▸ p. 187

En Nápoles...

(Sala en el palacio del rey de Nápoles[1], de noche. No hay luz.) Salen[2] Don Juan Tenorio embozado[3], e Isabela, duquesa.

ISABELA: Duque Octavio, por aquí
podrás salir más seguro.
DON JUAN: Duquesa, de nuevo os juro
de cumplir el dulce sí.
ISABELA: Mis glorias serán verdades,
promesas y ofrecimientos,
regalos y cumplimientos
voluntades y amistades[4].
DON JUAN: Sí, mi bien.
ISABELA: Quiero sacar
una luz.
DON JUAN: ¿Pues para qué?
ISABELA: Para que el alma dé fe
del bien que llego a gozar[5].
DON JUAN: Mataréte la luz[6] yo.
ISABELA: ¡Ah, cielo! ¿Quién eres, hombre?
DON JUAN: ¿Quién soy? Un hombre sin nombre.
ISABELA: ¿Que no eres duque?
DON JUAN: No.
ISABELA: ¡Ah, de palacio![7]
DON JUAN: ¡Detente!
Dame, duquesa, la mano.
ISABELA: No me detengas, villano[8],
¡Ah, del rey![9] ¡Soldados, gente!

Sale el rey de Nápoles con una vela en un candelero.

REY: ¿Qué es esto?
ISABELA: ¡El rey! ¡Ay, triste[10]!
REY: *(Aparte)* –Esto en prudencia consiste.
¡Ah, de mi guarda! Prended
a este hombre.
ISABELA: ¡Ay, perdido honor!

Tirso de Molina, *El burlador de Sevilla y convidado de piedra, jornada primera*, 1630.

Comentar

1. Analiza la primera acotación. ¿Qué puede ver el público? Precisa cuál es el momento y el lugar.

▸ Líneas 1-9

2. La duquesa le llama a Don Juan «Duque Octavio». ¿Qué revela?

3. Explica las palabras de don Juan: «Duquesa, de nuevo os juro / de cumplir el dulce sí.» ¿Qué significan? ¿Qué revelan de las estratagemas de don Juan?

4. A don Juan se le llama «el Burlador de Sevilla». Intenta explicarlo a partir de estas cuatro réplicas.

▸ Líneas 10-24

5. Isabela quiere encender una luz. ¿Qué lance ocasiona? (Un lance: *un coup de théâtre*).

6. Apunta y analiza los diferentes aspectos de este cambio (tono, ritmo, juego de actores...).

7. Don Juan le dice a la duquesa: «¿Quién soy? Un hombre sin nombre.» Comenta esta réplica, diciendo lo que nos revela del carácter de don Juan.

▸ Líneas 25-30

8. Sale al escenario el rey de Nápoles. ¿Qué simboliza este personaje? ¿Cuáles serán las consecuencias de su presencia para la duquesa y para don Juan?

▸ Conclusión

9. El propósito de Tirso de Molina era moralizador. Di cómo aparece en esta escena.

1. *Le royaume de Naples, au sud de l'Italie, dépendait alors de la Couronne d'Aragon, c'est-à-dire de l'Espagne. Cette scène se situe au début de la pièce. Don Juan est alors à Naples. Après sa fuite, il sera à Séville jusqu'à la fin de la pièce.*
2. *entrent en scène*
3. *le bas du visage dissimulé (par sa cape)*
4. *Alors mon bonheur deviendra réalité, comme tes promesses et tes engagements, tes attentions et ton empressement, ton amour et ton attachement.*
5. *Pour que tu puisses lire dans mon cœur le bonheur que je viens d'éprouver.*
6. *Et moi, je vais l'éteindre !*
7. *À l'aide ! À moi, gens du palais !*
8. *misérable*
9. *À l'aide, à la garde !*
10. *Pauvre de moi !*

Claves para el comentario

El autor y la obra

Tirso de Molina (1584-1648)

- Fue uno de los más famosos dramaturgos del Siglo de Oro. Era fraile y la publicación de sus comedias, que se podían considerar como amorales, le valió varios problemas con la Iglesia.
- Entre las **300 comedias** que escribió, destaca *El Burlador de Sevilla y convidado de piedra*. En esta obra creó el personaje de Don Juan Tenorio.

Don Juan es un libertino lleno de soberbia que se dedica a burlarse de todos. Joven y noble, engaña por sus mentiras a varias damas y doncellas, nobles o campesinas, desafiando así las leyes del Rey y las de Dios. Después de engañar a la duquesa Isabela, en la primera jornada de la obra, debe huir de Nápoles y viaja a Sevilla. Tras deshonrar a Doña Ana de Ulloa, prometida de un amigo suyo, mata al padre de la joven, Gonzalo de Ulloa, comendador de Calatrava. Tiempo después, Don Juan entra en una iglesia donde se encuentra **la estatua de piedra** de su víctima. Burlándose del muerto, Don Juan convida la estatua a una cena. Para cumplir su venganza, el padre muerto vuelve de la tumba y, en el nombre de Dios, **se lleva a Don Juan al infierno**.

El contexto histórico

El Siglo de Oro abarca el siglo XVI y casi todo el siglo XVII. Es el momento de mayor auge del Imperio Español con los Reyes de la Casa de Austria. La influencia de la Iglesia Católica, con la Contrarreforma, es entonces muy grande. Sin embargo, el siglo XVII, marcado por las guerras en Flandes y con Francia, fue un siglo de decadencia y de crisis económica.

El contexto literario

El Siglo de Oro corresponde al **Renacimiento** (s. XVI) y al **Barroco** (s. XVII). Para España, es el **período clásico de la literatura** en todos sus sectores. En el siglo XVII, la comedia española refleja las tensiones y el malestar de la época. El tema del desengaño domina. **Lope de Vega** (1562–1635), **Tirso de Molina** (1584–1648) y **Calderón de la Barca** (1600–1681) son los tres máximos autores del **Teatro Barroco** español.

Influencias, resonancias...

El personaje de Don Juan se convirtió rápidamente en mito y sobrepasó las intenciones morales de Tirso de Molina, que quería representar con él **la lucha entre el Bien y el Mal**. Conoció numerosos avatares e inspiró incontables obras literarias, musicales o cinematográficas. Sólo se pueden mencionar las más relevantes:

En España

En el siglo XIX, **José Zorrilla** escribió el drama romántico *Don Juan Tenorio* (1844) que tuvo mucho éxito.

En Europa

En Francia, Molière escribió en 1665 *Dom Juan ou le festin de pierre*. **Baudelaire**, **Alexandre Dumas** y **Prosper Mérimée** contribuyeron también en desarrollar el mito.

En Inglaterra, el famoso poeta **Lord Byron** (1788–1834) escribió el poema *Don Juan* (1821) que fue el símbolo de la poesía romántica.

En el dominio musical

Destacan la ópera de **Mozart,** *Don Giovanni* (1787) y *Don Juan*, el poema sinfónico de **Richard Strauss** (1889).

Estatua de Don Juan, Jardines de Murillo, Sevilla.

¿Lo sabías?

La Movida española

Después de la muerte del general Franco en 1975, que significó el fin de la dictadura, y con la llegada de la transición democrática, apareció en Madrid un movimiento cultural llamado la Movida madrileña que se convirtió muy pronto a través de toda España en la Movida española.

La Movida madrileña

- Las noches madrileñas fueron muy activas y los jóvenes se interesaron por la **cultura alternativa** y la cultura *underground*.
- El 23 de mayo de 1981, los alumnos de la Escuela de Arquitectura de la Universidad Politécnica de Madrid organizaron **«El Concierto de Primavera»**. Más de 15.000 personas se reunieron en ese acontecimiento histórico, en un festival de más de ocho horas de duración.

Mecano.

▲ Una de las primeras películas dirigidas por Almodóvar fue **«Pepi, Luci, Bom y otras chicas del montón»**, en 1980, que es el reflejo de la libertad de la época.

▼ Quizás el artista más conocido de aquella época sea el director de cine **Pedro Almodóvar**.

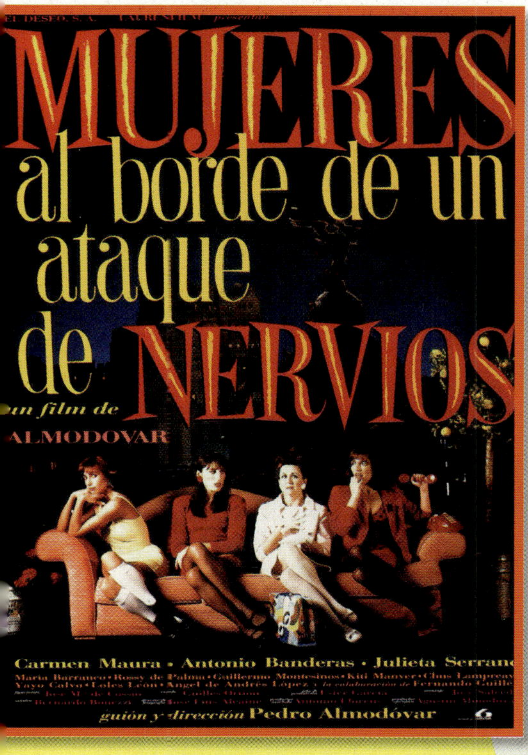

▲ En la época de Franco, **los derechos de la mujer** casi no existían. Con la Movida, las mujeres crearon grupos femeninos que permitieron la emancipación femenina.

▲ La fotógrafa **Ouka Leele**, nacida en 1957, empezó a trabajar en los años de la Movida. Su obra fue ensalzada por la crítica y se la consideró uno de los estandartes de la llamada «posmodernidad».

1986

- El 1.ro de enero, España ingresa en la Comunidad Económica Europea (CEE). Portugal también. La Comunidad Europea se convierte así en la Comunidad de los doce.
- El 13 de enero, se inicia en Estrasburgo el Pleno del Parlamento Europeo al que asisten por primera vez los diputados de España y Portugal.
- El 30 de enero, el Príncipe Felipe, alcanzada la mayoría de edad, presta el juramento a la Constitución española en una sesión de las Cortes Generales en Madrid.

Actividad

Después de leer estas dos páginas, describe y comenta la foto de Ouka Leele.

CORTES CONSTITVYENTES

CONSTITVCION DE LA REPVBLICA ESPAÑOLA

Como Presidente de las Cortes Constituyentes, y en su nombre, declaro solemnemente que éstas, en uso de la soberanía de que están investidas, han decretado y sancionado lo siguiente:

ESPAÑA, EN VSO DE SV SOBERANIA, Y REPRESENTADA POR LAS CORTES CONSTITVYENTES, DECRETA Y SANCIONA ESTA CONSTITVCIÓN

1 DE LA SEGUNDA REPÚBLICA A LA GUERRA CIVIL

El 14 de abril de 1931, se proclamó en España la Segunda República. Diferentes movimientos políticos añoraban el antiguo régimen y se opusieron al Frente Popular, coalición electoral de izquierda que había ganado las elecciones en febrero de 1936. El 18 de julio de 1936, se produjo un pronunciamiento militar, encabezado por varios generales entre los cuales estaba el general Franco. Así empezó la Guerra Civil.

2 ¡NO PASARÁN!

El bando republicano organizó rápidamente la resistencia y España quedó dividida en dos zonas. El bando nacional contó con la ayuda de la Falange, movimiento fascista, de la Alemania de Hitler y de la Italia fascista. El bando republicano fue ayudado por la Unión Soviética y los voluntarios de las Brigadas Internacionales.

Affiche des journées commémoratives de l'Association Fils et Filles de Républicains Espagnols et Enfants de l'Exode.

Para empezar

El cartel francés es un homenaje a los republicanos exiliados. Fue compuesto a partir de una fotografía auténtica sacada en 1939. Obsérvalo y comenta los detalles que te llaman la atención.

3

EL FIN DE LA GUERRA Y LA RETIRADA

Después de tres años de violentos combates, de bombardeos y de represión, la Guerra terminó por la victoria del bando nacionalista, el 1 de abril de 1939. Muchos republicanos se exiliaron al extranjero. Numerosos españoles encontraron un refugio en México, Inglaterra... Muchos de los que cruzaron la frontera francesa fueron recluidos en campos de refugiados donde conocieron condiciones de vida pésimas.

3 Días de guerra

Activités

Écrit

Lire et comprendre • Un témoignage sur ce que fut l'exil pour les républicains • Un récit historique sur les événements de 1936 • Un témoignage sur la situation des instituteurs pendant la dictature • Un poème sur l'Espagne des années 60

S'exprimer à l'écrit • Rédiger un commentaire sur la position des autorités franquistes face à l'enseignement

Oral

Écouter et comprendre • Un témoignage historique sur la Guerre Civile : le bombardement de Guernica

S'exprimer en continu • Commenter des affiches républicaines • Commenter un dessin d'humour • Présenter un tableau de Picasso • Analyser un photogramme • Commenter le dessin d'un artiste engagé

S'exprimer en interaction • Participer à un débat

Programme

Thème culturel

Espaces et échanges • L'exil des républicains

Lieux et formes du pouvoir • La Guerre Civile (1936-1939) • La Dictature (1939-1975) • L'école sous la Dictature • La poésie engagée

L'idée de progrès • Le musée de la Paix de Guernica

Contenus linguistiques

• La subordonnée de temps • Le mode dans la subordonnée de temps • La concordance des temps • Commenter un tableau

Réussir à l'écrit

• Rédiger une lettre

Littérature

L'écrivain dans son siècle • Blas de Otero, *Pido la paz y la palabra,* 1955

Cuando esto se acabe

España, al principio de la Guerra Civil en 1936. En el País Vasco, se organiza el exilio de muchos niños hacia Francia y Bélgica. Santi y Begoña están a punto de irse.

Unos niños jugaban a la pelota utilizando como frontón la pared trasera de una casa.

–Hola, Santi –dijo el *Pecas*. ¿Adónde vas?

Santi se mojó los labios y siguió caminando.

–¿No juegas? –gritó Sabino.

Santi dijo que no con la cabeza. Sabía que si hablaba se darían cuenta de que tenía la voz húmeda.

–Santi y Begoña se van de viaje –explicó el padre.

–¿Volverán pronto? –preguntó el *Pecas*.

–No sé –dijo el padre, sin mirar a nadie. Depende. Cuando esto se acabe.

La madre suspiró ruidosamente y los párpados[1] le temblaron.

Siguieron caminando y Sabino y los demás reanudaron el juego. Santi volvió la cabeza para mirarles. Y tuvo de pronto un deseo enorme de quedarse allí. Joaquín le hizo un saludo con la mano y Santi movió el brazo en un gesto de adiós y volvió la cabeza...

–Justo a tiempo –dijo el padre. El tren vendrá en seguida.

El padre dejó las maletas en el suelo y fue a sacar los billetes. Dijo:

–Para Bilbao. Dos de ida y dos de ida y vuelta.

Y entonces fue cuando Santi rompió a llorar. Begoña lloró también, frotándose los ojos con la palma de las manos; y la madre, que aquel día le había puesto a Santi fijador en el pelo, le rodeó con un brazo la cabeza y le despeinó.

–Cuida a tu hermana, hijo –musitó.

–Sí, madre.

–Tú eres ya un chico mayor, Santi; tienes once años.

–Casi doce –puntualizó Santi, un poco ofendido. Los cumplo en mayo.

–Sí, hijo –dijo la madre. Y añadió: –Cuídala mucho. Que no le pase nada a Begoña.

–No, madre.

Hacía ya días que Santi sabía que él y Begoña se marcharían. Pero solamente entonces, cuando ante la ventanilla de la estación dijo su padre: «Dos de ida y dos de ida y vuelta», sólo entonces comprendió Santi que era verdad que él y Begoña se iban, que se iban y que tal vez nunca más volverían a Baracaldo.

Luis de Castresana, *El otro árbol de Guernica*, 1967.

1. *paupières*

1 Comprender y expresarse

1. Di quiénes son:
a. Santi.
b. El Pecas.
c. Begoña.

2. ¿Quién es más joven? ¿Santi o Begoña?

3. ¿Cuántos años tiene Santi?

4. ¿Cómo se llama la ciudad donde vivían?

5. Apunta todos los detalles que revelan la tristeza de Santi.

6. ¿Qué te parece la decisión de los padres?

7. ¿Cuál va a ser la responsabilidad de Santi ahora? Di lo que te parece.

8. ¿Qué drama humano provocado por la guerra ilustra el texto?

2 Observar y expresarse

El dibujo de Krahn

1. Describe el dibujo de Krahn (el decorado y los personajes: cómo visten, quiénes son, lo que hacen...).
2. Explica lo que al dictador le gusta hacer.
3. A tu parecer, ¿qué significa simbólicamente la actitud del dictador?

El cartel republicano

4. Describe el cartel republicano.
5. Explica la lección que les querían dar a los niños.
6. Di lo que opinas de este cartel.

Para concluir

7. Compara la actitud del dictador y la de los republicanos.

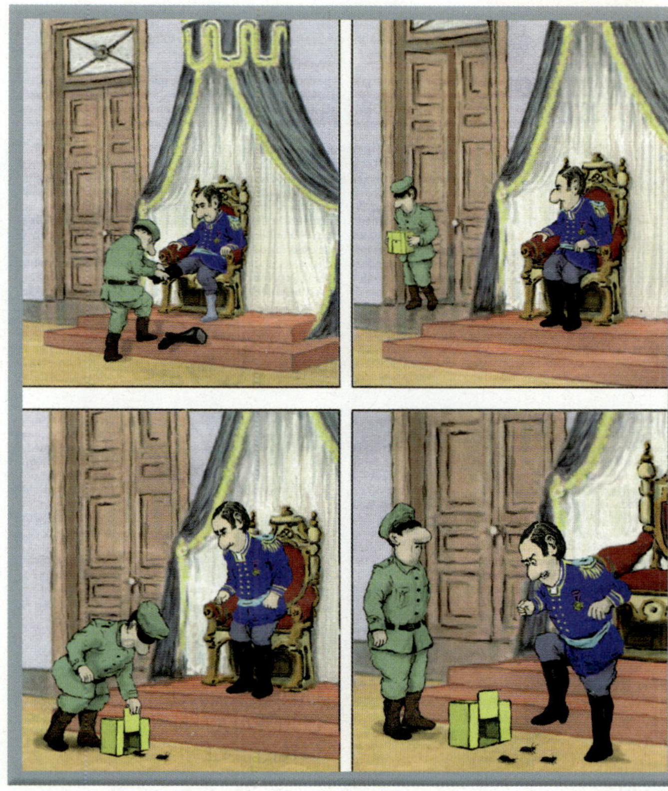

3 Observar y actuar

Debate: ¿Un cartel moderno?

El cartel republicano data de los años treinta. A pesar de ser muy antiguo, presenta aspectos muy modernos. Obsérvalo bien y apunta:
– Los elementos que muestran que el mensaje convenía para la época de los años treinta.
– Los aspectos que siguen de actualidad hoy día.

Elige uno de estos aspectos y participa en el debate.

Así se dice

- pisar (algo): *marcher (sur quelque chose)*
- aplastar: *écraser*
- pisotear: *piétiner*
- destruir
- la caja: *la boîte*
- regar (ie): *arroser*
- la regadera: *l'arrosoir*
- la hormiga: *la fourmi*
- el ser vivo: *l'être vivant*
- el mundo vegetal/animal
- la naturaleza: *la nature*
- diminuto: *tout petit*
- la tolerancia: *la tolérance*
- el humanismo: *l'humanisme*
- el pacifismo: *le pacifisme*
- el respeto a: *le respect de/pour*
- respetar: *respecter*

Prácticas

Transforme les phrases suivantes selon le modèle:

Los niños **están** solos y Santi **cuida** a su hermana.
→ **Cuando** los niños **estén** solos, Santi **cuidará** a su hermana.

1. El padre compra los billetes y se los da a sus hijos.
2. El tren llega y los niños se van lejos de casa.
3. Santi y Begoña están solos, y añoran a sus padres y sus amigos.
4. Los niños se van y, durante mucho tiempo, no ven a sus padres.
5. Tienen miedo y se consuelan el uno al otro.

Recuerda

La subordonnée de temps

«–¿**Volverán** pronto? –No sé. Depende. **Cuando esto se acabe.**»
– Reviendront-ils bientôt ? – Je ne sais pas. Cela dépend. Quand tout cela sera fini.

Vamos a ver p. 66

¡Escucha!

Guernica

1 Observar y expresarse

El mural *Guernica* fue pintado a raíz del bombardeo del pueblo republicano de Guernica (en el País Vasco) por la aviación alemana, el 26 de abril de 1936, un día de mercado. Esta obra de Pablo Picasso contribuyó a dar a conocer al mundo los horrores de la Guerra Civil.

1. Di qué impresión se desprende, a primera vista, de este mural.

Tres muertes inútiles

2. Explica cómo viene ilustrada simbólicamente la destrucción de la familia.

3. El hombre era un campesino. ¿Cómo se nota?

Tres gritos

El caballo. La paloma. La mujer con un niño en brazos.

4. Describe la representación de cada uno de estos gritos. ¿Qué puede simbolizar cada uno de ellos?

Tres símbolos

- **El toro**: el fascismo.
- **La mujer con la lámpara que no alumbra**: ausencia de la religión que ya no podía guiar a la gente en aquel momento.
- **La mujer que busca la luz**: la ciencia y el progreso no podían justificar la tragedia causada por la fuerza bestial e inhumana.

5. Di en qué los tres símbolos ilustran esas ideas de Picasso.

6. Explica lo que puede significar la bombilla.

Para concluir

7. Este cuadro se volvió un símbolo internacional de los horrores de la guerra. ¿Qué te parece?

2 Escuchar y expresarse

11

Recuerdo del bombardeo

Luis Irriondo tiene hoy 82 años. Recuerda el bombardeo de Guernica.

Las circunstancias

1. ¿A qué hora empezó el bombardeo y a qué hora terminó?
2. ¿Por qué había tanta gente en las calles del pueblo aquel día?

El testimonio

3. ¿Cómo pudo sobrevivir Luis?
4. ¿Cuáles fueron las consecuencias del bombardeo para Luis?

Para concluir

5. Di lo que más te llama la atención en este testimonio.

Claves
para comentar un cuadro
▸ p. 67

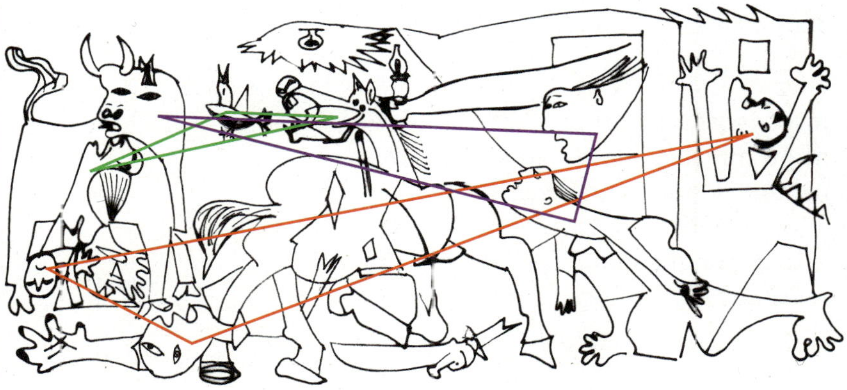

Tres muertes inútiles

Tres gritos

Tres símbolos

Así se dice

- la lágrima: *la larme*
- el minotauro: *le minotaure*
- la bombilla: *l'ampoule électrique*
- el surco: *le pli, la ride, la ligne (de la main)*
- el pavor: *la terreur, l'effroi*
- el espanto: *l'épouvante*
- la Piedad (escultura de la Virgen sosteniendo el cadáver de su Hijo): *la Pietà*
- ofrendar: *donner en offrande*
- alumbrar: *éclairer*
- bombardear: *bombarder*

La guerra

1 Observar y expresarse

Presentar el cartel

1. Di de qué tipo de documento se trata, qué bando lo publicó y en qué época, a quiénes se dirigía y de qué trataba.
2. ¿Cuáles son los elementos que lo componen? (Los elementos gráficos, el lema...)

Comentar

3. Di lo que más te llama la atención (¿Las líneas? ¿Las palabras? ¿Los colores? ¿La foto?) Explica lo que te sugiere.

Para concluir

4. A partir de lo que has observado antes, di cuál era, a tu parecer, el objetivo del periódico *Ataque*.

Claves para comentar un anuncio ▸ p. 23

¿Qué va a ocurrir?

Silvio le cuenta a una joven, Cecilia, recuerdos de su juventud. En 1936 estaba cumpliendo el servicio militar.

Mi mundo, igual que el de otros jóvenes, se derrumbó el 18 de julio de 1936. La misma noche de la sublevación militar pude hablar con los West[1]. Reinaba tal descontrol en la Capitanía[2] que no tuve problemas para llamar a mis amigos sin que nadie se enterase. Elijah, optimista nato, estaba convencido de que la situación acabaría por reconducirse[3] pero Zachary West, que había pasado todo el día reunido en la embajada de Estados Unidos, tenía otras informaciones.

–Zachary ¿qué va a ocurrir?

No me contestó inmediatamente, pero al final acabó por confirmarme lo que yo estaba temiendo: habría guerra.

Los acontecimientos se precipitaron. Zachary se apresuró a sacar a Elijah del país. Y yo, como miles de chicos de mi edad, tuve que partir al frente.

1. Los West, Zachary y Elijah: sus amigos americanos que estaban instalados en España.
2. *État-major d'une région militaire.* Silvio estaba cumpliendo el servicio militar en la Capitanía de La Coruña.
3. *que les choses finiraient par s'arranger*

[...]

Puede decirse que fui un buen soldado. De hecho, se supone que fui un soldado ejemplar: acabé la guerra con el grado de teniente[4], y eso es mucho para alguien que entró en la contienda[5] como un pobre soldado raso[6] a punto de licenciarse. En el frente aprendí muchas cosas indeseables y una bastante interesante, pues me convertí en un excelente mecánico, y en un avezado[7] conductor de cualquier cosa que tuviera ruedas.

Pero no voy a contarte nada de lo que ocurrió durante aquellos tres años. Al acabar la guerra me prometí a mí mismo que nunca, jamás, hablaría a nadie de lo sucedido en ella. Otros lo han hecho por mí. Sólo te diré que, cuando se firmó la paz, yo no era el mismo chico que el que el 18 de julio de 1936 había desafiado a unos superiores utilizando un teléfono para hablar con sus amigos. Era un hombre, Cecilia. Un hombre amargado, agotado[8] de la guerra y de sí mismo, que se había hecho adulto a la fuerza y, de paso, se había convertido en un cínico.

Marta Rivera de La Cruz, *En tiempos de prodigios*, 2007.

Cartel republicano.

4. *lieutenant*
5. *la bataille*
6. *soldat du rang/simple soldat*
7. *excellent*
8. *ici, dégoûté*

2 Comprender y expresarse

Líneas 1-12

1. ¿Cómo reaccionó la gente al enterarse del pronunciamiento militar?

2. ¿Cómo recalca el narrador la confusión en el país después del pronunciamiento del general Franco y del general Mola?

Líneas 13-20

3. Silvio sacó algo positivo de los tres años de guerra. Di lo que es.

Líneas 21-29

4. Silvio recuerda la experiencia de la guerra como algo terrible. Apunta los detalles que lo revelan.

5. Comenta la frase «Al acabar la guerra me prometí a mí mismo que nunca, jamás, hablaría a nadie de lo sucedido en ella.»

Prácticas

Transforme les phrases suivantes selon le modèle :

Al acabar la guerra, pudo volver a su pueblo. ➜ Cuando acabó la guerra, pudo volver a su pueblo.

1. Al enterarse del pronunciamiento, decidió llamar a sus amigos.
2. Al estallar la guerra, Zachary y Elijah se fueron del país.
3. Al leer los títulos del periódico, los chicos comprendieron de repente que la guerra era inevitable.

Recuerda

La subordonnée temporelle

- «**Al acabar** la guerra me prometí a mí mismo que nunca, jamás, hablaría a nadie de lo sucedido en ella».
Lorsque la guerre se termina, je me jurai à moi-même que jamais au grand jamais je ne parlerais à qui que ce soit de ce qui s'y était passé.
- «**Cuando se firmó** la paz, yo no era el mismo chico.»
Quand la paix fut signée, je n'étais plus le même jeune homme.

➲ *Vamos a ver p. 66*

Preguntar puede ser peligroso

Fotograma de la película
La lengua de las mariposas.

En la época de la dictadura –y creo que ya durante la república– existía el dicho de «pasar más hambre[1] que un maestro de escuela». Y no hacía más que reflejar la realidad, ya que los maestros ganaban menos que un peón de albañil[2].
A pesar del poco salario y el mucho trabajo, los maestros de entonces sentían pasión por la enseñanza; amaban su profesión y se desvivían para que los alumnos aprendieran.
Mi padre y mi madre eran maestros en una aldea gallega[3], y su aula[4] era una sala de mi casa. Mi padre tenía dos pasiones: que ninguno de los niños de aquel puñado de familias dejase de ir a la escuela, y que en ésta aprendieran lo más posible.

Sin embargo, los esfuerzos de aquellos maestros, que pasaban hambre pero amaban su oficio, no eran considerados por el régimen como hubieran merecido. A mi padre le ocurrió –y me imagino que no habrá sido el único– que el régimen lo castigó con una nota de censura en su expediente[5], acusándolo de que sus alumnos cuando llegaban al bachillerato «hacían demasiadas preguntas». Mi padre no entendió aquel reproche. «Pero si es bueno que pregunten –le comentaba a mi madre–, porque eso quiere decir que tienen curiosidad, y así se forma la cultura». Se había olvidado de que a las dictaduras les gusta más el signo de admiración[6] que el de interrogación[7], por lo que preguntar puede ser peligroso.

Juan Arias, *Las galletas profanadas de mi madre*, 2002.

1. pasar hambre: *souffrir de la faim*
2. un peón: *un manœuvre, un ouvrier*; un albañil: *un maçon*
3. de Galicia
4. *salle de classe*
5. *un blâme dans son dossier*
6. *point d'exclamation*
7. *point d'interrogation*

1 Comprender y expresarse

1. El novelista presenta la vida de los maestros durante la dictadura. Comenta los detalles que muestran lo que eran sus dificultades.

2. A pesar de todo, se ve que a muchos maestros les apasionaba su trabajo. Entresaca los detalles que lo muestran y coméntalos.

3. El narrador critica al régimen franquista en el último párrafo a partir de un ejemplo.
a. Di en qué consiste este ejemplo.
b. ¿En qué puede ser revelador de lo que era la censura en una dictadura?

2 Observar y expresarse

Para presentar

1. Describe y presenta la foto.

Los dos protagonistas

2. El actor Fernando Fernán Gómez desempeña el papel de un maestro de escuela. Explica lo que está haciendo.
3. Comenta la actitud del niño.

Para concluir

4. ¿Qué sentimientos vienen expresados en esta foto?
5. Al ver los dos fotogramas, ¿te gustaría ver la película o no? Explica por qué.

Fotograma de la película *La lengua de las mariposas*.

3 Escribir

Comenta en unas 5/6 líneas la frase:

«Se había olvidado de que a las dictaduras les gusta más el signo de admiración que el de interrogación, por lo que preguntar puede ser peligroso.»

Explica lo que significa. Puedes dar un ejemplo. Luego, expresa tu opinión.

Así se dice

- el fotograma: *le photogramme*
- la mariposa: *le papillon*
- la red / la manga de cazar mariposas: *le filet à papillons*
- cazar mariposas: *chasser les papillons*
- el cariño: *l'affection*
- atento(a): *attentif, attentive*
- enseñar: *montrer, enseigner*
- dar clase: *faire cours*
- las ciencias naturales, la biología: *les sciences naturelles, la biologie*

Prácticas

Transforme les phrases suivantes selon le modèle :

Cuando llegaban al bachillerato, **hacían** demasiadas preguntas.
→ **Cuando lleguen** al bachillerato, **harán** demasiadas preguntas.

1. Cuando estudiaban mucho, progresaban.
2. Cuando viniste a verle, le explicaste tus problemas.
3. Cuando lo supieron, no entendieron el reproche.
4. Cuando tenía la oportunidad de enseñar algo nuevo a sus alumnos, lo hacía con entusiasmo.

Recuerda

La subordonnée temporelle

«...sus alumnos **cuando** llegaban al bachillerato "hacían demasiadas preguntas"».

...ses élèves, arrivés au lycée, "posaient trop de questions".

➲ *Vamos a ver* p. 66

Otoño

Tierra
roída[1] por la guerra,
triste España sin ventura[2],
te contemplo
una mañana de octubre,
el cielo
es de acero oxidado, el primer frío
guillotina las hojas amarillas,
patria
de mi vivir errante,
rojas colinas
de Ciudad Real,
fina niebla de Vigo,
puente
sobre el Ter[3], olivos alineados
junto al azul de Tarragona,
tierra
arada[4] duramente,
todos te deben llorar,
nosotros
abrimos los brazos a la vida,
sabemos
que otro otoño vendrá, dorado y grávido[5],
ávidamente halando[6] hacia la luz.

Blas de Otero, *Que trata de España*, 1964.

1. roer: *ronger* 2. la ventura: la suerte
3. río en los Pirineos 4. arar: *labourer* 5. *ici, lourd de promesses* 6. halar: *haler (un bateau), tirer*

1 Comprender y expresarse

Versos 1-8

1. El poeta le tiene mucho amor a España. Di cómo se expresa.

2. Blas de Otero le da nueva intensidad a la imagen trillada del otoño en poesía. Justifica.

3. ¿Cuál es la tonalidad general de esta primera parte? ¿Qué colores dominan?

Versos 9-16

4. La meditación sobre España se transforma aquí en recuerdos de viajes. ¿Qué impresión domina? (Fíjate en los colores).

5. ¿Qué quiere celebrar el poeta?

Versos 17-24

6. El poeta cree en la llegada de tiempos mejores para España. ¿Cómo lo expresa?

7. El poema titulado *Otoño* termina con la palabra «luz». A tu parecer, ¿qué significa?

8. Los dos últimos versos son endecasílabos. Di en qué contribuyen a dar fuerza a la imagen final de renacimiento.

Esta tarjeta postal dibujada por el poeta español Rafael Alberti fue publicada en 1972, en Roma, por la Asociación Italiana de Soldados Voluntarios Antifascistas en España.

2 Observar y expresarse

Para empezar

1. ¿Qué impresión se desprende de esta postal? ¿Qué te llama la atención?

Desarrollar y comentar

2. Alberti aboga por la libertad de los presos políticos en España. Di qué detalles y símbolos permiten verlo.
3. El mar está omnipresente en la obra de Alberti.
a. ¿Dónde y cómo aparece en este dibujo?
b. ¿Qué puede simbolizar?
4. Comenta el empleo de los colores.

Para concluir

5. Rafael Alberti vivió desterrado durante la dictadura española. Fue un artista comprometido. ¿Te parece esta postal un buen ejemplo de lo que puede ser el arte comprometido?

Así se dice

- la ola: *la vague*
- el pico: *le bec (de l'oiseau)*
- la reja: *la grille*
- la mancha de color: *la tache de couleur*
- la esperanza: *l'espoir*
- cruzar: *traverser*
- liberar: *libérer*
- amnistiar: *amnistier*
- simbolizar: *symboliser*
- abogar por: *plaider pour*
- comprometerse: *s'engager*

VAMOS a VER

La subordonnée de temps

1 Quelques conjonctions

Différentes conjonctions permettent d'introduire une subordonnée de temps. Elles expriment :

L'antériorité

Antes de que, antes que	*Avant que*
Hasta que	*Jusqu'à ce que*

• Llamó a sus amigos **antes de que** empezara la Guerra Civil.
Il appela ses amis avant que ne commence la Guerre Civile.

La simultanéité

Cuando	*Quand, alors que, lorsque*
Mientras, en tanto	*Pendant que, tandis que*
Cada vez que	*Chaque fois que*
Como	*Comme, tandis que*
Conforme, a medida que	*À mesure que*

• **Cuando** se firmó la paz, yo no era el mismo chico.
Quand on signa la paix, je n'étais plus le même jeune homme.

• Escuchaba música clásica **mientras** cañoneaban el Gobierno Civil.
Il écoutait de la musique classique pendant que l'on bombardait le Gouvernement Civil.

La postériorité

Cuando	*Quand, lorsque*
Después de que, luego que	*Après que*
En cuanto, tan pronto como	*Dès que*
Apenas	*À peine*

Remarque:
Après **cuando**, *on peut avoir l'ellipse du verbe être.*

• Cuando joven: *quand j'étais / il était jeune*
• Cuando la guerra: *à l'époque de la guerre*

2 Le mode dans la subordonnée de temps

L'indicatif

La subordonnée est à l'indicatif quand l'action exprimée est réalisée ou en cours de réalisation.

• ...sus alumnos cuando llegaban al bachillerato «hacían demasiadas preguntas».
...ses élèves, quand ils arrivaient au lycée, posaient trop de questions.

Le subjonctif

La subordonnée est au subjonctif quand elle exprime une action non réalisée par rapport à celle de la principale.

• Volverá **cuando** la guerra se **acabe**.

Attention à la concordance des temps !
Si le verbe de la principale est au conditionnel, la subordonnée de temps sera au subjonctif imparfait ou plus-que parfait.

• **Volvería** cuando se **acabara** la guerra.

L'infinitif

Il remplace parfois une subordonnée de temps, lorsque 2 actions sont ***simultanées.***

«**Al**» + *infinitif*

• **Al acabar** la guerra me prometí a mí mismo que nunca hablaría a nadie de lo sucedido en ella.

On pourrait écrire : **Cuando acabó** la guerra...

La concordance des temps

Si, dans une phrase, la subordonnée est au subjonctif, il convient de respecter la concordance des temps de la façon suivante :

a. *Lorsque le verbe de la principale est à l'indicatif présent, au futur ou au passé composé, celui de la subordonnée doit être au subjonctif présent.*

• **Quiere** que sus alumnos **estudien**.
Il veut que ses élèves étudient.

• Le **ha pedido** que **trabaje**.
Il lui a demandé de travailler.

b. *Lorsque le verbe de la principale est à l'imparfait de l'indicatif, au passé simple, au conditionnel ou au plus-que-parfait, celui de la subordonnée doit être au subjonctif imparfait.*

• **Quería** que sus alumnos **estudiaran**.
Il voulait que ses élèves étudient.

• Le **pidió** que **trabajara**.
Il lui demanda de travailler.

Prácticas

1. Réécris ces phrases au futur.

1. Voy al museo cuando llueve.
2. Da un paseo cuando tiene algún tiempo libre.
3. Vamos al fútbol cuando juega nuestro equipo.
4. Me levanto cuando toca el despertador.
5. Compras revistas de moda española cuando vas a Madrid.

2. Remplace la forme soulignée par une autre de sens équivalent.

1. <u>Al terminar</u> la guerra, Silvio era un hombre diferente.
2. <u>Cuando volvió a casa</u> se enteró de que había muerto su padre.
3. <u>Al verla</u>, la reconocerás en seguida.
4. El chico le hizo una señal con la mano <u>cuando subió al tren</u>.
5. <u>Al salir de casa</u>, se encontró con ella.

3. Traduis les phrases suivantes.

1. Aquellos maestros pasaban hambre.
2. Hacían demasiadas preguntas.
3. A las dictaduras les gusta más el signo de admiración que el de interrogación.
4. Sentían pasión por la enseñanza.
5. Se desvivían para que los alumnos aprendieran.

4. Retrouve les équivalents des phrases suivantes dans le texte de la page 56.

1. *Il alla prendre les billets.*
2. *Deux billets aller-retour.*
3. *J'aurai douze ans en mai.*
4. *Il fondit en larmes.*
5. *Ils partent en voyage.*

Claves para describir y comentar un cuadro

Para la presentación

- el cuadro / el mural: *la fresque* fue pintado por...
- el lienzo: *la toile* / el óleo / la acuarela / el grabado / el cartón de tapicería
- el pintor, la pintora
- se trata de:
  - un retrato: *un portrait*
  - un bodegón: *une nature morte*
  - un testimonio: *un témoignage*
  - una alegoría: *une allégorie*
- la escena evoca... / sugiere...
- es una representación de...

Para describir y comentar

- en primer término observamos / en el primer plano...
- en segundo término... / en el segundo plano...
- en medio: *au milieu*
- a la derecha... / a la izquierda... vemos...
- al fondo, divisamos...: *au fond, on aperçoit...*
- las formas / las líneas:
  - ponen de realce
  - subrayan
  - enmarcan: *encadrent*
- la línea recta /curvada
- la simetría: *la symétrie*
- la armonía: *l'harmonie*
- la perspectiva
- el diseño gráfico: *la conception graphique*
- de arriba abajo: *de haut en bas*

Colores y luz

- la luz que se desprende: *la lumière qui se dégage*
- la sombra oculta...: *l'ombre cache...*
- los colores vivos / apagados refuerzan...: *les couleurs vives / pâles renforcent...*
- un color vistoso: *une couleur voyante, qui attire le regard*
- los colores cálidos ≠ los colores fríos
- los colores complementarios
- el claroscuro: *le clair-obscur*
- el matiz, los matices: *la nuance, les nuances*
- la pincelada: *le coup de pinceau*
- una obra maestra: *un chef-d'œuvre*

Recuerda también

- el efecto: *le trompe-l'œil*
- el realismo
- el surrealismo / el superrealismo
- el trazo: *le trait*
- el carboncillo: *le fusain*
- la sanguina: *la sanguine*
- la mezcla: *le mélange*

Ateliers en groupes de compétences

B1

Expression orale en continu

Prendre la parole en continu pour présenter une analyse de document

En castellano:
«No enviéis vuestros productos al mercado libre. Vendedlos a través de los sindicatos agrícolas.»

Mercat lliure : Mercado libre
Especulació : Especulación

No a la especulación

Describe y comenta este cartel publicado por los republicanos en Cataluña en 1937 (durante la Guerra Civil).

1. Explica por qué los campesinos podían preferir vender en el «mercado libre».

2. Explica por qué el gobierno republicano prefería controlar las ventas a través de los sindicatos.

3. A través de este cartel, ¿qué adivinamos de los problemas que encontró la población catalana durante la Guerra Civil?

Así se dice

- la uva: *le raisin*
- la alcachofa: *l'artichaut*
- la espiga de trigo: *l'épi de blé*
- la mazorca de maíz: *l'épi de maïs*
- la comba: *la corde à sauter*
- la especulación
- remitir a: *renvoyer à*
- Caperucita Roja: *le petit Chaperon Rouge*
- la trampa: *le piège*
- aprovecharse de: *profiter de*
- robar: *voler*
- abastecer en: *approvisionner en*
- encarecer: *renchérir (rendre plus cher)*
- pasar hambre: *avoir faim*
- la cooperativa: *la coopérative*

Vers B1 / B1

Expression orale en interaction / Expression écrite

Faire des repérages dans un document écrit et en rendre compte

Museo de la Paz de Guernica

1. Aquí tienes un ejemplo de las actividades propuestas a los niños en el Museo de la Paz de Guernica. Explica en qué son interesantes estos talleres.

2. ¿Te parece importante el hecho de que haya un Museo de la Paz en Guernica?

3. Redacta dos argumentos para incitar a la gente a visitar el Museo de la Paz o a ir a ver el mural de Picasso en Madrid.

Vers B1

¡De película!

DVD

Repérer les éléments essentiels dans une séquence filmique pour en rendre compte

Un museo para el recuerdo, un museo para el futuro

1. Después de ver el vídeo di lo que sabes acerca del bombardeo de Guernica.

2. ¿Cuál es, en el museo, la particularidad de la casa de Begoña?

3. ¿Qué hizo el gobierno alemán en 1997?

4. Explica por qué se llama el museo «Museo de la Paz».

Réussir à l'écrit

Rédiger une lettre

Sujet

Una carta de mi madre

Ya conté alguna anécdota de cuando hacía el bachillerato en Valladolid. Después fui a estudiar filosofía a Logroño. He contado también que muchos jóvenes de familias sin recursos estudiaban con los religiosos, porque era la única forma de poder obtener un título académico[1]. Pero lo que las familias no sabían era lo que pasaba detrás de los muros de aquellos colegios mayores[2]. Desde obligar a los estudiantes a jugar al fútbol con sotana o prohibirles ir solos a la ciudad, a no poder usar el teléfono ni besar a un familiar femenino, aunque fuera la hermana. Si alguna vez y con mil permisos venían de visita, había que recibirlas en presencia de uno de los sacerdotes.

Los familiares podían escribirnos cartas, pero éstas pasaban por la censura, aunque fueran de los propios padres y hermanos. El superior ostentaba el derecho de abrir y leer todas nuestras cartas: las que recibíamos y las que enviábamos. Recuerdo la rabia que me daba verlo a veces paseando por el patio del colegio, leyendo los varios folios de una carta de mi madre cuya letra, y quizá hasta el perfume de su mano al escribirla, yo captaba desde lejos.

El padre superior solía llamar cada tanto a algún alumno para que le limpiara su cuarto, y una vez me tocó a mí. Cuando estaba terminando, me tendió un paquete que había llegado por correo y que estaba abierto. «Puedes tirarlo a la basura», me dijo. Salí con la escoba y el paquete en la mano y cuando fui a echarlo al cubo de la basura noté que aún había algo dentro. Eran restos de galletas medio mordisqueadas[3]. Sacudí el paquete y al hacerlo salió una carta. La recogí y me quedé helado: era de mi madre, y decía que me mandaba para Nochebuena unos dulces[4] hechos por ella, lo único que podía enviarme, por la escasez que soportaba como maestra de escuela.

Mi madre murió sin saber que sus galletas habían sido profanadas. Pero lo que más me duele es que nunca pude agradecerle el envío de aquel paquete. Seguro que ella echó la culpa a Correos[5].

Juan Arias, *Las galletas profanadas de mi madre*, 2002.

1. un título académico: *un titre universitaire*
2. los colegios mayores: *ici, établissements religieux*
3. galletas medio mordisqueadas: *des biscuits à moitié grignotés*
4. dulces: *ici, gâteaux*
5. echó la culpa a Correos: *elle rendit la Poste responsable*

Expression personnelle

Redacta la carta de la madre que acompañaba el paquete de galletas.

En expression écrite, il peut être demandé d'écrire une lettre. Dans ce cas, il convient de respecter les règles de la correspondance écrite. Tu trouveras page 155 les formules pour rédiger une lettre à des proches ou une lettre plus administrative.

1 Repérer les indices

- Qu'il s'agisse d'écrire une lettre pour défendre une cause, solliciter l'aide d'une personne, signaler un fait ou, tout simplement, comme dans le sujet proposé ici, d'imaginer la lettre que tel ou tel personnage aurait pu écrire, il convient de vérifier si certains éléments du texte peuvent être repris ou fournir des indices pour le contenu de la lettre.

- Dans le cas présent, il y a peu d'indices. Mais on peut tout de même en souligner quelques-uns dans la dernière partie du texte.

- On sait aussi que le jeune garçon était à Valladolid, loin de chez lui, interne dans l'établissement.

Voici ce qui peut être souligné :

El padre superior solía llamar cada tanto a algún alumno para que le limpiara su cuarto, y una vez me tocó a mí. Cuando estaba terminando, me tendió un paquete que había llegado por correo y que estaba abierto. «Puedes tirarlo a la basura», me dijo. Salí con la escoba y el paquete en la mano y cuando fui a echarlo al cubo de la basura noté que aún había algo dentro. Eran restos de galletas medio mordisqueadas. Sacudí el paquete y al hacerlo salió una carta. La recogí y me quedé helado: era de mi madre, y decía que me mandaba para Nochebuena unos dulces[4] hechos por ella, lo único que podía enviarme, por la escasez que soportaba como maestra de escuela.

Mi madre murió sin saber que sus galletas habían sido profanadas. Pero lo que más me duele es que nunca pude agradecerle el envío de aquel paquete. Seguro que ella echó la culpa a Correos.

2 Pour réussir la lettre demandée dans ce sujet

Les éléments soulignés dans le texte permettent de composer la lettre :

- la mère écrit pour Noël ;
- elle lui envoie un cadeau, les gâteaux qu'elle a faits elle-même ;
- elle dit que c'est peu mais que c'est la seule chose qu'elle peut faire car son salaire ne lui permet pas de faire davantage.
- On apprend que la mère est maîtresse d'école. Elle peut donc éventuellement parler de ses cours, de ses élèves et de ceux dont l'enfant a pu connaître les frères et sœurs.

Il reste alors à ajouter ce que toute mère peut écrire à son fils dans de telles conditions :

- elle espère qu'il se porte bien, qu'il est en bonne santé :
  – *cuídate bien... / al recibir esta carta espero que estés muy bien...*
- elle lui conseille de bien se comporter / de bien travailler :
  – *pórtate bien, hijo, porque... / estudia mucho, querido hijo, porque ya sabes...*
- elle peut lui demander de lui écrire plus souvent :
  – *No dejes de contestarme...*
  – *Escríbeme cuando puedas para decirme...*
  – *Háblame de ti. Dime...*

En formule d'introduction, comme il s'agit d'une mère qui écrit à son fils, tu peux choisir les formules suivantes :
Hijo:
Querido hijo:

Tu peux aussi utiliser le prénom :
Juan: / Querido Juan:

Pour la signature, tu as le choix entre différentes formules :
Tu madre
Tu madre que te quiere mucho
Muchos besos y cariños
Mamá

3 Rédaction de la lettre

Il ne te reste plus qu'à rédiger la lettre dans sa totalité !
Dans ce type d'exercice, il faut écrire une quinzaine de lignes.

Blas de Otero

Complementos ▸ p. 188

Me llamarán...

«...porque la mayor locura que puede hacer un hombre en esta vida es dejarse morir, sin más ni más...»
Sancho, *(Quijote, II, cap. 74.)*

1

Me llamarán, nos llamarán a todos.
Tú, y tú, y yo, nos turnaremos
en tornos[1] de cristal, ante la muerte.
Y te expondrán, nos expondremos todos
a ser trizados[2] ¡zas[3]! por una bala.

Bien lo sabéis. Vendrán
por ti, por ti, por mí, por todos.
Y también
por ti.
(Aquí
no se salva ni dios. Lo asesinaron.)

Escrito está. Tu nombre está ya listo,
temblando en un papel. Aquél que dice:
abel, abel, abel... o yo, tú, él...

2

Pero tú, Sancho Pueblo,
pronuncias anchas sílabas,
permanentes palabras que no lleva el viento...

Blas de Otero, *Pido la paz y la palabra*, 1955.

1. *tours (dans les couvents, dispositifs qui permettaient de faire entrer des objets ou de la nourriture, lorsque les religieuses étaient cloîtrées et n'avaient pas de contact avec le monde extérieur ; c'est là que l'on déposait parfois les enfants abandonnés).*
2. *déchiquetés*
3. *pan !*

Así se dice

- la incertidumbre: *l'incertitude*
- la amenaza: *la menace*
- la imprecisión
- la enumeración
- la onomatopeya: *l'onomatopée*
- el fusilamiento
- la ejecución
- ineludible: *inéluctable*
- la censura
- comprometerse: *s'engager*
- la poesía comprometida: *la poésie engagée*

Comentar

▸ Primera estrofa

1. (Verso 1) El primer verso es inquietante. Explica de qué procedimientos se vale el poeta para crear esta impresión. (Tiempo, formas verbales, pronombres...)

2. (Versos 2 y 3) El mensaje es para todos los hombres, incluso los lectores. Estudia cómo lo sugiere el poeta en el segundo verso y en el tercero.

3. (Versos 4 y 5) ¿En qué consiste la amenaza?

4. (Verso 5) ¿Cómo se expresa la violencia de la muerte?

▸ Segunda estrofa

5. Estudia cómo expresa el poeta lo ineludible de la muerte.

6. En esta estrofa, el poeta se vale de tres tiempos. ¿A qué momentos remite cada uno? ¿Qué traducen en cuanto al crimen anunciado?

▸ Tercera estrofa

7. ¿Qué efecto produce el empleo del presente de indicativo?

8. Comenta la referencia bíblica. ¿Quiénes eran Caín y Abel? ¿Qué sugiere así el poeta a propósito de los nombres de la lista?

9. ¿Cuál es el valor de los puntos suspensivos?

▸ Segunda parte

10. Esta parte remite al epígrafe del poema. El epígrafe elegido por Blas de Otero es una frase de Sancho Panza, al final de la novela de Cervantes, cuando Don Quijote, desengañado, quiere morirse.

¿Cuál es el sentido de esta frase? ¿Qué valor cobra en este poema?

11. ¿Cómo expresa el poeta su fe en el futuro y en nuevos tiempos?

▸ Para concluir

12. Explica en qué es este poema un poema comprometido.

13. Caracteriza la escritura de Blas de Otero poniendo de realce cómo se compaginan formas sencillas y referencias más cultas.

Claves para el comentario

El autor y la obra

Blas de Otero (1916-1979)

● Poeta español, nació en **Bilbao**, en una familia burguesa. Muy pronto encontró problemas económicos pero a pesar de las dificultades cursó estudios de Derecho y también de Filosofía y Literatura. Después de la Guerra Civil trabajó en Vizcaya, principalmente de abogado. A la par, publicó sus primeros poemas (*Cántico espiritual*, 1942).

● Su obra presenta una evolución. Al principio se situó dentro de la **poesía «desarraigada»**: expresaba su desacuerdo con el mundo exterior, su rebeldía frente a la condición humana, la injusticia del mundo y la sordera de Dios, en una perspectiva cristiana.
Luego su poesía perdió poco a poco sus aspectos religiosos. En *Redoble de conciencia* (1951) aparecen **temas sociales** que se vuelven cada vez más importantes. A partir de 1952, su obra forma parte de la **poesía social.**

● En 1955, publicó *Pido la paz y la palabra*. El poeta dedicó el libro «**a la inmensa mayoría**» y se comprometió para expresar su solidaridad con los hombres de su generación, la de la postguerra, que luchaba contra el franquismo. Encontró problemas con la censura y viajó al extranjero: a la Unión Soviética, a China y a Cuba. Volvió a España en 1968 y murió en Madrid en 1979.

El contexto histórico

● Blas de Otero publicó sus primeras obras a partir de 1941, en los años de la postguerra, durante la **dictadura** de Franco.

● Aquellos fueron años de represión política y de opresión social. Imperaba la **censura**, impidiendo la libre expresión de los demócratas.

● En este contexto, Blas de Otero fue uno de los primeros poetas en desafiar la censura al expresar abiertamente su **amor a la libertad**.
Formó parte del Partido Comunista Español a partir de 1952 aunque en aquellas fechas este partido estaba prohibido.
Hasta su muerte, en 1979, luchó por la **democracia**.

El contexto literario

● Durante los primeros años de la postguerra, otros poetas publicaron obras en las que expresaban su rebeldía frente a la injusticia de la situación de España como **Dámaso Alonso** (*Hijos de la ira*, 1944) o **Vicente Aleixandre** (*Sombra del Paraíso*, 1944). Blas de Otero conoció a estos poetas y fue amigo de ellos.

● Blas de Otero fue luego un gran exponente de la **poesía social**. En esto, formó parte del mismo movimiento que **Gabriel Celaya** (1911-1994).
En *Poesía eres tú*, Celaya escribió:
«La Poesía es un instrumento, entre nosotros, para cambiar el mundo».
«La Poesía no es neutral. Ningún hombre puede ser hoy neutral».
En Francia, el cantante español **Paco Ibañez** contribuyó en difundir la poesía de Blas de otero y de Gabriel Celaya cantando sus textos.

¿Lo sabías?

Del 23 F al 11 M

Tras la muerte de Franco, hubo cierta inquietud y muchos se interrogaron acerca de las capacidades de evolución pacífica de la sociedad española. Un acontecimiento particularmente relevante (el 23-F) permitió contestar esta pregunta. También fue espectacular la evolución del Ejército español.

La noticia del Golpe causó fuerte emoción en todos los países de la Comunidad Económica Europea. ▲

El 23-F

- El 23 de febrero de 1981, unos 200 guardias civiles, encabezados por el teniente coronel Antonio Tejero Molina, irrumpieron, metralleta en mano, en el Congreso de los Diputados. Los diputados fueron secuestrados durante toda la noche. Esta tentativa de Golpe de Estado había sido preparada por unos altos mandos militares.
- El Rey Juan Carlos condenó el golpe inmediatamente. Su discurso, pronunciado en televisión, permitió restablecer el orden y dar la tentativa por fracasada. Al día siguiente, los españoles manifestaron en las calles su apoyo a la democracia.
- Al cabo de 18 horas, los golpistas fueron arrestados. Luego fueron juzgados y condenados. Antonio Tejero Molina fue condenado a 30 años de cárcel.

El Ejército

- Las Fuerzas Armadas españolas (el Ejército de Tierra, la Armada y el Ejército del Aire) han cambiado mucho desde 1975. Hoy, ningún integrante de la Junta de Jefes de Estado Mayor ha nacido antes de 1939.
- La entrada de España en la OTAN (1982), el ingreso de las mujeres en el ejército (1988) y la supresión del Servicio Militar obligatorio, la *mili* (2001), son unos de los hitos más importantes que marcan la evolución de las Fuerzas Armadas desde la democratización.
- El Ejército español participa hoy día en numerosas misiones en el extranjero. Contingentes de Cascos Azules españoles colaboran también al esfuerzo pacificador en diferentes países del mundo.

Miembro del contingente español integrante de los Cascos Azules, en Líbano.

Ya son más de 15.000 las mujeres que se alistaron en el Ejército y, en 2008, fue nombrada la primera ministra de Defensa, Carme Chacón.

El 11-M

- El 11 de marzo de 2004, entre las 7.39 y las 7.41, estallaron diez bombas cerca de la estación madrileña de Atocha, en cuatro trenes de cercanías que se dirigían a Madrid. El atentado les costó la vida a 191 personas. Más de 2.000 víctimas fueron heridas, muchas de ellas de gravedad. Fue la mayor masacre en España desde la Guerra Civil.
- La responsabilidad del atentado terrorista fue atribuida primero a ETA. Sin embargo, pronto se demostró que fue obra de una célula de terroristas islamistas.
- Ante la tragedia, los ciudadanos manifestaron espontáneamente su emoción y su solidaridad y acudieron masivamente a donar su sangre. La noche del sábado 13 de marzo, miles de españoles se manifestaron en las principales ciudades del país.

1936–1939

• El 17 de julio de 1936 se produjo el primer alzamiento militar en Melilla. Después de tres sangrientos años de Guerra Civil, la victoria de los Nacionales, el 1 de abril de 1939, puso fin a los combates.
• España había adoptado una posición neutral durante el primer conflicto bélico mundial (1914-1918). Aunque se puede decir que la Guerra Civil fue un ensayo de la Segunda Guerra Mundial, tampoco participó oficialmente España en el conflicto (1939-1945).

Actividad

Después de leer estas dos páginas, di cómo se ve que un alzamiento militar como el del 23-F parece hoy imposible.

Quiosco de prensa en Madrid.

1 LA PRENSA

En España, desde el año 1975 y la transición democrática, la prensa experimentó un importante auge. Mientras se modernizaban los periódicos ya existentes, como *A.B.C.* o *La Vanguardia* (fundado en Barcelona en 1881), aparecieron periódicos nuevos, como *El País* y *El Mundo*.

Plaza de la Constitución, Málaga.

2 LIBERTAD DE INFORMACIÓN

Cuando los españoles votaron «Sí» a la Constitución, el 15 de junio de 1977, los periódicos españoles acogieron con entusiasmo la noticia. Se terminaban así los años de la dictadura franquista en los que imperaba la censura. El artículo 20 de la Constitución establece el derecho «a expresar y difundir libremente los pensamientos, ideas y opiniones mediante la palabra, el escrito o cualquier otro medio de reproducción».

Para empezar

La Constitución de 1978 fue decisiva para los periodistas españoles. A partir de estos documentos explica por qué.

Yoani Sánchez, ganadora del Premio Ortega y Gasset.

3

PREMIO ORTEGA Y GASSET

El País, que es el periódico no deportivo con mayor difusión en España, creó en 1984 los Premios de periodismo «Ortega y Gasset» para «subrayar la dignidad de una profesión que tan amenazada está en su propia naturaleza, que es buscar la verdad sin considerarla una exclusiva».

4 Libertad de información

Activités

Écrit

Lire et comprendre • Un témoignage journalistique sur la vie des Gitans • La vie d'une blogueuse cubaine lauréate du prix Ortega y Gasset

S'exprimer à l'écrit • Rédiger un slogan • Écrire dans un blog

Oral

Écouter et comprendre • Un témoignage sur la situation de la presse au Mexique • Le témoignage d'une blogueuse à Cuba • Une étude sur les journaux en ligne

S'exprimer en continu • Présenter un sujet actuel sous forme de reportage • Présenter une affiche sur la protection des journalistes • Analyser un témoignage pictural

S'exprimer en interaction • Défendre un slogan que l'on a rédigé

Programme

Thème culturel

Espaces et échanges • Les blogs et la liberté d'expression

Lieux et formes du pouvoir • Un témoignage de la presse : vivre dans un bidonville en Espagne • La presse écrite et la presse sur le net

L'idée de progrès • Un témoignage pictural à dimension mythique : Goya et *El tres de mayo* • Internet et la liberté de communication

Contenus linguistiques

• «*Ser*» et «*estar*» • Le superlatif • La préposition «*por*» • Le lexique de la presse

Réussir à l'écrit

• Les questions de compréhension : savoir faire des repérages

Littérature

La rencontre avec l'autre • Federico García Lorca, *La casa de Bernarda Alba*, 1936

Mi vida en una chabola

El Vacie, Sevilla. El segundo asentamiento chabolista de Europa. Aquí viven 1.250 personas sin las más básicas comodidades. Y aquí vivió durante 21 días una periodista. En estas líneas adelanta su experiencia, que se podrá ver en un reportaje en Cuatro[1] el viernes.

Se calcula que en el mundo viven en poblados marginales más de mil millones de personas. Poblados como éste, El Vacie, a menos de cinco minutos del centro de Sevilla, el segundo asentamiento chabolista de Europa y el más antiguo de España, con 76 años de historia.

Durante 21 días, 24 horas al día, seré una más de las aproximadamente 1.250 personas que conviven en El Vacie. Renunciaré hasta a la más pequeña de las comodidades para saber cómo es vivir en uno de esos asentamientos anclados[2] en la Edad Media. Compartiré con ellos trabajo, casa y comida, durmiendo en alguna de las 50 chabolas o de las 90 casas prefabricadas que componen ahora este arrabal, para así poder mostrar su realidad en 21 días, el programa de reportajes documentales que Boca-Boca produce para Cuatro.

[...]

Hoy me ha tocado levantarme a las seis y media de la madrugada para encender la lumbre y hacer café para todos. Hay que caldear el ambiente para que los niños puedan vestirse y desayunar antes de ir al colegio. El único sistema de calefacción de esta chabola es una estufa de leña[3] rescatada de la basura. El calor sólo llega al que se arrima, porque las chabolas no tienen puertas, o si tienen, no encajan[4].

Samanta Villar en El Vacie.

Y en ésta, donde voy a vivir 21 días, el tejado es una lona de plástico. Las paredes son tablones de conglomerado[5] roído por la intemperie y ennegrecido por el humo de la estufa. De una pared cuelgan dos espejos, lo justo para peinarse. Frente a la estufa están los fogones de la cocina.

Samanta Villar, *El País Semanal*, 19/04/2009.

Claves
para comentar
un artículo de prensa
▶ p.89

1. *la Quatre (chaîne de télévision)*
2. *ici, enracinés*
3. *un poêle à bois*
4. *ici, elles ne ferment pas*
5. *planches d'aggloméré*

1 Comprender y expresarse

Líneas 1-19

1. Di lo que es «El Vacie». Apunta algunos detalles para caracterizarlo.

2. Según la periodista ¿cómo viven los habitantes?

Líneas 20-31

3. Apunta unos detalles reveladores de las condiciones de vida precarias de los habitantes.

4. Entre lo que pasa la gente, di lo que es lo más penoso.

5. Explica lo que se propuso hacer la periodista.

6. Di en qué estriba la fuerza de su reportaje.

2 Escuchar y expresarse

12

Entrevista a Lole

1. En invierno:
a. Lole no lava a los niños a causa del frío. Sí ☐ No ☐
b. los niños lloran mucho porque el agua está muy fría. Sí ☐ No ☐
c. para los niños, lavarse es como un juego. Sí ☐ No ☐

2. ¿Cuántas personas viven en la chabola?
a. 6 personas. ☐
b. 7 personas. ☐
c. 12 personas. ☐

3. Los hijos de Manuel:
a. van a la escuela. ☐
b. no tienen trabajo. ☐
c. trabajan en el Ayuntamiento de Sevilla. ☐

4. La comida:
a. es también una dificultad. ☐
b. preparar la comida no es un problema porque la Junta de Andalucía lo soluciona todo. ☐
c. cada día, suelen comer huevos. ☐

El Vacie, Sevilla.

Así se dice

- la chabola: *la baraque*
- el asentamiento chabolista: *le bidonville*
- el arrabal: *le faubourg*
- la lumbre: *le feu*
- la calefacción: *le chauffage*
- caldear: *réchauffer*
- el tejado: *le toit*
- la lona de plástico: *la bâche en plastique*
- el paro: *le chômage*
- dar para todo: *suffire*
- ir a por chatarra: *aller chercher de la ferraille*

3 Actuar

Imagina que tienes que presentar brevemente la experiencia de Samanta Villar, la periodista, con uno de tus compañeros. Preparad los dos vuestra presentación.

Prácticas

1. Complète les phrases en utilisant «*ser*» ou «*estar*».

1. El Vacie ...... uno de los asentamientos chabolistas más importantes de Europa.
2. ...... en Andalucía.
3. ...... 1.250 personas las que viven allí, en condiciones que ...... pésimas.
4. Las chabolas ...... edificadas por los habitantes a partir de materiales diversos.
5. Por no encontrar trabajo, pueden ...... desesperados.

2. Transforme les phrases selon le modèle:

Los ninos lloran, **porque el agua está** muy fría. → Los niños lloran **por estar el agua** muy fría.

1. Los hombres están desesperados porque no tienen trabajo.
2. Hace mucho frío porque las puertas no cierran.
3. La periodista se levantó temprano porque tenía que encender la lumbre.

Recuerda

Les emplois de «*ser*» et «*estar*»

- «¿Cuántos **sois** aquí?»
- «El único sistema de calefacción **es** una estufa de leña.»
- «Frente a la estufa **están** los fogones de la cocina».
- «¿No **está** fría el agua?»

Vamos a ver p. 88

Le superlatif

«Renunciaré hasta a **la más** pequeña de las comodidades...»

Précis grammatical p. 198

¡Escucha!

Libertad de expresión

1 Observar y expresarse

1. Observa el cartel y di lo que representa.
2. ¿Cómo está compuesto? ¿Qué impresión general se desprende de este cartel?
3. Comenta el lema: «Si no están ......»
4. Fijándote en la foto y en el lema, explica cuál es el objetivo de la campaña.

Así se dice

- el micrófono
- la tinta: *l'encre*
- la mancha: *la tache*
- la cinta: *la bande*
- la grabadora
- el casete: *la cassette*
- la prensa: *la presse*
- hacer daño: *faire mal*
- romper
- destrozar: *détruire, mettre en pièces*

2 Escuchar y expresarse

13

El tema

1. ¿En qué consiste el temor de la prensa en México?
2. ¿Quiénes son los que atacan a la prensa?
3. ¿Son muchas las víctimas?

Las consecuencias

4. ¿Cuáles son las consecuencias de tal situación?
5. Ismael Bojórquez dice que hacen «periodismo limitado». Explica lo que significa.

Así se dice

- el medio de comunicación
- la libertad de expresión
- la censura
- silenciar: *réduire au silence, faire taire*
- cancelar: *annuler*

Periodistas muertos en 2009

Manifestación en México, 2010.

1 Escuchar y expresarse

1. Número de periodistas asesinados en Latinoamérica en los últimos quince años: ......
2. Número de desaparecidos en Latinoamérica: ......
3. Periodistas asesinados en México: ......
4. Periodistas desaparecidos en México: ......
5. País donde murió el fotógrafo Christian Poveda: ......

2 Escribir y actuar

Imagina un lema para una campaña a favor de la libertad de expresión de los periodistas.
Después, cada uno propone el lema que ha escrito y justifica su elección en dos o tres frases.

3 Observar y escribir

Escribe unas tres o cuatro líneas para comentar esta foto.

Así se dice

- el blanco: *la cible*
- el tiro al blanco: *le tir sur cible*
- ¡Basta!: *Ça suffit ! Assez !*
- el desfile: *le défilé*
- la marcha: *la marche*
- la muchedumbre: *la foule*
- los manifestantes
- la movilización
- el apoyo: *le soutien*
- la reivindicación: *la revendication*
- acudir: *venir, se rendre à*
- manifestar (ie)
- reivindicar: *revendiquer*
- exigir: *exiger*

Una bloguera cubana

El último año de Yoani Sánchez ha sido vertiginoso. En marzo de 2007, después de una espontánea protesta intelectual conocida como la guerra de los emails, esta filóloga habanera de 32 años decidió comenzar un blog con Generación Y. Poco a poco, colgar en la Red[1] sus «desencantadas viñetas» de la realidad cubana se convirtió en razón de ser, y ese exorcismo, que ella define como «periodismo ciudadano» despertó la atención de numerosos medios de prensa extranjeros.

En los últimos meses, la página de Generación Y recibió millones de entradas, y el pasado 4 de abril Sánchez fue merecedora del Premio Ortega y Gasset en la categoría de periodismo digital. Hace sólo unos días la revista *Time* la incluyó en su lista de los 100 personajes más influyentes del planeta en la categoría de Héroes y pioneros. La espiral de acontecimientos continuó hasta el martes, cuando finalmente supo que no podría viajar a Madrid a recibir el premio de *El País*.

Sin permiso de salida

P: ¿Qué razones le han dado para no permitirle viajar a España?

R: Realmente no me han dado razones. Tampoco me han dicho que me prohibían la salida. Todo este tiempo la única respuesta ha sido: «No hay respuesta, su caso se está analizando». Pero sin dar la cara[2]. El martes, que era el último día para poder coger el avión, fui a las oficinas de inmigración y me dijeron que todavía no había «nada». Así que he cambiado la fecha del viaje para junio, a ver si entonces ya se ha eliminado el famoso «permiso de salida», como todo el mundo espera.

Mauricio Vicent, *El País.com*, 08/05/2008.

Claves
para comentar
un artículo de prensa
▶ p.89

1. *mettre en ligne sur Internet*
2. *sans oser dire les choses en face*

1 Comprender y expresarse

1. ¿Quién es Yoani Sánchez? ¿Dónde vive?
2. Explica en qué consiste, según ella, el periodismo ciudadano.
3. Su blog tuvo mucho éxito. Apunta los detalles que lo muestran.
4. Explica por qué no pudo la periodista recibir el premio Ortega y Gasset en Madrid.
5. Di lo que revela de la vida en Cuba.

2 Escribir

En el blog de Yoani

Este documento fue sacado del blog de Yoani.
A partir de lo que puedes ver, explica, en unas líneas, por qué fue víctima de represalias en Cuba.

Prácticas

1. Complète les phrases en utilisant «*ser*», «*estar*» ou «*resultar*».

1. Yoani ...... una de las periodistas premiadas. Pero durante la ceremonia que se desarrolló en Madrid, ella no ....
2. A Yoani le ...... imposible salir de Cuba por ...... considerada como disidente por las autoridades.
3. A pesar de todo, la bloguera ...... optimista, ... dispuesta a esperar.
4. Dice: «No ...... yo la responsable de este éxito, sino los que comentan mi blog.»

2. Transforme les phrases selon le modèle:

Los lectores del blog fueron **muy numerosos.** → Los lectores del blog fueron **numerosísimos.**

1. Obtener una visa para salir del país resulta **muy difícil**.
2. Internet es un medio **muy poderoso** contra la censura.
3. Es **muy interesante** ver cómo le impidieron recibir el premio.
4. Le quedaban **muy pocas** horas antes de salir el avión.

Recuerda

Les emplois de «*ser*» et «*estar*»

- «El martes **era el último día** para poder coger el avión.»
- «La única represalia concreta **ha sido no permitirme** viajar a España.»
- «Lo más importante de Generación Y **no son mis textos**, sino los comentaristas.»

➲ *Vamos a ver* p. 88

Le superlatif

«La revista *Time* la incluyó en su lista de **los 100 personajes más** influyentes.»

➲ *Précis grammatical* p. 198

El dos de mayo y el tres de mayo

Francisco de Goya, *El dos de mayo de 1808 en Madrid,* 1813-1814.

Napoleón invadió España porque consideraba que era una pieza esencial para el dominio del Mediterráneo. Pero el pueblo español no estaba dispuesto a aceptar la presencia francesa en su suelo.
El pueblo madrileño se sublevó el 2 de mayo de 1808 contra las tropas francesas de Napoleón (los mamelucos, guerreros de las antiguas milicias egipcias integradas por Napoleón a sus tropas). Este episodio desembocó en la Guerra de Independencia española (1808-1814).

El 2 de Mayo fue menos un día de gloria que un día de cólera popular. Un estallido[1] de furia patriótica que apenas duró cinco horas, protagonizado por la gente más humilde de Madrid. [...]

Sin saberlo, aquel pueblo desconcertado y valeroso[2] había encendido la mecha de un estallido que conmovería[3] el mundo. Esa cruda jornada de lucha callejera, con sus consecuencias terribles, dio lugar al 3 de mayo; y es ahí, o a partir de ahí, cuando ya una nación entera, de modo espontáneo y solidario, empezó a tomar conciencia de sí misma y se sublevó arrolladora[4] contra la invasión extranjera, arrastrando a los tibios[5], a los indecisos, e incluso a muchos de los que, por sus ideas avanzadas, estaban más cerca de los invasores que de los invadidos.

Arturo Pérez Reverte, *Un día de cólera*, 2009.

1. *une explosion*
2. *courageux*
3. conmover (ue): *émouvoir*
4. *ici, emportant tout sur son passage*
5. *entraînant les hésitants*

1 Comprender y expresarse

1. Apunta las frases que muestran que:
a. El dos de mayo fue un levantamiento popular.
b. El episodio fue decisivo en la historia española.

2. A tu parecer, ¿por qué pintó Goya aquel episodio?

Francisco de Goya, *El tres de mayo de 1808 en Madrid,* 1813-1814.

2 Observar y expresarse

El 3 de mayo, las tropas francesas emprendieron una terrible represión con ejecuciones masivas.

1. Comenta los contrastes entre el grupo de civiles ejecutados y el pelotón de soldados franceses.

2. Los españoles reaccionan diferentemente frente a la muerte. Describe las diferentes expresiones y di qué sentimientos expresan.

3. Fíjate en la luz y en los colores. ¿Cómo consigue Goya expresar sus ideas y sus sentimientos?

4. Los críticos señalan que este cuadro alcanza una dimensión universal y no se limita a una circunstancia histórica definida. Explica por qué.

Así se dice

- estar de espaldas: *être de dos*
- dar la espalda: *tourner le dos*
- apuntar: *viser*
- estar de rodillas: *être à genoux*
- taparse la cara: *se cacher le visage*
- desafiar: *défier*
- tirar a quemarropa: *tirer à bout portant*
- el fraile: *le moine*
- el farol: *la lanterne*
- el testimonio: *le témoignage*
- la denuncia: *la dénonciation*

Prácticas

Complète les phrases en utilisant «*ser*», «*estar*» ou «*resultar*».

1. Entonces ...... cuando los madrileños se rebelaron contra las tropas francesas.
2. La intención de Goya ...... dejar un testimonio de lo que vio.
3. El dos y el tres de mayo ...... dos obras maestras que, en la actualidad, ... en el museo del Prado.
4. En la montaña del Príncipe Pío ...... donde fusilaron a los sublevados.
5. La rebelión de los españoles ...... decisiva. Le ...... imposible a Napoleón vencerlos.

Recuerda

Les emplois de «*ser*» et «*estar*»

- «El 2 de Mayo **fue** menos un día de gloria que un día de cólera popular.»
- «El pueblo español **no estaba dispuesto** a aceptar la presencia francesa en su suelo.»

➲ *Vamos a ver* p. 88

Diarios digitales

Las computadoras son el nuevo oráculo del siglo XXI

Allí se puede encontrar casi todo lo que necesitamos saber y más. La información acumulada en los últimos veinte años, en esta nueva forma, equivale a tres veces las palabras y frases contenidas en todos los libros que se han publicado en la Historia de la humanidad.

Ya son más de mil millones los internautas en el mundo que acceden a ese bagaje intelectual, pese a que los equipos y las conexiones son caros. Cantidad que aumentará a pasos agigantados: para 2013 llegaremos a los 2.000 millones de computadoras o PC en el mundo. Esto, según estudios de mercado que consideran solamente el incremento tecnológico de los países del Primer Mundo, pero que no pueden predecir bien lo que ocurrirá en los del Tercero. Y puede traer más de una sorpresa.

Algunos blogs dicen lo que la prensa tradicional no puede o no quiere publicar y esto ya justifica su existencia. En países con serias restricciones a la libertad de expresión, como Irán o China, hay bloggeros que han ido a la cárcel por emitir opiniones que han molestado a sus gobiernos.

Sorprende el desarrollo vertiginoso de los blogs. A comienzos de 2007 se calculaba que sólo en Occidente existían más de 60 millones y que aumentan a razón de 175.000 diariamente. Otros miden su crecimiento de otra forma: a cada segundo se crea uno nuevo. Analistas de prensa preocupados por el tema, calculan que para 2021 la mitad de las noticias que circulen por el espacio serán producidas por estos bloggeros.

Lidia Baltra M., *Los diarios digitales ¿acabarán con los de papel...?*, Santiago de Chile, septiembre de 2007.

1 Comprender y expresarse

1. El mundo de la información va cambiando. Di cuáles son los dos motivos principales.

2. Apunta las dos frases del texto que lo muestran.

3. A partir del artículo, explica cuál puede ser el interés del blog.

4. Apunta la frase qué más te sorprende y coméntala.

5. A tu parecer, ¿cómo se explica el éxito de los blogs?

2 Escuchar y expresarse

15

Nacen los diarios digitales

1. En la redacción de un diario digital trabajan:

a. hasta unos 70 periodistas. ☐
b. hasta unos 96 periodistas. ☐
c. hasta unos 60 periodistas. ☐
d. hasta unos 600 periodistas. ☐

2. En el portal de televisión del diario *El Mundo*, el internauta puede:

a. ver programas informativos. ☐
b. encontrar la programación de las cadenas. ☐
c. ver 96 series. ☐
d. ver películas. ☐

3 Escribir

Conéctate en la dirección siguiente: www.yosoyleeder.org/manifiesto.html#max1

El Ministerio de Cultura de España creó esta página para fomentar la lectura entre los jóvenes.

Haz clic en cada uno de los números que corresponden a los «diez mandamientos» del manifiesto del *leeder*. Elige el que prefieras y apúntalo. Explica por qué te gusta en dos o tres frases.

Prácticas

Transforme les phrases selon le modèle:

Hay bloggeros que han ido a la cárcel **porque han emitido opiniones** que han molestado a sus gobiernos. → Hay bloggeros que han ido a la cárcel **por emitir opiniones** que han molestado a sus gobiernos.

1. Tienen cada vez mayor influencia los blogs porque son cada vez más numerosos.
2. Los blogs son necesarios, porque permiten la libre circulación de la información.
3. Cualquier persona puede expresarse en la red, porque hoy resulta fácil disponer de los medios técnicos necesarios.
4. Sin embargo, esta libertad de expresión está amenazada, porque las tentativas de represión se multiplican.

Recuerda

Les emplois de «*ser*» et «*estar*»

- «Las computadoras **son el nuevo oráculo** del siglo XXI.»
- «Ya **son más de mil millones** los internautas en el mundo pese a que los equipos y las conexiones son caros.»
- «La mitad de las noticias que circulen por el espacio **serán producidas por** estos bloggeros.»

➲ *Vamos a ver* p. 88

Le superlatif

«Puede que las informaciones que emiten los diarios electrónicos no sean **las más profundas** al comienzo.»

➲ *Précis grammatical* p. 198

VAMOS a VER

« Ser » et « estar »

1 Les cas les plus simples

Cas où on emploie toujours «*ser*»

Devant un nom, un pronom, un infinitif.
- Mi blog **es un exorcismo** personal.
- La única represalia concreta **ha sido** no **permitirme** viajar a España

Devant un nombre ou un indéfini.
- **¿Cuántos sois** aquí?
- Ya **son más de mil millones** los internautas en el mundo.

Devant une indication concernant l'origine, la nationalité, l'appartenance.
- Yoani Sánchez **es cubana**.

Devant une indication concernant la matière.
- La lona **es de plástico**.

Devant l'expression de l'heure.
- **Son las seis y media** de la madrugada.

Cas où l'on emploie toujours «*estar*»

«**Estar**» *signifie « être là ».*
- Si no **están**... ¿Quién nos informa?

Devant une indication de temps.
- **Estamos en el siglo veintiuno**.

Devant une indication de lieu.
- **Frente a la estufa están** los fogones de la cocina.
- Muchos, por sus ideas avanzadas, **estaban más cerca** de los invasores que de los invadidos.

2 Les cas où on peut employer «*ser*» ou «*estar*»

Devant un adjectif

«**Ser**» *exprime une caractéristique essentielle.*
- El último año de Yoani Sánchez **ha sido vertiginoso**.
- Sánchez **fue merecedora** del Premio Ortega y Gasset.

«**Estar**» *indique un état valable au moment où l'on parle.*
- ¿No **está fría** el agua?

Devant un participe passé

«**Ser**» *devant un participe passé suivi de* «**por**».
- Para 2021, la mitad de las noticias que circulen por el espacio **serán producidas por** estos bloggeros.

«**Estar**» *indique le résultat d'une action.*
- El pueblo español **no estaba dispuesto** a aceptar la presencia francesa en su suelo.

Cas particulier

« C'est » se traduit toujours par «ser».
- **Es ahí**, o a partir de ahí, cuando ya una nación entera empezó a tomar conciencia de sí misma.
C'est alors, à partir de là, qu'une nation entière commença…

Il y a quelques exceptions

Está bien/está mal: *c'est bien/c'est mal.*

3 Les substituts de «*ser*» et «*estar*»

Le verbe « **être** *» français peut avoir d'autres équivalents que* «**ser**» *ou* «**estar**».
Chacun de ces autres verbes apporte à la phrase une nuance particulière.

Resultar

Ce verbe est employé fréquemment chaque fois que l'attribut marque la conséquence de faits antérieurs ou de faits que l'on vient de considérer.
- **Con Internet resulta más difícil** limitar la libertad de expresión.
Avec Internet il est plus difficile de limiter la liberté d'expression.

Ir, andar, venir, llegar

Ces verbes sont employés lorsque le sujet est envisagé en mouvement ou en train de se déplacer.
- Al volver de la playa, **venía** muy contenta.
De retour de la plage, elle était très contente.

Seguir

Ce verbe permet d'insister sur la persistance d'un état ou d'une qualité. En français, dans ce cas, le verbe « **être** *» est employé avec « encore » ou « toujours ».*
- Hoy día **siguen muchos** los blogueros.
Aujourd'hui, les blogueurs sont encore très nombreux.

Prácticas

1. Transforme les phrases selon le modèle :

El trabajo de los periodistas es **muy peligroso.** → El trabajo de los periodistas es **uno de los** trabajos **más peligrosos.**

1. Éste es un país muy peligroso.
2. Este periódico es muy famoso en América Latina.
3. El premio recompensa a un periodista muy valiente.
4. El período actual es muy difícil para la prensa.

2. Complète les phrases avec «*ser*» ou «*estar*».

1. ...... demasiado numerosos los periodistas que ...... asesinados por los narcotraficantes.
2. Lo peor ...... ver que sus asesinos quedan impunes.
3. Los periodistas consideran que ...... en una situación de guerra. ...... como corresponsales de guerra en territorio enemigo.
4. Debido a la labor que realizan, los periodistas ...... en particular riesgo.

3. Réécris ces phrases en utilisant un superlatif relatif.

1. He leído este artículo. Es interesante.
Es ...... que yo he leído.
2. He visto el cuadro. Es sorprendente.
Es ...... que he visto.
3. Ayer vimos el reportaje en Cuatro. Era conmovedor.
Es ....
4. La bloguera es famosa en Cuba.
Es ....
5. Ser periodista en México es un oficio peligroso.
Ser periodista es ....

Claves para comentar un artículo de prensa

El artículo de prensa puede ser:

- un artículo de opinión
- un artículo informativo
- un suceso: *un fait divers*
- un informe *(un compte-rendu)* acerca de un acontecimiento, de un suceso: *à propos d'un événement, d'un fait-divers*
- un análisis
- una encuesta
- un reportaje, un reportaje gráfico
- un editorial

El artículo de prensa puede estar:

- sacado de una revista, un diario, un semanario, un suplemento semanal (cultural...)
- sacado de un periódico especializado (prensa deportiva, económica, científica...), de la prensa nacional, regional...
- publicado en la portada, en primera plana, en las páginas interiores, en la página de anuncios, en las columnas de información nacional, en las cartas al director...

Para comprenderlo, es importante fijarse en:

- la fecha de publicación
- el titular: *le gros titre*
- la entradilla: *le sous-titre*

Para presentarlo, es interesante fijarse en:

- la exposición del tema
- los datos: *les faits, les indications précises*
- los argumentos
- los hechos
- las estadísticas

Para analizarlo cabe fijarse en:

- lo que el (la) periodista pone de relieve
- lo que el (la) periodista condena, silencia *(passe sous silence)*
- lo que el (la) periodista insinúa, sobreentiende
- si el (la) periodista se compromete *(s'engage)*
- si aboga por: *plaide pour ;* está a favor de: *est en faveur de*

Recuerda también

- el (la) periodista, el (la) articulista, el (la) corresponsal, el (la) columnista, el (la) reportero(a)
- el testigo, el testimonio
- un tema de actualidad, un tema candente *(un sujet brûlant)*, polémico
- la denuncia, el debate
- informar, revelar, desvelar, denunciar, convencer
- entrevistar
- la prensa sensacionalista, rosa, del corazón
- el rumor, los famosos
- convincente, credible, fidedigno
- cuestionar, plantear un problema
- poner en tela de juicio: *mettre en question*

Ateliers en groupes de compétences

Vers B1.1 / B1.2

Expression orale en continu

Décrire un dessin humoristique, l'analyser et en rendre compte

Armas enemigas

Describe este dibujo y coméntalo, insistiendo en el alcance del mensaje.

Así se dice

- el cartel
- el arma
- la ametralladora
- el lanzacohetes: *le lance-roquettes*
- el revólver
- la granada
- la bala
- la pluma estilográfica

Ateliers
en groupes de compétences

Vers B1.1 / B1.2

Compréhension de l'oral

Dégager le message essentiel d'une interview et en rendre compte

Entrevista a Yoani Sánchez

Escucha atentamente la entrevista.

1. Di en qué se nota una nueva actitud de la gente en Cuba.

2. Di si cree Yoani que puede evolucionar el sistema cubano.

B1.1 / B1.2

Expression orale en continu

Comprendre un message pour en rendre compte avec ses propres mots

> Lo que más siento ejerciendo mi trabajo es miedo...
>
> Periodista Arauca

> Ya no duermo, hace mucho tiempo no sé qué es sentir tranquilidad, siempre tengo ganas de llorar... y siempre tengo miedo...
>
> Periodista Antioquia

> La certeza de saber con quien cuento o en quien confío se perdió... se perdió para siempre.
>
> Periodista Arauca

> Salgo a la calle mirando para todos lados, nunca sé si voy a volver, o si ése es el día que me van a matar...
>
> Periodista Santander

Ser periodista

Elige una de estas frases pronunciadas por periodistas mexicanos y publicadas por www.libertad-expresion.org.mx
A partir de lo que sabes y has estudiado en el capítulo, comenta la frase.

B1.1 / B1.2

¡De película!

Comprendre le sens général d'une séquence filmique et en rendre compte

El Sacromonte

1. ¿Qué es el Sacromonte?

2. ¿Cuál es la particularidad de las «cuevas» del Sacromonte?

3. Explica de qué viven los gitanos del Sacromonte.

Sujet

El día a día de Rosa

Rosa llega a su casa pasadas las dos de la tarde. Allí le esperan Stheffany, de diez años, y su hijo, Víctor Moisés, de seis. A los pequeños no les falta nada, aunque su madre, de origen peruano, confiesa que no puede estar todo el tiempo que querría con ellos. Y es que Rosa, empleada del hogar, es una de esas mujeres que se ven obligadas por su trabajo a dedicar muchas más horas de atención a las familias que cuidan que a la suya propia. El consuelo es que ese tiempo que ahora les roba a sus hijos es la mejor inversión para asegurar a Stheffany y Víctor Moisés un futuro y una vida que ni tan siquiera podrían soñar si se hubiesen quedado en Perú.

Rosa sale cada mañana de su casa a las ocho y media para ir a trabajar a un domicilio de Lleida como asistenta. Está encantada con su trabajo y con el trato dispensado por esa familia que tiene tres niños. «Los dos trabajan (ella es profesora) –explica Rosa– y necesitan ayuda para llevar la casa». Durante el invierno, sigue contando esta mujer peruana, todo es más fácil. «Mis dos hijos van al colegio y sólo tengo que preocuparme de acompañarles cada mañana, ya que se quedan a comer allí». En verano es más complicado. El trabajo aumenta en la casa en la que trabaja, porque los tres hijos de esa familia pasan más horas en el domicilio, y pasa lo mismo en su propia casa. «La suerte que tengo yo es que mis dos hijos travesean[1] muy poco y puedo dejarlos en casa mientras ayudo a otras familias. Son muy buenos y responsables, y es Stheffany la que se hace cargo de su hermano pequeño cuando yo estoy fuera trabajando». Rosa es plenamente consciente de que si sus dos hijos fuesen más pequeños no podría trabajar fuera, ya que a ella su economía no le da para pagar asistentas ni canguros[2].

El marido de Rosa trabaja en Balaguer como encofrador[3]. Él sale cada mañana de casa a las siete y ya no vuelve hasta pasadas las nueve de la noche. Todo el peso de las tareas domésticas y cuidado de sus hijos lo lleva Rosa. «Si no trabajásemos los dos, sería imposible salir adelante y pagar el alquiler del piso, y tampoco podríamos enviar dinero a nuestras familias en Perú, que lo necesitan más que nosotros» confiesa esta mujer.

Los fines de semana –siempre y cuando Rosa no tenga algún otro compromiso laboral– son el momento ideal para estar con los niños. «Entonces sí que salimos a pasear o a comer un helado, mi marido y yo, con ellos».

Ahora mismo hay muchas otras Rosas en España que lo están dando todo para sacar adelante a sus familias. Cuando se pregunta a esta mujer si hay quien le ayude a conciliar su vida familiar con la laboral, tal como ella hace con las familias que la contratan, su respuesta no pasa de una tímida sonrisa.

Javier Ricou, *La Vanguardia*, 30/07/2006.

Compréhension

1. Apunta los elementos que permiten decir cuál es el trabajo de Rosa.

2. Entresaca los detalles que permiten afirmar quiénes son Stheffany y Víctor Moisés.

3. ¿Cuál es la nacionalidad de Rosa? Sin comentar, apunta un elemento que muestra que para ella y su familia es mejor vivir en España.

4. Stheffany y Víctor Moisés ayudan a Rosa. Cita dos elementos del texto que lo evidencian.

5. Copia las dos respuestas correctas. El padre trabaja:
- por la tarde
- por la noche
- los domingos
- los lunes

6. Rosa está satisfecha con su trabajo. Apunta la frase del texto que lo expresa.

7. Una frase en el texto muestra que el periodista se compromete hablando de la situación de las mujeres como Rosa. Apúntala.

8. *Traduire depuis* «Rosa llega a su casa » (l. 1) *jusqu'à* «el tiempo que querría con ellos.» (l. 5).

1. travesear: *faire des bêtises*
2. una canguro: *une baby-sitter*
3. un encofrador: *un coffreur (métier dans la maçonnerie)*

1 Compréhension

- Après avoir lu attentivement le texte une ou deux fois, tu peux lire les questions de compréhension. Il est recommandé de les lire toutes pour avoir une idée d'ensemble de ce qui est demandé.
- Puis, pour chacune des questions, souligne ou surligne les éléments du texte qui permettent de répondre aux questions posées :

1. El trabajo de Rosa
2. Stheffany y Víctor Moisés
3. La nacionalidad de Rosa
4. Stheffany y Víctor Moisés ayudan a Rosa
5. El trabajo del padre de Rosa
6. Rosa y su trabajo
7. La situación de las mujeres como Rosa

2 Aide à la traduction

Question 8

(ligne 1) • L'expression *«a su casa»* ne se traduit pas mot à mot. Il faut chercher en français une expression de sens équivalent.

(ligne 1) • *«pasadas las dos de la tarde»*: en français, on ne peut pas garder le participe passé. On peut le remplacer par une préposition pour indiquer le temps.

(ligne 2) • *«de diez años, de seis»*: en français, la préposition n'est pas nécessaire.

(ligne 3) • *«A los pequeños no les falta nada»*: *«faltar»* se conjugue comme le verbe *«gustar»*. Le complément devient sujet en français.

(ligne 3) • *«aunque»*: pour la traduction, il faut regarder si *«aunque»* est suivi de l'indicatif ou du subjonctif.

Voici ce qui peut être souligné :

Rosa llega a su casa pasadas las dos de la tarde. Allí le esperan Stheffany, de diez años, y su hijo, Víctor Moisés, de seis. A los pequeños no les falta nada, aunque su madre, de origen peruano, confiesa que no puede estar todo el tiempo que querría con ellos. Y es que Rosa, empleada del hogar, es una de esas mujeres que se ven obligadas por su trabajo a dedicar muchas más horas de atención a las familias que cuidan que a la suya propia. El consuelo es que ese tiempo que ahora les roba a sus hijos es la mejor inversión para asegurar a Stheffany y Víctor Moisés un futuro y una vida que ni tan siquiera podrían soñar si se hubiesen quedado en Perú.

Rosa sale cada mañana de su casa a las ocho y media para ir a trabajar a un domicilio de Lleida como asistenta. Está encantada con su trabajo y con el trato dispensado por esa familia que tiene tres niños. «Los dos trabajan (ella es profesora) –explica Rosa– y necesitan ayuda para llevar la casa». Durante el invierno, sigue contando esta mujer peruana, todo es más fácil. «Mis dos hijos van al colegio y sólo tengo que preocuparme de acompañarles cada mañana, ya que se quedan a comer allí». En verano es más complicado. El trabajo aumenta en la casa en la que trabaja, porque los tres hijos de esa familia pasan más horas en el domicilio, y pasa lo mismo en su propia casa. «La suerte que tengo yo es que mis dos hijos travesean[1] muy poco y puedo dejarlos en casa mientras ayudo a otras familias. Son muy buenos y responsables, y es Stheffany la que se hace cargo de su hermano pequeño cuando yo estoy fuera trabajando». Rosa es plenamente consciente de que si sus dos hijos fuesen más pequeños no podría trabajar fuera, ya que a ella su economía no le da para pagar asistentas ni canguros[2].

El marido de Rosa trabaja en Balaguer como encofrador[3]. Él sale cada mañana de casa a las siete y ya no vuelve hasta pasadas las nueve de la noche. Todo el peso de las tareas domésticas y cuidado de sus hijos lo lleva Rosa. «Si no trabajásemos los dos, sería imposible salir adelante y pagar el alquiler del piso, y tampoco podríamos enviar dinero a nuestras familias en Perú, que lo necesitan más que nosotros» confiesa esta mujer.

Los fines de semana – siempre y cuando Rosa no tenga algún otro compromiso laboral – son el momento ideal para estar con los niños. «Entonces sí que salimos a pasear o a comer un helado, mi marido y yo, con ellos».

Ahora mismo hay muchas otras Rosas en España que lo están dando todo para sacar adelante a sus familias. Cuando se pregunta a esta mujer si hay quien le ayude a conciliar su vida familiar con la laboral, tal como ella hace con las familias que la contratan, su respuesta no pasa de una tímida sonrisa.

Javier Ricou, *La Vanguardia*, 30/07/2006.

Complementos ▸ p. 189

La casa de Bernarda Alba

Se hace lo que yo mando

Bernarda tiene 60 años. Sus cinco hijas son todas solteras. Angustias (39 años), Magdalena (30 años), Amelia (27 años), Martirio (24 años), Adela (20 años). La Poncia es una criada de 60 años. Después del entierro del marido de Bernarda, las mujeres del pueblo vinieron a visitarla. Acaban de marcharse.

BERNARDA: (*A Magdalena que inicia el llanto*) Chiss[1]. (*Salen todas. A las que se han ido*) ¡Andar a vuestras casas a criticar todo lo que habéis visto! ¡Ojalá[2] tardéis muchos años en pasar el arco de mi puerta!

LA PONCIA: No tendrás queja ninguna[3]. Ha venido todo el pueblo.

BERNARDA: Sí; para llenar mi casa con el sudor de sus refajos[4] y el veneno[5] de sus lenguas.

AMELIA: ¡Madre, no hable usted así!

BERNARDA: Es así como se tiene que hablar en este maldito pueblo sin río, pueblo de pozos[6], donde siempre se bebe el agua con el miedo de que esté envenenada.

LA PONCIA: ¡Cómo han puesto la solería[7]!

BERNARDA: Igual que si hubiese pasado por ella una manada de cabras[8]. (La Poncia *limpia el suelo*) Niña, dame el abanico[9].

ADELA: Tome usted. (*Le da un abanico redondo con flores rojas y verdes*)

BERNARDA: (*Arrojando el abanico al suelo*[10]) ¿Es éste el abanico que se da a una viuda[11]? Dame uno negro y aprende a respetar el luto[12] de tu padre.

MARTIRIO: Tome usted el mío.

BERNARDA: ¿Y tú?

MARTIRIO: Yo no tengo calor.

BERNARDA: Pues busca otro, que te hará falta. En ocho años que dure el luto no ha de entrar en esta casa el viento de la calle. Hacemos cuenta que hemos tapiado con ladrillos[13] puertas y ventanas. Así pasó en casa de mi padre y en casa de mi abuelo. Mientras, podéis empezar a bordar el ajuar[14]. En el arca[15] tengo veinte piezas de hilo con el que podréis cortar sábanas y embozos[16]. Magdalena puede bordarlas.

MAGDALENA: Lo mismo me da[17].

ADELA: (*Agria*) Si no quieres bordarlas, irán sin bordados. Así las tuyas lucirán más[18].

MAGDALENA: Ni las mías ni las vuestras. Sé que yo no me voy a casar. Prefiero llevar sacos al molino. Todo menos estar sentada días y días dentro de esta sala oscura.

BERNARDA: Eso tiene ser mujer.

MAGDALENA: Malditas sean las mujeres.

BERNARDA: Aquí se hace lo que yo mando. Ya no me puedes ir con el cuento a tu padre[19]. Hilo y aguja[20] para las hembras[21]. Látigo y mula para el varón[22]. Eso tiene la gente que nace con posibles[23].

Federico García Lorca, *La casa de Bernarda Alba*, Acto I, 1936.

Comentar

1. Bernarda es una mujer autoritaria. Apunta y comenta todos los detalles que lo muestran.

2. A Bernarda le gusta vivir encerrada en casa, lejos del mundo exterior. Entresaca diferentes expresiones que lo recalcan.

3. ¿Qué concepción tiene ella de la condición de la mujer? ¿Y de la de los hombres?

4. Analiza las diferentes reacciones de las hijas a lo largo de la escena.

5. Bernarda les da muchísima importancia a las apariencias. Demuéstralo.

6. Esta escena es una de las primeras de la obra. Explica en qué es interesante para el público.

1. *Chut !*
2. *Dieu fasse que... / Pourvu que...*
3. *Tu n'as pas à te plaindre*
4. *jupons*
5. *le venin*
6. *puits*
7. *Dans quel état elles ont mis le carrelage ! (le sol)*
8. *un troupeau de chèvres*
9. *l'éventail*
10. *en jetant l'éventail par terre*
11. *une veuve*
12. *le deuil*
13. *considérons que nous avons muré avec des briques*
14. *broder votre trousseau*
15. *le coffre*
16. *des draps et des retours de draps*
17. *ça m'est égal*
18. *les tiens seront plus beaux*
19. *tu ne peux plus aller tout raconter à ton père.*
20. *du fil et des aiguilles*
21. *les femmes*
22. *le fouet et la mule pour l'homme*
23. *les gens qui naissent avec du bien (qui ont une position sociale)*

Claves para el comentario

El autor y la obra

Federico García Lorca (1898-1936)

- Es **uno de los mayores poetas y dramaturgos** del siglo XX. Nació en Fuentevaqueros, provincia de Granada.

En 1921, publicó su primer libro de poesía. **Andalucía** fue su principal fuente de inspiración y se apasionó por la cultura popular y el mundo de los **gitanos** (*Poema del Cante Jondo, Romancero gitano*).

En 1929, viajó a Nueva York y descubrió un mundo radicalmente diferente del suyo. Escribió entonces *Poeta en Nueva York* donde aparecen **influencias surrealistas**.

- También escribió mucho para el **teatro,** creando un gran número de **personajes femeninos**: *Mariana Pineda, Doña Rosita la soltera, Bodas de Sangre, Yerma, La casa de Bernarda Alba...*

De vuelta a España, durante los años de la **República**, a partir de 1931, se dedicó a dirigir la compañía estatal de teatro «La Barraca» y viajó por España con ella para dar a conocer al pueblo las obras del teatro clásico español.

Murió asesinado por los falangistas en los primeros meses de la **Guerra Civil** en 1936.

La casa de Bernarda Alba (1936)

- La acción pasa en el ambiente rural del campo andaluz. Tras la muerte de su marido, Bernarda, mujer déspota y de estrictos valores morales y religiosos, quiere imponer un luto de ocho años a sus cinco hijas y les prohíbe cualquier encuentro con el mundo exterior. La aparición de Pepe el romano, hombre atractivo que quiere casarse con la hija mayor, provoca muchas tensiones y quiebra la aparente armonía familiar.

La más joven, Adela, se enamora del hombre.

Al final, Bernarda pretende haber matado a Pepe y Adela se suicida.

- Muchos temas aparecen en esta obra de Lorca: el amor, la hipocresía, la situación de la mujer en la sociedad, la pasión y la muerte.

El contexto histórico

Lorca vivió en un período de agitación política y social. Conoció, en los años veinte, la dictadura de Primo de Rivera. Al proclamarse la Segunda República (1931) participó entonces activamente en la labor cultural a favor del pueblo. Su asesinato hizo de él uno de los mártires de la libertad y llegó a transformarse en una figura mítica.

El contexto literario

Aquellos años fueron los de una intensa vida literaria y cultural en España (la Edad de Plata). Lorca formó parte de la **Generación del 27** y conoció a muchos artistas de la época entre los cuales los poetas Jorge Guillén, Pedro Salinas, Gerardo Diego, Dámaso Alonso, Rafael Alberti. También fue amigo de Salvador Dalí y Luis Buñuel.

Influencias, resonancias...

La obra de Lorca es una de las obras poéticas y teatrales más importantes del siglo XX. Creó figuras literarias que alcanzaron el nivel del mito (el Gitano, los personajes femeninos de su obra teatral...). Obras como *Bodas de Sangre* o *La casa de Bernarda Alba* obtuvieron un inmenso éxito internacional.

En España y en Europa

La casa de Bernarda Alba no sólo fue y sigue representada en varias ocasiones, sino que, además, inspiró musicales, espectáculos de danza y hasta películas.

¿Lo sabías?

Francisco de Goya

La cometa. **Pintó cartones para la residencia de los Príncipes de Asturias. Estas obras, luminosas y alegres, muestran las costumbres de entonces.** ▲

Su vida

Francisco de Goya y Lucientes (1746-1828) llegó muy rápidamente a ser famoso: en 1786 fue nombrado pintor oficial de la Corte.

- Como muchos contemporáneos suyos, admiraba las ideas de los filósofos franceses del **Siglo de las Luces**.
- En 1808, las tropas de Napoleón invadieron España y empezó la Guerra de Independencia. Sus obras ofrecen un testimonio acerca de lo que pasó entonces y son un **requisitorio contra la violencia**.
- En 1814, la vuelta al poder del rey Fernando VII marcó el fin de las esperanzas de los que, como Goya, esperaban una monarquía liberal e ilustrada. Goya **se exilió** en 1824 **a Francia** donde terminó su vida.

Viejos comiendo sopa. **La amargura que marcó su carácter al final de su vida por los numerosos problemas que encontró (se había vuelto sordo...) se ve en las pinturas negras que adornaron los muros de su casa llamada la Quinta del Sordo, adquirida en 1819.** ▲

Para él, el arte era un arma para combatir supersticiones y defectos de la sociedad de su época. Hizo varias series de grabados (*Los desastres de la guerra, Los Caprichos...*) en los que trasluce la desesperación que experimentó al final de su vida. ▲

▲ *La familia de Carlos IV*.
A pesar de ser retratos oficiales, los que hizo de la familia real revelan la visión crítica del artista.

1812

- Tras el levantamiento del pueblo de Madrid (2 de mayo de 1808), se produjo en numerosos territorios un fenómeno espontáneo de resistencia a los franceses.
- El rey, Fernando VII, se había marchado a Francia y, para estructurar la resistencia, fue necesario crear Juntas y, luego, organizar unas Cortes.
- Las Cortes se reunieron en Cádiz y, el 19 de marzo de 1812, promulgaron La Constitución de Cádiz. Fue la primera Constitución en España y significaba el paso de un Estado absoluto a uno constitucional.
- Terminada la guerra, Fernando VII volvió a España en un clima de bienvenida popular. Sin embargo, el rey se opuso a los cambios. El 4 de mayo de 1814 se decretó la disolución de las Cortes, la derogación de la Constitución y la detención de los diputados liberales.

Actividad

Observa el cuadro «*La cometa*» (1778) y el cuadro titulado «*Viejos comiendo sopa*» (1823). Di lo que notas y cómo lo explicas.

1 CONMEMORACIÓN DEL BICENTENARIO

En 1808, Napoleón invadió España y los monarcas españoles fueron desterrados. Estos hechos provocaron en las colonias españolas de América una crisis política y una serie de acontecimientos que desembocaron en las Guerras de Independencia. Actualmente, muchos países latinoamericanos conmemoran su Bicentenario. El Grupo Bicentenario, creado con el objetivo de promover y organizar la conmemoración conjunta de estos acontecimientos históricos, los reúne.

2 LAS GUERRAS DE INDEPENDENCIA

La mayoría de las naciones latinoamericanas alcanzaron la independencia en las tres primeras décadas del siglo XIX. En México, después de un primer intento para establecer un gobierno independiente en 1808, la Guerra de Independencia empezó realmente en septiembre de 1810. El cura Hidalgo llamó a la rebeldía y consiguió reunir un ejército que tomó como estandarte la Virgen de Guadalupe. México festejó en 2010 el Bicentenario de las Guerras de Independencia y también el Centenario de su Revolución.

Para empezar

Después de leer los textos de esta página, conéctate en la dirección siguiente: www.grupobicentenario.org/index.php?option=com_content&view=article&id=80&Itemid=2

Observa la línea de tiempo y contesta las preguntas siguientes:

- **¿En qué año se declaró la independencia de las Provincias Unidas del Río de la Plata (Argentina)?**
- **¿En qué año proclamó O'Higgins la independencia de Chile?**
- **¿En qué año proclamó Bolívar la República de la Gran Colombia?**

3

UNA REFLEXIÓN PARA EL FUTURO

Argentina, Bolivia, Chile, Colombia, Ecuador, El Salvador, México, Paraguay y Venezuela son los países que se han reunido para formar el Grupo Bicentenario y celebrar, con España, sus 200 años de independencia. Para estos países, esta conmemoración es también la ocasión de interrogarse acerca del futuro y de preguntarse: ¿Cómo queremos que América Latina sea en 10 años? ¿Cómo ven las nuevas generaciones el futuro de nuestro continente a 200 años de su formación?

5 La Independencia

Activités

Écrit

Lire et comprendre • L'esclavage vu par Flora Tristan • Le flibustier Jean Lafitte et l'esclavage • La politique de Napoléon et l'Indépendance de l'Amérique • Un poème de Pablo Neruda

S'exprimer à l'écrit • Rédiger la présentation d'un personnage à partir d'une page de roman

Oral

Écouter et comprendre • L'histoire du bateau «*Amistad*» • Une interview sur l'esclavage moderne • L'adaptation musicale par Quilapayún d'un poème de Neruda • Une campagne de Médecins sans Frontières • Le témoignage de Luis Berlanga

S'exprimer en continu • L'esclavage en Amérique latine • La fondation *Telefónica* contre le travail des enfants en Amérique latine • Analyser une fresque de Diego Rivera • Bolivar, le Libérateur

S'exprimer en interaction • Participer à un débat sur les célébrations à caractère historique

Programme

Thème culturel

Espaces et échanges • Mémoire du commerce triangulaire : la route de l'esclavage

Lieux et formes du pouvoir • L'esclavage et la colonisation • Le bicentenaire de l'Indépendance • La dénonciation par l'art : Diego Rivera

L'idée de progrès • Lutter contre l'esclavage moderne • L'engagement de Médecins sans Frontières

Contenus linguistiques

• L'expression de la concession • Les emplois de «*como si*» • Le lexique de l'argumentation

Réussir à l'écrit

• Réussir une traduction

Littérature

L'imaginaire • Gabriel García Márquez, *La increíble y triste historia de la cándida Eréndira y de su abuela desalmada*, 1972

Una vida de infierno

En 1833, Flora Tristan[1] visitó, en el Perú, el ingenio del señor Lavalle.

–La falta de esclavos nos está arruinando a los agricultores –se quejó. Figúrese, yo tenía mil quinientos y me quedan apenas novecientos. Por la falta de aseo[2], el descuido, la holgazanería[3] y sus costumbres bárbaras se llenan de enfermedades y mueren como moscas.

Flora se atrevió a insinuar que, tal vez, la existencia miserable que llevaban y la ignorancia debido a la falta total de educación explicara que los esclavos fueran tan propensos a enfermarse.

–Usted no conoce a los negros –replicó el señor Lavalle. Dejan morir a sus hijos de perezosos que son. Su indolencia no tiene límites. Son peores que los indios, todavía. Sin el látigo[4], no se consigue nada de ellos.

Flora no pudo contenerse más. Exclamó que la esclavitud era una aberración humana, un crimen contra la civilización, y que, tarde o temprano, también en el Perú se aboliría, igual que en Francia.

El señor Lavalle se quedó mirándola, desconcertado, como si descubriera a otra persona a su lado.

–Mire usted lo que ha pasado en la antigua colonia francesa de Santo Domingo desde que se emancipó a los esclavos[5] –replicó, por fin, incómodo. El caos total y el retorno a la barbarie. Allá los negros se están comiendo unos a otros.

Y para mostrarle los extremos a que podían llegar aquellas gentes, la condujo a los calabozos[6] de la hacienda. En una celda semi a oscuras, con el suelo lleno de paja –parecía el cubil de alguna fiera–, le mostró a dos negras jóvenes, totalmente desnudas, encadenadas a la pared.

–¿Por qué cree usted que están aquí? –le dijo, con tonito triunfal. Estos monstruos mataron a sus propias hijas recién nacidas.

–Las comprendo muy bien –repuso Flora. En el caso de ellas, yo hubiera hecho el mismo favor a una hija mía. Librarla, aunque sea con la muerte, de una vida de infierno, como esclava.

Mario Vargas Llosa, *El Paraíso en la otra esquina*, 2003.

1. 1808-1844. Escritora de padre peruano y madre francesa. Vivió en Francia y fue una defensora de los derechos y las libertades de la clase obrera y de la mujer. Viajó al Perú en 1833.
2. limpieza
3. la pereza
4. *le fouet*
5. 1793
6. *cachots*

1 Comprender y expresarse

1. ¿Quién era el señor Lavalle?

2. ¿Quién era Flora Tristan? ¿Cómo reaccionó al descubrir la situación de los esclavos?

Líneas 1-13

3. ¿En qué condiciones vivían los esclavos en el ingenio del señor Lavalle?

4. ¿Qué revelan sus palabras acerca del propietario?

Líneas 14-22

5. Comenta la reacción de Flora.

6. ¿Qué te parecen los argumentos del hombre?

Líneas 23-31

7. Las dos esclavas habían matado a sus hijas. ¿Compartes la opinión de Flora a propósito de este acto? Explica por qué.

2 Observar y expresarse

Observa el mapa del comercio triangular. Explica en qué consistía la ruta de los europeos que se dedicaban a este comercio.

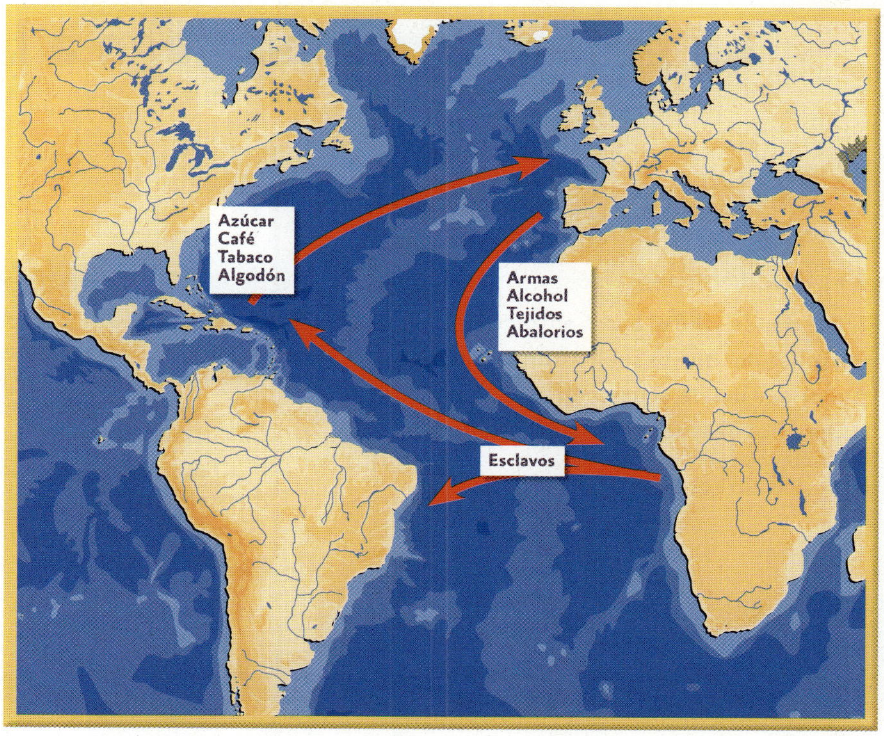

Así se dice

- cambiar por: *échanger contre*
- cruzar: *traverser*
- esclavizar: *réduire en esclavage*
- los abalorios: *la verroterie*
- la trata: *la traite*
- el barco negrero

3 Observar y expresarse

Di en qué el grabado de la página 100 es representativo de lo que fue la esclavitud.

La esclavitud en el mundo: fechas

1793 Abolición de la esclavitud en Santo Domingo.
1794 Abolición de la esclavitud en Francia por la «*Convention*».
1802 Bonaparte restablece la esclavitud.
1833 Abolición de la esclavitud en las colonias británicas.
1848 Abolición definitiva de la esclavitud en Francia por la Segunda República.
1880 Abolición de la esclavitud en España.

El caso de Cuba: fechas y cifras

1521 Se utilizan esclavos negros en Cuba por primera vez. Son unos 300.
1521-1790 Son unos 91.000 en Cuba.
1790-1820 225.574 esclavos entran en el puerto de La Habana.
1886 Abolición de la esclavitud en Cuba.

Prácticas

Complète les phrases avec le verbe indiqué.

1. Consideraba a sus esclavos como si ...... (ser) animales.
2. Hablaba de las enfermedades de sus esclavos como si ellos ...... (poder) evitarlas.
3. Escuchaba a Flora con estupor, como si ella le ...... (decir) disparates.
4. Le hablaba de Santo Domingo como si ...... (producirse) allí acontecimientos terribles.
5. Le hablaba de la esclavitud como si no ...... (haber) otro sistema posible.

Recuerda

«Como si» + imparfait du subjonctif

«Se quedó mirándola, **como si descubriera** a otra persona a su lado.»
*Il resta là à la regarder, **comme s'il découvrait** à côté de lui une tout autre personne.*

La concession

«Librarla, **aunque sea** con la muerte.»
*La libérer, **même si cela devait être** en lui donnant la mort.*

Vamos a ver **p. 110**

¡Escucha!

La goleta *Amistad* llega a La Habana

17

1 Escuchar y expresarse

La goleta *Amistad* en 1839

1. ¿De dónde salió el barco en 1839?
2. Explica por qué se sublevaron los 50 esclavos.
3. ¿Por qué derivó el barco?
4. Dos años después, en Estados Unidos, los esclavos fueron juzgados. ¿Qué decidió el tribunal?

La goleta *Amistad* en 2007

Llegó a la Habana el 25 de marzo, lo que coincidió con el Día Internacional de la Rememoración de las Víctimas de la Esclavitud y la Trata Trasatlántica de Esclavos que la Organización de las Naciones Unidas (ONU) instituyó el 25 de marzo.

5. ¿Qué simboliza en 2007 la réplica del barco *Amistad*?
6. ¿Por dónde pasó durante su travesía a partir de 2007?

El Amistad pasa por el fuerte El Morro, en el momento de su arribo a La Habana.

2 Observar y expresarse

Observa la foto. Si te basas en las cifras de la página 101 a propósito de la esclavitud en Cuba, ¿te parece importante celebrar este día en La Habana?

3 Actuar

Con ocasión del Bicentenario de la Independencia hay muchas celebraciones en América Latina. ¿Te parece importante conmemorar así el pasado? Busca argumentos y participa en el debate.

La esclavitud sigue siendo hoy una realidad

1 Escuchar y expresarse

18

Benjamin Skinner es norteamericano y acaba de publicar un libro sobre la esclavitud moderna.

1. ¿Cómo consiguió informaciones Benjamin Skinner acerca de la esclavitud moderna?
2. ¿Cuáles son las cifras de la esclavitud hoy día?
3. ¿Cómo define Skinner la condición de esclavo?
4. Da ejemplos de los sectores en los que trabajan los esclavos de hoy.
5. ¿Por qué afirma Skinner que «la oferta potencial de esclavos es hoy prácticamente ilimitada»?

2 Observar y expresarse

1. Di lo que primero te llama la atención al observar este cartel.
2. Analiza los procedimientos utilizados para evocar la alegría.
3. ¿Cómo colaboró Fundación Telefónica en la erradicación del trabajo infantil en América Latina? ¿Cómo viene expresado en el cartel?
4. A tu parecer, ¿cuál es la meta de esta campaña?

Así se dice

- el arco iris: *l'arc-en-ciel*
- la escuadra: *l'équerre*
- el lápiz: *le crayon*
- la alfombra mágica: *le tapis volant*

Venid todos

Jean Lafitte fue un pirata francés. Vivió con sus hombres en la isla de Barataria, en las ciénagas cercanas a Nueva Orleans (Luisiana) a partir de 1803.
En este territorio organizó el comercio del contrabando y la trata de esclavos, entonces prohibida.
Compraba esclavos en Cuba para venderlos clandestinamente en Nueva Orleans, en un islote de arena conocido como el Templo.

Los días de mercado se anunciaban en carteles y panfletos clandestinos que, de un día para otro, aparecían diseminados por toda Nueva Orleans.

¡VENID! ¡VENID TODOS!
AL JEAN LAFITTE'S
BAZAR Y SUBASTA[1] DE ESCLAVOS
MAÑANA
EN EL TEMPLO
–PARA VUESTRO DELEITE[2]–
VINOS Y ALHAJAS[3]
TELAS Y MIRIÑAQUES[4]
MUEBLES Y ABALORIOS[5]
TRAÍDOS DE LOS SIETE MARES

Damas, caballeros, sacerdotes[6], frailes, comerciantes..., todo el mundo acudía al Templo. El balanceo de los parasoles formaba una procesión de colores a través de la arena. Las mujeres se llevaban las fruslerías[7] a manos llenas, los niños devoraban los caramelos y las manzanas de azúcar y los caballeros más distinguidos eran invitados a cenar a la Casa Roja para agasajarlos[8] y tener la oportunidad de mostrarles la suntuosa mansión[9]. Después de la cena, se bebía Oporto y se fumaban exquisitos puros cubanos en la galería. Al final de la velada, Jean conducía a los invitados a los barracones[10] donde guardaba la mercancía más selecta, los ejemplares seleccionados de varones[11] negros. Los esclavos que compraba en Cuba por 300 dólares en la subasta del Templo podían llegar a valer 1.200. Por un negro perfecto podía sacar 1.500. Aunque eran precios muy elevados, eran bastante más bajos que los que sus invitados hubieran pagado por los mismos ejemplares en los mercados oficiales de Nueva Orleans.

Berta Serra Manzanares, *Los ojos del huracán*, 2008.

1. *vente aux enchères*
2. *plaisir*
3. *bijoux*
4. *babioles*
5. *perles de verre*
6. *prêtres*
7. *colifichets*
8. *les accueillir chaleureusement*
9. *demeure*
10. *baraques*
11. *hommes (mâles)*

1 Comprender y expresarse

1. ¿Quién era Jean Lafitte?

2. Comenta el cartel escrito por Jean Lafitte:
a. las mercancías.
b. la frase «para vuestro deleite».
c. la expresión «traídos de los siete mares».

Líneas 13-20

3. Las ventas en el bazar de Jean Lafitte tenían mucho éxito. ¿Cómo lo expresa la narradora?

4. El hombre ganaba muchísimo dinero. Apunta los detalles que lo revelan.

Líneas 20 -26

5. ¿Cómo expresa la narradora el desprecio del traficante por la vida de los esclavos negros?

6. ¿En qué consistía el sistema ideado por Jean Lafitte?

2 Escribir

A partir de los detalles del texto, haz una breve presentación del pirata Jean Lafitte.

3 Observar y expresarse

Presentación

1. Diego Rivera quiso pintar en este mural los efectos de la colonización española. Identifica los tres términos del mural que representan tres escenas. ¿Qué representa cada término?

Primer término

2. Analiza la presentación de los indios (colores, ademanes, líneas...).
3. Sus caras no tienen facciones. ¿Cómo lo interpretas?
4. Describe al capataz. Di en qué consiste el contraste entre su presentación y la de los indios.

Segundo término

5. ¿Con qué recursos denuncia el pintor la esclavitud de los negros?

Tercer término

6. La construcción de la escena es piramidal. ¿Quién domina la escena?
7. La representación del blanco es simbólica. Analiza los diferentes elementos.

Para concluir

8. Di qué visión de la época colonial ofrece Rivera y cuál es su propósito.

Diego Rivera, *El ingenio*, 1930.

Así se dice

- la caña de azúcar: *la canne à sucre*
- el ingenio azucarero: *la sucrerie*
- el capataz: *le contremaître*
- el látigo: *le fouet*
- la canana: *la cartouchière*
- la acémila: *la bête de somme*
- la hamaca: *le hamac*
- la imagen: *la statue (religieuse)*
- encorvado, a: *courbé, e*

Prácticas

Transforme les phrases selon le modèle :

A pesar de ser precios muy elevados... → **Aunque eran** precios muy elevados...

1. A pesar de estar prohibida la trata, Jean Lafitte solía organizar ventas de esclavos.

2. A pesar de saber que la trata estaba prohibida, los clientes del traficante seguían comprando esclavos.

3. A pesar de tener una fortuna enorme, el filibustero no pudo guardarla.

Recuerda

La concession

«**Aunque** eran precios muy elevados, eran bastante más bajos que los que sus invitados hubieran pagado por los mismos ejemplares en los mercados oficiales de Nueva Orleans».

Bien que ce fussent des prix très élevés, ils étaient nettement plus bas que ceux que ses invités auraient payés pour les mêmes exemplaires dans les marchés de la Nouvelle Orléans.

Vamos a ver p. 110

¡Lee y exprésate!

Así empezó la emancipación

Tres siglos había durado aquí la dominación española. Y si el primero fue de masacre y rapiña[1], los dos siguientes se fueron contando en rosarios[2] solemnes y ambientando con misas de gallo[3] el continuo saqueo de recursos[4].

Después de tanta sangre, el lazo que mantenía a las colonias atadas al poder español era menos la fuerza que la costumbre. Ni siquiera los que padecían[5] la dominación lograban concebir una vida sin ella, y sólo el ingreso[6] de aquella tempestad desmesurada que estaba trastornando[7] el orden físico y mental de Europa, Napoleón, produjo las rupturas mentales necesarias para que un mundo despertara del letargo de esa dominación de tres siglos y algunos llegaran a pensar que era posible crear naciones e instaurar repúblicas sobre el barro todavía blando[8] del Mundo Nuevo.

Avanzando por Austria, por Prusia, por Rusia, desafiando a Inglaterra, Napoleón quería convertir en extensión de Francia a toda Europa, y no tardó el día en que se le oyó declarar que Francia sería el Mundo.

El plan de Napoleón era apoderarse también de los territorios de América, pero las colonias empezaban a estar hartas[9] de la dominación colonial, y cuando las alcanzó el rumor de que su rey[10] era prisionero de los franceses optaron por asumir su mayoría de edad[11] y declarar, de modo incruento[12], la independencia en todo el continente.

Caracas declaró su independencia el 19 de abril de 1810. Aquel día Bolívar estaba en su hacienda y los hechos se consumaron en su ausencia. Los distintos cargos de la nueva administración estaban provistos, y si fue nombrado embajador en Londres, con la misión de hacer reconocer del gobierno inglés el territorio emancipado, acaso se debió a que él mismo prometió sufragar los gastos del viaje[13].

William Ospina, *En busca de Bolívar*, 2010.

Simón Bolívar (1783-1830) consiguió la independencia de Venezuela, Colombia, Panamá, Ecuador y Perú, liberándolos así de la Corona española. Recibió el título de Libertador en 1813.

En 1825, se le dio el nombre de Bolivia al nuevo estado liberado en honor al Libertador. Bolívar fue designado «Padre de la República y Jefe Supremo del Estado».

1. *rapine (pillage)*
2. *ici, prières*
3. *messes de minuit*
4. *pillage des ressources*
5. *subissaient / souffraient de*
6. *ici, l'arrivée*
7. trastornar: *bouleverser*
8. *la terre encore molle*
9. estar harto: *en avoir assez / ne plus supporter*
10. Fernando VII (Rey de España, 1813-1833)
11. *majorité*
12. *non sanglant*
13. *prendre les frais du voyage à sa charge*

1 Comprender y expresarse

Líneas 1-4

1. Según el narrador, ¿qué representaron los tres siglos de colonización española? ¿Puedes dar ejemplos?

2. ¿Cómo justificaron sus actos los conquistadores?

Líneas 5-23

3. Según el narrador, la política de Napoleón en Europa fue importante en el proceso mental que iba a permitir a los pueblos americanos reaccionar contra la dominación colonial. Explica en qué.

Líneas 24-29

4. El primer papel de Simón Bolívar fue diplomático. Explica en qué condiciones.

2 Observar y expresarse

1. Di lo que son estos documentos.
2. ¿Qué revelan?
3. Explica a qué hechos históricos remiten.

Prácticas

Complète les phrases avec le verbe indiqué.

1. Si bien los españoles ...... (destruir) muchas cosas en América, por lo menos dieron su idioma a gran parte del continente.
2. A pesar de que ...... (ser) tratados como esclavos, los hombres nunca dejaron de luchar contra sus enemigos.
3. Aunque ...... (comprender) que no podría convencerle, Flora Tristán le dijo al señor Lavalle que la esclavitud era un crimen contra la civilización.
4. En aquel entonces, si la trata ...... (estar) abolida en Estados Unidos, seguía autorizada en Cuba.

Recuerda

La concession

«Si el primero fue de masacre y rapiña, los dos siglos siguientes vieron el continuo saqueo de recursos.»

Si le premier siècle (de l'occupation espagnole) ne fut que massacres et rapines, les deux suivants virent la mise à sac permanente des ressources naturelles.

➲ *Vamos a ver* p. 110

Un canto para Bolívar

Padre nuestro que estás en la tierra, en el agua,
en el aire
de toda nuestra extensa latitud silenciosa
todo lleva tu nombre, padre, en nuestra morada[1]:
tu apellido la caña[2] levanta a la dulzura,
el estaño[3] bolívar tiene un fulgor[4] bolívar
el pájaro bolívar sobre el volcán bolívar
la patata, el salitre[5], las sombras especiales,
las corrientes, las vetas[6] de fosfórica piedra,
todo lo nuestro viene de tu vida apagada,
tu herencia[7] fueron ríos, llanuras, campanarios[8],
tu herencia es el pan nuestro de cada día, padre. [...]

Por eso es hoy la ronda de manos junto a ti.
Junto a mi mano hay otra y hay otra junto a ella,
y otra más hasta el fondo del continente oscuro.
Y otra mano que tú no conociste entonces
viene también, Bolívar, a estrechar la tuya. [...]

Libertador, un mundo de paz nació en tus brazos.
La paz, el pan y el trigo de tu sangre nacieron,
de nuestra joven sangre venida de tu sangre
saldrán paz, pan y trigo para el mundo que haremos.
Tu voz nace, Bolívar, tu mano otra vez nace
padre nuestro que estás en la tierra, en el agua y en el aire.
Bolívar, Bolívar, Bolívar.

Pablo Neruda, *Canto general*, 1950.

1. *demeure*
2. *la canne à sucre*
3. *l'étain*
4. *un éclat (de lumière)*
5. *le nitrate*
6. *veines / filons*
7. *héritage*
8. *clochers*

1 Comprender y expresarse

Versos 1-11

1. El primer verso remite a una oración cristiana. Di cuál es y cómo la transformó Pablo Neruda.

2. En realidad, el poeta no se dirige a Dios sino a Bolívar. Busca los detalles que lo muestran.

3. El poeta mezcla diferentes zonas del continente latinoamericano. Entresaca elementos que remiten a Chile y otros que remiten a otras zonas.

4. Neruda utiliza el nombre de Bolívar como adjetivo. A tu parecer, ¿qué significa?

Versos 12-16

5. ¿Qué expresa el poeta en esta estrofa?

6. ¿De qué recurso estilístico se vale el poeta para ilustrar su idea?

Versos 17-23

7. En esta estrofa, se superponen la imagen de Dios y la del Libertador. Demuéstralo.

8. ¿Qué representó Bolívar para el pueblo americano?

Así se dice

- el monte: *la montagne*
- la sierra: *la montagne*
- el valle: *la vallée*
- el héroe: *le héros*
- el Libertador: *le Libérateur (Bolivar)*
- el jinete: *le cavalier*
- la silla: *la selle*
- las crines: *la crinière*
- el color del pelaje: *la couleur de la robe (du cheval)*
- el sable: *le sabre*
- la espada: *l'épée*
- el uniforme: *l'uniforme*
- el traje de gala: *la grande tenue*
- el oficial: *l'officier*
- la hazaña: *l'exploit*
- la gallardía: *la prestance ; la hardiesse*
- de buena apostura: *de belle prestance*
- el garbo: *l'allure, l'élégance*
- marcial: *martial*
- manso: *doux (pour un animal)*
- hierático: *hiératique*
- llevar la cabeza enhiesta: *avoir la tête haute*
- el caballo cabecea: *le cheval encense (hoche la tête de bas en haut)*
- inclinar: *incliner, pencher*
- cabalgar: *chevaucher*
- destacar: *se détacher*

2 Observar y expresarse

Simón Bolívar

1. Di cómo viene presentado Bolívar en este cuadro.

2. El general no lleva armas. ¿Qué te sugiere?

El caballo

3. Describe al caballo.

4. Su aspecto puede ser simbólico. Explica en qué.

El paisaje

5. A lo lejos se divisa el paisaje. A tu parecer, ¿ qué puede simbolizar?

Prácticas

Complète les phrases avec le verbe indiqué.

1. Consideran a Bolívar como si ...... (ser) el padre de su patria.
2. Le dicen «Padre Nuestro», como si ...... (tratarse) de una oración.
3. El poeta imita la forma de una oración como si ...... (querer) traducir así la veneración de los latinoamericanos por una figura mítica de su historia.
4. Utiliza una oración cristiana enseñada por los españoles a los indios y es como si ...... (tener) un significado irónico.
5. Se dirigen a Bolívar como si ...... (poder) cumplir sus deseos.

Recuerda

«*Como si*» + subjonctif

«El artista representó el caballo **como si** simbolizara la fuerza.»

➲ *Vamos a ver* p. 110

VAMOS a VER

La concession

Dans la subordonnée concessive, on n'emploiera pas le même mode selon que l'objection portera sur un fait réel ou hypothétique.
L'utilisation de l'indicatif indique que l'on considère le fait comme réel, alors que l'utilisation du subjonctif indique que le fait est considéré comme n'étant qu'une simple hypothèse.

1 L'objection porte sur un fait réel : «*aunque*» + indicatif

En français, on utilise « bien que » (ou « quoique ») + subjonctif.
*En espagnol, on utilise toujours l'**indicatif** après :*

Aunque

• **Aunque** ya el Parlamento británico **había abolido** la esclavitud en 1807, el juicio y el alzamiento agitaron más aún la conciencia antiesclavista.
***Bien que** le Parlement Britannique **ait aboli** l'esclavage en 1807, le jugement et le soulèvement éveillèrent encore plus la conscience anti-esclavagiste.*

• **Aunque eran** precios muy elevados, eran bastante más bajos que los que sus invitados hubieran pagado por los mismos ejemplares en los mercados oficiales de Nueva Orleans.
***Bien que ce fussent** des prix très élevés, ils étaient nettement plus bas que ceux que ses invités auraient payés pour les mêmes exemplaires dans les marchés de la Nouvelle Orléans.*

*On peut aussi utiliser, toujours avec **l'indicatif** :*

Si bien

• **Si bien existen** más de trescientos tratados internacionales, la esclavitud continúa prosperando en el mundo moderno.
***Quoiqu'il existe** plus de trois cents traités internationaux, l'esclavage continue de prospérer dans le monde moderne.*

A pesar de que

• **A pesar de que es** ilegal en todo el mundo, la esclavitud continúa siendo aún hoy una amarga realidad.
***Bien qu'il soit** illégal dans le monde entier, l'esclavage reste encore aujourd'hui une amère réalité.*

Si

• **Si** el primero fue de masacre y rapiña, los dos siglos siguientes vieron el continuo saqueo de recursos.
***Si** le premier siècle (de l'occupation espagnole) **ne fut que** massacres et rapines, les deux suivants virent la mise à sac permanente des ressources naturelles.*

Pese a que / y eso que / aun cuando

Remarque : **A pesar de** *et* **pese a** *peuvent être suivi de l'infinitif (dans ce cas, on n'utilise pas «***que***»).*

• **A pesar de ser** ilegal en todo el mundo, la esclavitud continúa siendo aún hoy una amarga realidad.
***Bien qu'il soit** illégal dans le monde entier, l'esclavage reste encore aujourd'hui une amère réalité.*

2 L'objection porte sur un fait hypothétique

En français, on utilise « même si » + indicatif.
*En espagnol, on utilise «***aunque***» + subjonctif.*

• Librarla, **aunque sea** con la muerte.
*La libérer, **même si cela devait** être en lui donnant la mort.*

*On peut aussi utiliser «***aun cuando***» suivi également du subjonctif.*

Remarque : « Avoir beau » + infinitif a pour équivalent **«Por más que...», «Por mucho que...».**

– Suivi de l'indicatif, il s'agira d'indiquer une certitude.

• **Por más que intentó** vencer la resistencia de los españoles, Napoleón no logró someterlos.
***Napoléon eut beau essayer de** vaincre la résistance des Espagnols, il ne parvint pas à les soumettre.*

– Suivi du subjonctif, il s'agira d'indiquer un fait hypothétique.

• **Por más que lo intentes**, no lograrás abrir esta puerta.
***Tu auras beau** essayer d'ouvrir cette porte (**même si tu essayes** d'ouvrir cette porte), tu n'y parviendras pas.*

«Como si» + imparfait du subjonctif

*On utilise «***como si***» pour établir une comparaison.*
*«***Como si***» est suivi de **l'imparfait du subjonctif**.*

• Se quedó mirándola, **como si descubriera** a otra persona a su lado.
*Il resta là à la regarder, **comme s'il découvrait** à côté de lui une tout autre personne.*

*«***Como si***» peut parfois être suivi du **plus-que-parfait du subjonctif**, lorsqu'il s'agit d'évoquer une action antérieure à celle de la principale.*

• Se quedó muy sorprendido, **como si hubiera provocado** este desastre sin querer ni darse cuenta.
*Il parut très étonné, **comme s'il avait provoqué** ce désastre sans le vouloir ni s'en rendre compte.*

Prácticas

Complète les phrases avec le verbe indiqué, en utilisant l'indicatif, le subjonctif ou l'infinitif en fonction du sens de la phrase.

1. Aunque otros muchos héroes ...... (luchar) por la liberación de América, Bolívar queda como el símbolo de los Libertadores.
2. Aunque ...... (darse) cuenta de la inhumanidad de sus actos, el pirata hubiera seguido practicando la trata de los esclavos.
3. Aunque ...... (reinar) en la Isla de Barataria, Jean Lafitte tuvo que irse de allí y abandonó la isla a los norteamericanos.
4. Por más que ...... (protestar) Flora Tristan, el señor Lavalle no mejoró la suerte de sus esclavos.
5. Por más que ...... (condenar) la actitud esclavista de los cubanos, los norteamericanos consideraron inevitable encarcelar a los esclavos del *Amistad*.
6. A pesar de que ...... (capturar) a los esclavos del *Amistad*, luego de juzgarlos, les liberaron.
7. Pese a ...... (existir) numerosos tratados, la esclavitud sigue existiendo hoy día.

Claves para debatir, argumentar y convencer

Para plantear el problema (Poser le problème)

- un tema candente, de actualidad: *un sujet brûlant, d'actualité*
- la tesis, el punto de vista, la postura: *la thèse, le point de vue*
- los argumentos en pro y en contra: *les arguments pour et contre*
- un argumento valedero, convincente: *un argument valable, convaincant*
- atenerse a los datos: *s'en tenir aux faits*
- por una parte... por otra...: *d'un côté... de l'autre...*
- de buenas a primeras: *à première vue / tout d'abord*
- lo primero es saber si: *tout d'abord il faut savoir si*
- todo el mundo reconoce que / es por todos sabido que
- los partidarios de: *les partisans de*
- los contrincantes: *les adversaires (défendant des thèses opposées...)*
- ya que: *puisque*
- dado que: *etant donné que*
- lo que llama la atención / lo que provoca una reacción de
- tenemos que reaccionar / actuar / tomar conciencia
- arguir: *argumenter*
- aducir un argumento: *apporter un argument*
- poner en tela de juicio: *mettre en doute, en cause*
- lo más probable es que: *ce qui est le plus probable est que*

Para expresar sus dudas, su desacuerdo

- tal vez / acaso / quizás / quizá (+ *subjonctif*): *peut-être*
- a lo mejor (+ *indicatif*): *peut-être*
- lo dudo mucho: *j'en doute / cela m'étonnerait beaucoup*
- no comparto esta opinión: *je ne partage pas cet avis*
- descartar una idea: *rejeter une idée*
- se equivoca al decir que: *il se trompe lorsqu'il dit que*
- no me convence: *je ne suis pas convaincu par*
- me parece inverosímil: *il me paraît invraisemblable*
- discrepar de: *être en désaccord avec*
- a no ser que / a menos que / excepto que / salvo que: *à moins que*

Para expresar su opinión

- a mi parecer: *à mon avis*
- cabe señalar / destacar / subrayar que: *il faut signaler / souligner que*
- indudablemente / obviamente: *évidemment / sans aucun doute*
- es lógico pensar que / está claro que
- estar de acuerdo con / coincidir con / concordar con: *être d'accord avec*
- mantener, opinar, afirmar
- según / de acuerdo con: *selon*
- usted acierta cuando afirma que: *vous avez raison quand vous dites que*
- como bien señala: *comme vous le signalez à juste titre*
- asimismo / del mismo modo / igualmente: *de même*
- sin embargo / no obstante: *pourtant, néanmoins, cependant*

Para sacar las conclusiones

- en resumen / para resumir / en síntesis
- por último / finalmente / para terminar / para concluir / en conclusión
- por consiguiente / por lo tanto / por eso / así pues: *par conséquent*
- luego: *donc*
- podemos deducir: *on peut en déduire*
- lo cierto es que: *ce qui est certain, c'est que*

Ateliers en groupes de compétences

B1

20

Compréhension de l'oral

Dégager l'essentiel d'un message oral et en rendre compte

El centenario de la Independencia

Escucha y completa.

1. Se conformó el ideal de emancipación:
a. en los sectores populares. ☐
b. en la clase superior de la élite colonial. ☐
c. en los sectores populares y en la élite colonial. ☐

2. En el debate sobre la independencia fueron importantes:
a. las ideas del Rey Fernando VII. ☐
b. las ideas de la Revolución francesa. ☐
c. las ideas de la Iglesia. ☐

3. Al debate se sumaron tres figuras importantes:
a. José Félix Ribas.
b. ......
c. ......

4. ¿Qué fecha marcó el inicio de la revuelta popular?

Vers B1

¡De película!

DVD

Comprendre le sens général d'une séquence filmique et en rendre compte

Pastillas contra el dolor ajeno

1. Después de ver el vídeo, explica lo que es el dolor ajeno.

2. Cada año, se podrían evitar 3 millones de muertes. Di por qué.

3. Explica lo que son las pastillas contra el dolor ajeno y cómo puede colaborar cada uno de los españoles.

Vers B1

¡De película!

DVD

Repérer les éléments essentiels dans une séquence filmique pour en rendre compte

Luis García Berlanga y el dolor ajeno

Luis García Berlanga era director de cine. Sus películas más famosas son *Bienvenido, Mr Marshall* (1952), *El verdugo* (1963), *La vaquilla* (1985).

Este vídeo no es tan triste como pudiera parecer a primera vista. Explica por qué.

Réussir à l'écrit

Réussir la traduction

Sujet

Ahora te toca ir adelante

La escena transcurre en la Lima de hoy.

La casa ha quedado impecable, reluciente como nunca había estado desde que la ocupé hace ya doce años. Todo se ve limpio, huele a limpio. Una sensación de orden y limpieza que me extraña se ha apoderado de todos los ambientes gracias al trabajo de Mercedes. Sorprendentemente, ella no parece fatigada, y yo, en cambio, que no he hecho nada en toda la tarde, salvo mirarla trabajar, me siento extenuado.

–¿No estás cansada, Mercedes?

–No, joven, estoy fresquita, esto no es nada para mí.

–¿Tienes hambre? ¿Quieres comer algo?

–No, joven, así nomás estoy bien.

–Bueno, te pago entonces.

Me sorprende que esta señora cincuentona o sesentona, obesa, de piernas rollizas y con las venas marcadas, parezca tan radiante y lozana después de haber trabajado cuatro horas sin descanso.

–Siéntate, Mercedes. No te vas todavía. No te creo que no tengas hambre.

–No tengo hambre, joven. Cuando trabajo, se me pasa el hambre. Le juro.

–Siéntate. Vas a comer algo y luego te vas.

Resignada, ella emite un resoplido largo, cansado, y se sienta a la mesa de la cocina. Preparo dos panes con jamón y queso y se los sirvo junto con un vaso de limonada.

–Come, Mercedes. Debes estar muerta de hambre.

La miro. Me mira. Baja la mirada. Sonríe nerviosamente. No come nada. Apenas bebe un trago de jugo.

–¿Vives sola?

–Sola nomás, joven.

–¿Y tu familia? –pregunto. ¿No tienes familia?

–Nunca los vi.

–Mercedes, no has comido nada. Come, por favor. ¿No conociste a tu mamá? ¿Nunca la viste?

Mercedes no me hace caso. No come.

–De chiquita la vi, pero ya no me acuerdo. Muy chiquita era. Nada me acuerdo.

–¿Y qué pasó luego? ¿Por qué dejaste de verla?

–Porque me vendió.

Me quedo en silencio. Tal vez no debí hacer tantas preguntas. No quisiera incomodarla. En realidad, no parece estar incómoda. Lo ha dicho con naturalidad, como si me hubiera dicho que se llama Mercedes. No sé si debo hacer más preguntas. Ella sigue sin tocar los panes con jamón y queso. No puedo reprimir la curiosidad.

–¿Cómo así te vendió?

Mercedes me mira a los ojos y habla como si fuera normal lo que me está diciendo.

I. Compréhension

1. Apunta una frase que indica cuál es el trabajo de Mercedes.

2. ¿Tienen la misma edad Mercedes y el narrador? ¿Sí o no? Cita las palabras que justifican tu respuesta.

3. El narrador es:
a. el hijo de Mercedes.
b. el vecino de Mercedes.
c. la persona que emplea a Mercedes.
d. el chófer de Mercedes.

4. ¿Cuál es el origen de Mercedes? Apunta la palabra que lo indica.

5. Sin comentar, apunta tres elementos que se refieren a la infancia de Mercedes.

6. Mercedes no quiere sentarse en el asiento delantero de la camioneta. Sin comentar, apunta la frase que indica cuál es el motivo de su actitud.

7. Frente a Mercedes, el narrador siente:
a. simpatía.
b. indiferencia.
c. superioridad.
d. curiosidad.
e. desprecio.
Elige las dos respuestas correctas.

8. *Traduire depuis* «De chiquita la vi...» (l. 33) *jusqu'à* «...curiosidad.» (l. 41).

–Por plata[1], pues. Por plata me vendió. Éramos pobres. No teníamos qué comer. Me vendió a un militar. A la familia de un militar. Ahí mismito comencé a trabajar.

–Come, Mercedes, no estás comiendo.

–No puedo, joven.

–¿Por qué? ¿No te gusta?

–Es que no sé comer delante de los patrones.

Me río.

–No seas tonta, Mercedes. Come, por favor.

Ella da un bocado tímido y se queda con la comida en la boca, sin masticar, como si estuviera haciendo algo malo...

Cuando termina de comer, le ofrezco helados, pero me dice que tiene que irse. La acompaño a la puerta. Me gustaría seguir hablando con ella. Le doy la mano, le agradezco.

Se va caminando lentamente. Me da pena verla caminar. Debe estar rendida. Entro en la cochera, subo a la camioneta y le doy el alcance[2].

–Sube, Mercedes. Te acerco al paradero[3].

Mercedes se acomoda en el asiento trasero.

–¿Qué haces allí? –digo sorprendido.

–¿No me dijo que suba? –responde.

–Sí, claro, pero no atrás.

–¿Adónde entonces?

–Adelante.

–No, joven, adelante no –dice con firmeza.

–¿Por qué no? –pregunto, sin entender.

–Porque así me han enseñado. Que una por ser chola[4] va atrás, nunca adelante con el patrón.

–Bueno, toda tu vida has ido atrás, pero ahora te toca ir adelante.

Abro la puerta y señalo con cariño el asiento delantero. Mercedes baja lentamente, dudando, como haciéndome un favor, y se resigna a sentarse en el asiento delantero.

Jaime Baily, *Y de repente, un ángel*, 2005.

II. Expression écrite

1. Analiza y comenta las relaciones entre Mercedes y el narrador. (12 líneas)

2. Mercedes, sorprendida, le cuenta a una vecina este episodio. Redacta unas 12 líneas.

1. *argent*
2. *je la rattrape*
3. *arrêt de bus*
4. *indienne*

◆ Pour réussir la partie de compréhension, il sera utile de se reporter aux conseils donnés page 93.

◆ Pour les questions d'expression écrite, tu pourras te reporter aux conseils de la page 49.

Aide à la traduction

Question 8

(ligne 33) • ***«De chiquita»***: dans cette expression, la préposition «*de*» a une valeur de temps. Elle indique le moment où a lieu l'action.

(ligne 37) • ***«No debí»:*** en espagnol, au passé simple, le verbe *deber* peut avoir le sens d'un conditionnel passé.

(ligne 38) • ***«No quisiera incomodarla / no parece estar incómoda»:*** il faut garder la répétition basée sur l'adjectif «*incómodo*». En français, on ne peut pas garder la traduction littérale: «commode», «incommode», «incommoder», ne conviennent pas du tout.

(lignes 40-41) • ***«Ella sigue sin tocar los panes con jamón y queso»:*** cette phrase est assez facile à comprendre mais plus difficile à traduire. «*Sigue sin tocar*» ne peut pas se traduire mot à mot. Il faut garder l'idée en changeant la structure en français.

(ligne 41) • ***«No puedo reprimir la curiosidad»:*** ici, il faut se souvenir que le français utilise plus volontiers les possessifs que l'espagnol.

Eréndira

Complementos ▶ p. 190

La abuela se había sentado en el extremo de una mesa de banquete con candelabros de plata y servicios para doce personas. Hizo sonar la campanilla, y casi al instante acudió Eréndira con la sopera humeante. En el momento en que le servía la sopa, la abuela advirtió sus modales[1] de sonámbula, y le pasó la mano frente a los ojos como limpiando un cristal invisible. La niña no vio la mano. La abuela la siguió con la mirada, y cuando Eréndira le dio la espalda para volver a la cocina, le gritó:

–Eréndira.

Despertada de golpe, la niña dejó caer la sopera en la alfombra[2].

–No es nada, hija –le dijo la abuela con una ternura cierta. Te volviste a dormir caminando.

–Es la costumbre del cuerpo –se excusó Eréndira.

Recogió la sopera, todavía aturdida por el sueño, y trató de limpiar la mancha de la alfombra.

–Déjala así –la disuadió la abuela– esta tarde la lavas.

De modo que además de los oficios naturales de la tarde, Eréndira tuvo que lavar la alfombra del comedor, y aprovechó que estaba en el fregadero[3] para lavar también la ropa del lunes, mientras el viento daba vueltas alrededor de la casa buscando un hueco[4] para meterse. Tuvo tanto que hacer, que la noche se le vino encima sin que se diera cuenta, y cuando repuso la alfombra del comedor era la hora de acostarse.

La abuela había chapuceado el piano[5] toda la tarde, cantando en falsete[6] para sí misma las canciones de su época, y aún le quedaban en los párpados los lamparones del almizcle[7] con lágrimas pero cuando se tendió en la cama con el camisón de muselina se había restablecido de la amargura de los buenos recuerdos.

–Aprovecha mañana para lavar también la alfombra de la sala –le dijo la abuela–, que no ha visto el sol desde los tiempos del ruido[8].

–Sí, abuela –contestó la niña.

Cogió un abanico de plumas y empezó a abanicar a la matrona implacable que le recitaba el código del orden nocturno mientras se hundía en el sueño.

–Plancha toda la ropa antes de acostarte para que duermas con la conciencia tranquila.

–Sí, abuela.

–Revisa bien los roperos[9], que en las noches de viento tienen más hambre las polillas[10].

–Sí, abuela.

–Con el tiempo que te sobre saca las flores al patio para que respiren.

–Sí, abuela.

–Y le pones su alimento al avestruz[11].

Se había dormido, pero siguió dando órdenes, pues de ella había heredado la nieta la virtud de continuar viviendo en el sueño.

Cogió un candelabro del comedor y fue alumbrando el paso hasta su dormitorio, mientras las pausas del viento se llenaban con la respiración apacible y enorme de la abuela dormida.

Su cuarto era también lujoso, aunque no tanto como el de la abuela, y estaba atiborrado[12] de las muñecas de trapo y los animales de cuerda[13] de su infancia reciente. Vencida por los oficios bárbaros de la jornada, Eréndira no tuvo ánimos para desvestirse, sino que puso el candelabro en la mesa de noche y se tumbó[14] en la cama. Poco después, el viento de su desgracia[15] se metió en el dormitorio como una manada de perros[16] y volcó[17] el candelabro contra las cortinas.

Gabriel García Márquez, *La increíble y triste historia de la cándida Eréndira y de su abuela desalmada*, 1972.

1. los modales: *les manières*
2. *le tapis*
3. *la buanderie*
4. *un trou*
5. *avait pianoté*
6. *avec une voix de fausset*
7. *ici, des traînées de maquillage*
8. *allusion à un autre épisode de la nouvelle*
9. *examine bien toutes les armoires*
10. *les mites*
11. *l'autruche*
12. *rempli*
13. *poupées de chiffon et animaux mécaniques*
14. *elle s'allongea*
15. *son malheur*
16. *une horde de chiens*
17. *renversa*

Comentar

1. Haz una presentación del personaje de la abuela, a lo largo del texto.

2. ¿Qué vida lleva Eréndira en casa de su abuela?

3. El viento es un elemento importante en el fragmento. Entresaca las frases en las que el narrador lo menciona. ¿Qué efecto produce?

4. Otros detalles extraños aparecen en el relato. Apúntalos y coméntalos. ¿Qué dimensión crean en el relato?

Claves para el comentario

El autor y la obra

Gabriel García Márquez

- Nació en Aracataca, un pueblo de la zona tropical de Colombia cerca del Atlántico, el 6 de marzo de 1927 ó 1928.

Fue educado por sus abuelos y sus recuerdos de niñez y de la casa en que vivió le marcaron e influenciaron su obra. Después de cursar estudios secundarios en Barranquilla, estudió Derecho y fue a Bogotá donde publicó en un periódico su primera novela corta. Luego regresó a Barranquilla donde se volvió periodista y empezó su carrera de escritor. Publicó su primera novela, ***La Hojarasca***, en 1955. Viajó mucho, a Europa y a otros países de América, trabajando como reportero.

- Entre sus numerosas novelas destaca ***Cien años de soledad*** (1967) donde cuenta la historia de un pueblo imaginario, Macondo, y de sus habitantes. Este relato mezcla de manera muy original realidad y fantasía —se habla a este propósito de **realismo mágico**— y le valió el reconocimiento internacional de la crítica. Recibió el **Premio Nobel** de Literatura en 1982 así como otros numerosos premios por su obra.

El contexto histórico

- El asesinato de Jorge Eliécer Gaitán, candidato a la Presidencia de la República, el 9 de abril de 1946, provocó graves disturbios en Bogotá —obligando a García Márquez a volver a Barranquilla— y en todo el país. Empezó entonces el período de **la Violencia** (1948-1960) en el que se enfrentaron Liberales y Conservadores en una forma de guerra civil.
- La mayor parte de América Latina conoció también en aquella época momentos de enfrentamiento político que desembocaron en revoluciones o en dictaduras violentas. El triunfo de la Revolución cubana, en 1959, suscitó el interés —admirativo o preocupado— de todos.

El contexto literario

- El éxito de la obra de Gabriel García Márquez aparece en el momento del **boom de la novela hispanoamericana** (1960-1970). Autores como Carlos Fuentes (México), Mario Vargas Llosa (Perú), Julio Cortázar (Argentina)... son publicados en Europa y obtienen entonces un gran reconocimiento internacional.
- La obra de Gabriel García Márquez destaca por lo que se llamó **el realismo mágico**.

El realismo mágico se define como una preocupación estilística y el interés de mostrar lo irreal o extraño como algo cotidiano y común.

Una vez Gabriel García Márquez dijo: «**Mi problema más importante era destruir la línea de demarcación que separa lo que parece real de lo que parece fantástico. Porque en el mundo que trataba de evocar, esa barrera no existía.**»

- Muchas obras de Gabriel García Márquez fueron adaptadas para el cine. Entre ellas ***Crónica de una muerte anunciada***, ***Eréndira***, ***El amor en tiempos del cólera***, etc.

¿Lo sabías?

Premios Nobel en la literatura latinoamericana

1945

Gabriela Mistral

(1889-1957), Chile

- Fue maestra de escuela y luego profesora. Entre sus libros de poemas, *Desolación* es uno de los más famosos con el tema del amor trágico.
- Recibió el premio Nobel «por su poesía lírica que, inspirada por poderosas emociones, ha convertido su nombre en un símbolo de las aspiraciones idealistas de todo el mundo latinoamericano».

1967

Miguel Ángel Asturias

(1899-1974), Guatemala

- Escribió libros de dimensión mítica pero también con reivindicaciones políticas. *Viento fuerte* (1950), *El papa verde* (1954) y *Los ojos de los enterrados* (1960) son obras comprometidas donde condena la explotación bananera y la *United Fruit Company*.
- El Nobel le fue otorgado «por sus logros literarios vivos, fuertemente arraigados en los rasgos nacionales y las tradiciones de los pueblos indígenas de América Latina».

1971

Pablo Neruda

(1904-1973), Chile

- Es uno de los más famosos poetas del siglo XX. También se comprometió políticamente y fue embajador de Chile en la época del Presidente Salvador Allende. Entre otros muchos poemarios, escribió en 1954 *Canto general* cuyo tema es el continente americano en su historia.
- Recibió el premio «por una poesía que con la acción de una fuerza elemental da vida al destino y los sueños de un continente».

1982

Gabriel García Márquez

(1928), Colombia

- Uno de sus libros, *Cien años de soledad* (1967), conoció un éxito mundial por su escritura original y su temática.
- Escribió también muchos cuentos y novelas entre los cuales *Crónica de una muerte anunciada* en 1981 y *El amor en los tiempos del cólera* en 1985.
- Recibió el Nobel «por sus novelas e historias cortas, en las que lo fantástico y lo real se combinan en un mundo ricamente compuesto de imaginación, lo que refleja la vida y los conflictos de un continente».

1990

Octavio Paz

(1914-1998), México

- En su poesía, Paz expresa la soledad dolorosa de la condición humana.
- *Libertad bajo Palabra* (1935-1957), *El laberinto de la soledad* (1950), *El fuego de cada día* (1989).
- Le concedieron el premio «por una apasionada escritura con amplios horizontes, caracterizada por la inteligencia sensorial y la integridad humanística».

2010

Mario Vargas Llosa

(1936), Perú

- Es uno de los mayores representantes de la literatura latinoamericana del siglo XX y uno de los protagonistas del llamado «boom» latinoamericano de los años 60. Su acción política también fue importante, llegando a ser candidato a la elección presidencial en Perú, contra Alberto Fujimori, en 1990.
- Recibió el premio Nobel «por su cartografía de las estructuras del poder y sus mordaces imágenes sobre la resistencia, la revuelta y la derrota individual».
- Vargas Llosa, nacionalizado español en 1993, es un «autor comprometido con la sociedad», dijo el secretario de la Academia sueca, y añadió que Vargas Llosa «considera que un autor no debe simplemente distraer».
- Entre sus libros destacan *La ciudad y los perros* (1963), *La casa verde* (1965), *La tía Julia y el escribidor* (1977), *La fiesta del chivo* (2000), *Travesuras de la niña mala* (2006).

Actividad

Los premios Nobel son concedidos cada año, no sólo en el campo de la Literatura sino también en los de la Física, Química, Fisiología y Medicina, Paz y Economía. Numerosos latinoamericanos obtuvieron esos premios. Entre 1936 y 1992, fueron cinco los que obtuvieron el Premio Nobel de la Paz.
Conéctate en la dirección siguiente y di lo que sabes acerca de la ganadora del premio en 1992:
http://portal.unesco.org/es/ev.php-URL_ID=8319&URL_DO=DO_TOPIC&URL_SECTION=201.html

1 LA RUTA DEL CID

En muchas regiones de España es posible encontrar el rastro de personajes literarios famosos inspirados, a veces, por la historia. Así, al recorrer la *ruta del Cid* es posible hoy recordar a Rodrigo Díaz de Vivar, el Cid Campeador, personaje a la vez histórico y literario. La ruta va desde la región de Burgos donde nació el héroe en 1043 hasta la de Valencia, donde murió en 1099. La tumba del Cid y de doña Jimena, su esposa, se puede ver hoy en la Catedral de Burgos.

2 SEVILLA, CARMEN Y DON JUAN

En Sevilla, se puede seguir las huellas de Carmen, el personaje creado por Mérimée e inmortalizado en la ópera de Bizet, en la fachada de la Antigua Fábrica de Tabacos que alberga en la actualidad parte de la Universidad de Sevilla.
También se puede visitar el Hospital de la Caridad que fue creado por don Miguel de Mañara, hidalgo sevillano cuya vida se comparó a veces con la de Don Juan, el personaje mítico creado por Tirso de Molina.

3 LOS MOLINOS DE LA MANCHA

Las aventuras de Don Quijote de la Mancha, el héroe literario creado por Miguel de Cervantes, se desarrollan en paisajes típicos de esta región. Es posible recorrer hoy la *ruta del Quijote*, que pasa por Campos de Criptana (Ciudad Real) que es, quizá, el lugar donde enfrentó el caballero unos molinos de viento creyendo que eran *«treinta, o pocos más, desaforados gigantes»*.

Para empezar

¿Te interesaría viajar a España para encontrar recuerdos de uno de los héroes presentados aquí? Di qué destino elegirías y explica por qué.

6 Mitos y héroes

Activités

Écrit

Lire et comprendre • Un texte classique : *Don Quijote de la Mancha* • Une scène de théâtre classique sur le Cid • Une scène du théâtre romantique : *Les Amants de Teruel* • Un *romance* anonyme

S'exprimer à l'écrit • Rédiger la description d'un détail de fresque murale

Oral

Écouter et comprendre • Le mythe de Carmen • Le mythe des Amants de Teruel • Des informations sur la Fondation *Amantes de Teruel* • Le sujet d'un opéra

S'exprimer en continu • Présenter le personnage de *Dulcinea*
• Rendre compte d'un dialogue théâtral
• Décrire et commenter des documents visuels sur l'histoire du Cid
• Commenter un tableau de Picasso

S'exprimer en interaction • Participer à un débat sur le mythe de Carmen

Programme

Thème culturel

Mythes et héros • Don Quichotte de la Manche • Carmen • Le Cid • Les Amants de Teruel

Contenus linguistiques

• L'hypothèse • «*No... sino...*»
• Commenter une œuvre dramatique ou théâtrale

Réussir à l'écrit

• Conseils pour traiter un sujet complet

Littérature

La rencontre avec l'autre • *La misa de amor*, anónimo, siglo XVI

¡Lee y exprésate!

El retrato de Dulcinea

El retrato hecho por Don Quijote

«Sólo sé decir que su nombre es Dulcinea; su patria, el Toboso, un lugar de la Mancha; su calidad, por lo menos ha de ser princesa, pues es reina y señora mía; su hermosura, sobrehumana, pues en ella se vienen a hacer verdaderos todos los atributos de belleza que los poetas dan a sus damas: que sus cabellos son oro, sus cejas[1] arcos del cielo, sus ojos soles, sus mejillas rosas, sus labios corales, perlas sus dientes, alabastro[2] su cuello, mármol[3] su pecho, marfil[4] sus manos, su blancura nieve...»

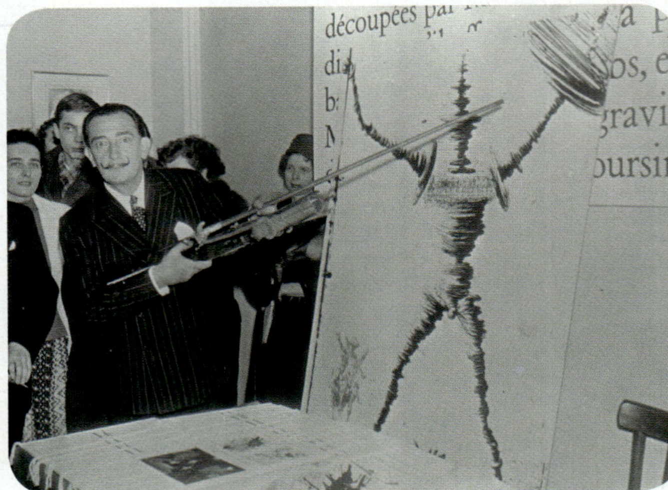

Salvador Dalí.

La presentación hecha por Sancho Panza

«Esta Dulcinea del Toboso, tantas veces en esta historia referida, dicen que tuvo la mejor mano para salar puercos[5] que otra mujer de toda la Mancha.»

Miguel de Cervantes, 1547-1616, *Don Quijote de la Mancha.*

1. *sourcils* 2. *albâtre* 3. *marbre* 4. *ivoire*
5. *la main la plus habile pour saler le cochon*

1 Comprender y expresarse

Don Quijote se inventó una dama, como la tenían los caballeros andantes, a la que llamó Dulcinea del Toboso.

Idealizó a una campesina de la Mancha, Aldonza Lorenzo, vecina suya.

A partir de los dos retratos, di cómo se oponen la realidad y el sueño de Don Quijote.

Encuentro con Dulcinea

Don Quijote le escribió una carta a Dulcinea y Sancho tuvo que llevarle la carta. Al volver Sancho, Don Quijote le interroga...

–Llegaste –dijo don Quijote–, ¿y qué hacía aquella reina de la hermosura? A buen seguro que la hallaste ensartando perlas[1], o bordando alguna empresa con oro de cañutillo, para este su cautivo caballero[2].

–No la hallé –respondió Sancho– sino ahechando dos hanegas de trigo en un corral de su casa[3].

–Pues haz cuenta –dijo don Quijote– que los granos de aquel trigo eran granos de perlas tocados de sus manos. Pero pasa adelante: cuando le diste mi carta, ¿besóla? ¿Púsosela sobre la cabeza[4]? ¿Hizo alguna ceremonia de aquella carta, o qué hizo?

–Cuando yo se la iba a dar –respondió Sancho– ella estaba en la fuga del meneo de una buena parte de trigo que tenía en la criba[5], y díjome: «Poned, amigo, esa carta sobre aquel costal[6]; que no la puedo leer hasta que se acabe de acribar todo lo que aquí está».

...

1. *tu l'as sans doute trouvée occupée à enfiler des perles*
2. *ou à broder au fil d'or la devise du chevalier qui se meurt d'amour pour elle*
3. *je l'ai seulement trouvée en train de vanner deux boisseaux de blé dans sa basse-cour*
4. *l'a-t-elle posée sur son cœur ?*
5. *elle était en train de secouer très fort le crible pour trier le grain*
6. *ce sac*

–¡Discreta señora[7]! –dijo don Quijote. Eso debió de ser por leerla despacio y recrearse con ella[8]. Adelante, Sancho. Y en tanto que estaba en su menester, ¿qué coloquios pasó contigo[9]? ¿Qué te preguntó de mí?

–Ella no preguntó nada –dijo Sancho. [...]

–Pero no me negarás, Sancho, una cosa: cuando llegaste junto a ella, ¿no sentiste un olor sabeo[10], una fragancia aromática y un no sé qué de bueno, que yo no acierto a darle nombre? Digo, ¿un tuho o tufo[11] como si estuvieras en la tienda de algún curioso guantero[12]?

–Lo que sé decir –dijo Sancho– es que sentí un olorcillo algo hombruno[13]; y debía ser que ella, con el mucho ejercicio, estaba sudada[14].

–No sería eso –respondió don Quijote–; sino que tú debías de estar romadizado[15], o te debiste de oler a ti mismo; porque yo sé bien a lo que huele aquella rosa entre espinas, aquel lirio del campo, aquel ámbar desleído[16].

Miguel de Cervantes, 1547-1616, *Don Quijote de la Mancha*.

7. *quelle femme avisée*
8. *pour la lire tout à loisir et s'en délecter*
9. *quelle conversation avez-vous eue pendant qu'elle s'occupait*
10. *n'as-tu pas respiré un parfum d'Arabie*
11. *un bouquet, un fumet*
12. *un gantier célèbre*
13. *j'ai plutôt senti une odeur de sueur*
14. *elle avait dû bien transpirer à faire tout ce travail*
15. *enrhumé*
16. *je connais trop le parfum de cette rose au milieu des épines, de ce lis des champs, de cet ambre liquide*

El pintor Bernard Buffet pintando murales.

2 Comprender y expresarse

1. Comenta las preguntas de Don Quijote. ¿Qué revelan?
2. Analiza las palabras utilizadas por Don Quijote para hablar de su dama. ¿Qué retrato quiere hacer de ella?
3. Fíjate en las respuestas de Sancho. ¿Qué retrato hace de Dulcinea? ¿En qué quiere insistir el escudero?
4. Analiza los recursos cómicos de la escritura en esta página.

El Quijote es la obra maestra de Cervantes que se inspiró en la literatura caballeresca. Sus dos personajes principales, Don Quijote y Sancho Panza, encarnan los dos tipos del alma española, el idealista y soñador, que olvida las necesidades de la vida material para correr en pos de inaccesibles quimeras, y el positivista y práctico, aunque bastante fatalista. Ésta es, con la Biblia, la obra que se ha traducido a más idiomas, pasando a ser sus personajes verdaderos arquetipos de categoría universal.

Así se dice

- el caballero: *le chevalier*
- el escudero: *l'écuyer*
- el ideal caballeresco: *l'idéal chevaleresque*
- ideal ≠ prosaico, trivial
- ensalzar: *louer, faire l'éloge*
- elogiar, alabar: *louer*
- rebajar: *rabaisser*
- humilde: *humble*
- el desfase: *le décalage*

El mito de Carmen

21

1 Escuchar y expresarse

1. Carmen es una gitana que trabaja. Es:
a. bailaora. ☐
b. cigarrera. ☐
c. cantaora. ☐

2. ¿En qué ciudad vive?

3. ¿En qué siglo fue escrita la obra que creó el mito?
a. XVI. ☐
b. XVII. ☐
c. XIX. ☐

4. ¿Cómo se llama el sargento del que se enamoró?

5. ¿Dónde se refugió el chico después de la muerte del teniente?
a. En Francia. ☐
b. En la sierra. ☐
c. En una plaza de toros. ☐

6. ¿Cómo termina el drama?
a. Con la muerte de Carmen. ☐
b. Con la muerte de José. ☐
c. Con la muerte de los dos. ☐

7. ¿Quién es el escritor francés que escribió una novela corta sobre Carmen?

8. ¿Quién compuso una ópera a partir del drama?

2 Actuar

Durante mucho tiempo, según el periodista y escritor francés Jean Lacouture, los franceses pensaron que a los españoles no les gustaba Carmen porque veían en ella una caricatura que daba una imagen negativa de España.

Después de escuchar el texto «El mito de Carmen», di si te parece que el libro de Mérimée puede considerarse como un aporte positivo o no para la cultura española.

Busca argumentos y participa en el debate.

El mito de los amantes de Teruel

22

1 Escuchar y expresarse

Los dos jóvenes

1. Haz una presentación de cada uno de los enamorados y di lo que los separaba.
2. Explica qué solución aceptó Diego.

Las bodas de Isabel

3. Apunta los detalles que revelan por qué se casó Isabel con otro hombre.

El desenlace fatal

4. ¿Quién murió primero? ¿Qué fue la causa exacta de su muerte?
5. ¿En qué circunstancias exactas se produjo la segunda muerte?

El mito

6. A tu parecer, ¿por qué se volvió una leyenda esta historia?

Así se dice

- un amor correspondido: *un amour partagé*
- desposar: *épouser*
- el mismo día que cumple el plazo: *le jour même où le délai expire*
- fulminado: *foudroyé*
- el funeral: *l'enterrement*
- una comitiva: *un cortège*
- se desploma: *elle s'effondre*

Prácticas

Transforme les phrases suivantes en utilisant le futur ou le conditionnel.

Es posible que don José esté celoso del torero. → Don José estará celoso del torero.

1. Es posible que le guste a mucha gente esta ópera.
2. Quizá Mérimée se inspirara en sus recuerdos para escribir la novela.
3. Tal vez vengan muchos turistas a Teruel por la leyenda de los amantes.
4. Acaso organizaran las primeras festividades en Teruel para atraer a los turistas.
5. Tal vez hayas oído hablar ya de esta leyenda.

Recuerda

L'hypothèse

«**Tal vez** le conociera personalmente.»
Peut-être le connut-il personnellement.

➲ *Vamos a ver* **p. 130**

El Cid

Un caballero

Salen a la ventana doña Urraca y Jimena.

URRACA
¡Qué general alegría
tiene toda la ciudad
con Rodrigo!

JIMENA
Así es verdad,
y hasta el sol alegra al día.

URRACA
Será un bravo caballero,
galán[1], bizarro[2] y valiente[3].

JIMENA
Luce en él gallardamente
entre lo hermoso lo fiero[4].

URRACA
¡Con qué brío[5], qué pujanza[6],
gala, esfuerzo y maravilla
afirmándose en la silla[7],
rompió en el aire una lanza!
Y al saludar, ¿no le viste
que a tiempo picó[8] el caballo?

JIMENA
Si llevó para picallo[9]
la espuela que tú le diste,
¿qué mucho[10]?

URRACA
¡Jimena, tente[11]!
Porque ya el alma recela[12]
que no ha picado la espuela
al caballo solamente[13].

Guillén de Castro y Bellvís, *Las mocedades del Cid*, 1618.

Rodrigo Díaz de Vivar, llamado **El Cid Campeador** («El Cid» significa «El Señor»), nació en 1043. Caballero castellano, el Cid luchó durante toda su vida al servicio de diferentes monarcas. El rey Alfonso VI le concedió la mano de su sobrina, doña Jimena, en julio de 1074. El Cid murió en Valencia, ciudad que había conquistado él, en 1099.

1. *bel homme*
2. *brave, vaillant*
3. *fort, robuste*
4. *Sous la beauté brille en lui son caractère farouche.*
5. *force, vigueur*
6. *puissance*
7. *la selle*
8. *éperonna*
9. *picarlo*
10. *Faut-il s'en étonner ?*
11. *Tout doux ! (Ne t'emballe pas !)*
12. *parce que mon cœur soupçonne*
13. *que le cheval n'a pas été le seul à être piqué au vif par ce coup d'éperon*

1 Comprender y expresarse

1. Rodrigo encarna el prototipo del caballero con las máximas virtudes. Entresaca detalles que recalcan su valentía y su buen aspecto físico.

2. Hasta los elementos de la naturaleza celebran su presencia. Apunta el verso que lo muestra.

3. Doña Jimena parece enamorada del caballero. Di cómo se nota.

4. La escena termina con cierta nota humorística. Explica.

Claves para comentar una obra dramática o teatral
▸ p. 131

2 Comprender y expresarse

Conéctate en la dirección siguiente: www.caminodelcid.org/Camino_ElSALVOCONDUCTO.aspx

1. Di cómo puedes conseguir el salvoconducto de la ruta del Cid y explica de qué sirve.

2. ¿Qué animal es emblemático de la ruta del Cid? Explica por qué y lo que simboliza.

3 Escribir

Describe, en 3 ó 4 frases, el mural de José Vela Zanetti.

Así se dice

- la armadura
- la cota de mallas: *la cotte de mailles*
- el yelmo: *le heaume*
- la espada
- el escudo: *le bouclier*
- dar muerte: *tuer*

El Cid Campeador, mural de José Vela Zanetti, 1965-69.

Prácticas

Transforme les phrases selon le modèle :

–¿Eran gigantes? –No, eran molinos. ➜ No eran gigantes sino molinos.

Attention ! Parfois il te faudra utiliser «*sino que...*».

1. –¿Era teniente Don José? –No, era sargento.
2. –¿Está en Valencia el sepulcro del Cid? –No, está en Burgos.
3. –¿Se casó Isabel con Diego? –No, con Rodrigo.
4. –¿Era Sancho un caballero? –No, era el escudero de Don Quijote.
5. –¿Le dio un beso Isabel? –No, se lo negó.

Recuerda

L'hypothèse

«**Será** un bravo caballero.»

➲ *Vamos a ver* p. 130

Los amantes de Teruel

Diego de Marsilla acaba de volver a Teruel, pero Isabel ya está casada...

ISABEL
Ya lo ves, no soy mía; soy de un hombre
que me hace de su honor depositaria.
Deslindar sus derechos[1] es en vano:
yo debo serle fiel, Dios me lo manda.
Marsilla, virtuosos hemos sido
hasta aquí; la pasión que nos inflama
es una virtud más: ¿por qué pretendes[2]
en la última prueba[3] profanarla?
Si añadir que te adoro es necesario,
que en mi pecho tu imagen estampada
siempre conservaré[4], yo lo repito,
yo lo juro; mas huye sin tardanza[5].
Libértame de ti, sé generoso,
libértame de mí.

MARSILLA
No sigas, basta.
¿Tú la ausencia me intimas?[6] Es la muerte.
¿Cómo puedo vivir sin esperanza?
[...]
No temas, no, que de mi fin te acuse.
Contento muero porque tú lo mandas.
Permite en recompensa que te estrechen
mis brazos una vez, y que su estampa
deje en tu frente cándida mi labio[7].

ISABEL
No es posible, Marsilla: soy casada.

MARSILLA
Es mi postrera súplica.

ISABEL
¿No tienes
piedad de una mujer enamorada?

MARSILLA
¡Oh!, tenla tú de mí. Será el abrazo
de un hermano dulcísimo a su hermana,
cual mi fe tierno, cual tu frente puro[8].

ISABEL
No te acerques.

MARSILLA
En vano me rechazas.

...

1. *ici, contester ses droits*
2. *pourquoi essaies-tu*
3. *épreuve*
4. *que je conserverai ton image gravée dans mon cœur*
5. *fuis sans tarder*
6. *ici, tu me condamnes à l'absence*
7. *Permets-moi de te serrer dans mes bras et de laisser la marque de mes lèvres sur ton front pur.*
8. *ici, aussi tendre que mes sentiments, aussi pur que ton front*
9. su esposo
10. *Dieu veuille que tu n'aies jamais approché les murailles de Teruel.*
11. *Maintenant, je te hais.*
12. *Il s'évanouit.*
13. *dépit*
14. *Elle me hait... Elle me trompait !*

Así se dice

- un amor correspondido: *un amour partagé*
- desposar: *épouser*
- el mismo día que cumple el plazo: *le jour même où le délai expire*
- fulminado: *foudroyé*
- el funeral: *l'enterrement*
- una comitiva: *un cortège*
- se desploma: *elle s'effondre*

• • •

ISABEL
¡Dios eterno! ¡Salvadme! Deteneos,
Marsilla, o grito a don Rodrigo[9]...
[...]

MARSILLA
Tu traición revelas.
¡Impostora! -¡Y decía que me amaba!

ISABEL
¡Hombre de maldición! ¡Ojalá nunca
de Teruel las almenas avistaras! [10]
¡Cruel! ¿Amor a reclamar te atreves
de una mujer por ti despedazada?
Ya te aborrezco[11].

MARSILLA
¡Oh Dios! ¡Ella lo dice!
(*Cae en un escaño como herido de un rayo.*)
No puedo más.

ISABEL
¡Qué miro! Se desmaya[12].
Perdóname un momento de despecho[13]...

MARSILLA
Isabel me aborrece... ¡Me engañaba! [14]
Aquí siento... ¡qué angustia! Yo la adoro...
y ella me aborrecía... ella me mata.
(*Muere.*)

ISABEL
¡Madre mía! ¡Favor! Marsilla... ¡Cielos!
Parado el corazón, la frente helada...

Juan Eugenio Hartzenbusch, *Los amantes de Teruel*, drama en cinco actos en prosa y en verso, Acto 5, Escena III, 1838.

1 Comprender y expresarse

El clímax de la obra

Fíjate en las indicaciones en el pie de texto.

1. ¿En qué momento de la obra se sitúa esta escena?
2. Desde el punto de vista de la construcción dramática, ¿qué podemos suponer que va a ocurrir durante esta escena?

Los protagonistas

El conflicto interior de Isabel

3. Apunta los elementos del parlamento de Isabel en los que aparecen dos sentimientos opuestos. Di cuáles son.

El punto de vista de Diego

4. Para Diego, el amor de Isabel es su propia vida. Muestra cómo aparece esta idea a través de lo que dice.

El conflicto entre los dos

5. Explica lo que le pide Diego a Isabel.
6. A tu parecer, ¿por qué se niega Isabel a aceptar lo que le pide Diego?

El revés dramático

7. Explica en qué consiste el drama final y di qué lance lo provocó.
8. Al final, la situación da un vuelco. ¿Qué revela Isabel?

Para concluir

9. Di en qué reside lo trágico de esta escena.

Pablo Picasso, *Los amantes*, 1923.

2 Escuchar y expresarse

23

La Fundación Amantes de Teruel

Entre los diferentes fines de la Fundación di cuál te parece más importante y explica por qué.

3 Observar y expresarse

La estructura del cuadro de Picasso subraya el aspecto ambivalente del amor. Explica en qué (estudiando la composición, los colores, la actitud de los personajes...) y di si te parece que conviene este cuadro para ilustrar la historia de los amantes de Teruel.

VAMOS a VER

L'hypothèse

En espagnol, on peut exprimer l'hypothèse de différentes façons.

1 «Quizá», «Quizás», «Tal vez», «Acaso...» + subjonctif

Utiliser le subjonctif permet de souligner le doute.

- **Quizá** Prosper Mérimée conociera a don José.
Peut-être Prosper Mérimée connaissait-il don José.

*On peut aussi utiliser «***A lo mejor***» + ***indicatif***.*

- **A lo mejor** Prosper Mérimée conocía a don José.
Peut-être Prosper Mérimée connaissait-il don José.

2 «Haber de...» ou «Deber de...»

- **Ha de ser** princesa.
Ce doit être une princesse.
- Te **debiste de** oler a ti mismo.
Tu as dû sentir ta propre odeur.

*Attention : lorsque «***deber***» n'est pas suivi de «***de***», il ne s'agit pas d'exprimer un doute mais un devoir.*

- Isabel debía defender el honor de su marido.
Isabel avait pour devoir de défendre l'honneur de son mari.

3 Le futur d'hypothèse

- **Será** un bravo caballero.
Ce doit être un courageux chevalier.

Dans un contexte au passé, on emploie ***le conditionnel*** *au lieu du futur.*

- No **sería** eso.
Ce ne devait pas être cela.
- **Sería** un bravo caballero.
Ce devait être un courageux chevalier.

4 Autres expressions

«Es posible que» + ***subjonctif***

- A pesar de lo que dice, **es posible que le quiera**.
Malgré ce qu'elle dit, il est possible qu'elle l'aime.

Lorsque le doute est moins fort que la certitude, on utilise l'indicatif après : seguramente, probablemente, sin duda, a buen seguro que.

- **A buen seguro que** la hallaste ensartando perlas.
Tu l'as sans doute trouvée occupée à enfiler des perles.

5 Exprimer l'hypothèse avec «si» + subjonctif imparfait

*Même dans un contexte présent, lorsqu'on exprime une hypothèse, on utilise l'***imparfait du subjonctif*** après «***si***». Le reste de la phrase comporte un ***conditionnel***.*

- **Si** Isabel **le otorgara** un beso, Diego **estaría** satisfecho.
Si Isabel lui accordait un baiser, Diego serait satisfait.

Pour exprimer une situation équivalente dans un contexte passé, on emploie la ***forme composée***.

- **Si** Isabel **le hubiera confesado** que le quería, Diego de Marsilla **no se habría muerto**.
Si Isabel lui avait confessé son amour, Diego de Marsilla ne serait pas mort.

«No... sino...»

1 « Ne... pas... mais... » a pour équivalent en espagnol «No... sino...»

*Dans une phrase négative, lorsque « mais » met en opposition deux mots, on le traduit par «***sino***».*

- *Dulcinea* ***no*** *era una princesa* ***sino*** *una campesina.*
Dulcinée n'était pas une princesse mais une paysanne.
- El destino de lo amantes **no** fue feliz **sino** trágico.
Le destin des amants ne fut pas heureux mais tragique.

*Lorsque deux verbes sont mis en opposition, on emploiera «***no... sino que...***».*

- **No** sería eso **sino que** tú debías de estar romadizado.
Non, ce n'était sans doute pas cela mais tu devais être enrhumé.
- Isabel **no** odiaba a Diego **sino que** le quería.
Isabel ne haïssait pas Diego mais elle l'aimait.

*À noter : « non seulement... mais encore... » a pour équivalent «***no sólo... sino (que) también...***».*

- Carmen **no sólo** era hermosa **sino también** muy seductora. *Carmen n'était pas seulement belle mais aussi séduisante.*
- Don José **no sólo** desafió al teniente **sino que también** lo mató. *Non seulement don José défia le lieutenant mais encore il le tua.*

2 « Ne... que... » a pour équivalent en espagnol «No... sino...»

«No... sino...» *peut également signifier « Ne... que... » ou « seulement ».*

- Dulcinea **no** era **sino** una sencilla campesina.
Dulcinée n'était qu'une simple paysanne.

Prácticas

1. Complète les phrases avec le verbe indiqué.

1. Si yo ...... (tener) la posibilidad de viajar a Burgos, ... (visitar) la Catedral.
2. Si tú ...... (leer) el *Cantar de Mio Cid*, ... (comprender) por qué me gusta tanto este poema.
3. Si Don Quijote ...... (conocer) realmente a Dulcinea, ... (saber) que no es una princesa.
4. Cuando eran jóvenes, Diego e Isabel estaban enamorados: si entonces los padres de Isabel ...... (aceptar) otorgarle su mano a Diego, la suerte de los amantes no ...... (ser) tan trágica.
5. Isabel le mintió a Diego: si le ...... (confesar) la verdad, su amante no ...... (morirse).

2. Transforme les phrases selon le modèle :

–¿Es de una familia rica el joven? –No, es de una familia pobre. ➜ El joven no es de una familia rica sino pobre.

Attention ! Parfois il te faudra utiliser «*sino que...*».

1. –¿Vive Dulcinea en un palacio? –No, vive en una casa en el campo.
2. –¿Era cordobesa Carmen? –No, era sevillana.
3. –¿Mató don José al torero? –No, mató a Carmen.
4. –¿Le odia Isabel a Diego? –No, le quiere.
5. –¿Es soltera Isabel? –No, está casada.

Claves para comentar una obra dramática o teatral

La obra teatral

- el dramaturgo: *le dramaturge, l'auteur*
- la comedia: *la pièce de théâtre ; la comédie*
- el acto / la jornada: *l'acte*
- la escena / el cuadro: *la scène*
- la secuencia: *la séquence*
- la acotación: *l'indication scénique*
- las didascalias: *les didascalies*
- el parlamento: *la tirade, le discours*
- el aparte: *l'aparté*

La acción dramática

- el argumento / la trama: *le thème, le sujet, l'intrigue*
- la construcción dramática: *la construction dramatique*
- el conflicto dramático: *le conflit dramatique*
- el conflicto se agudiza: *le conflit s'accentue*
- la peripecia: *la péripétie*
- el lance dramático: *le coup de théâtre*
- la tensión dramática
- el clímax: *le point culminant*
- los puntos de giro: *les nœuds dramatiques*
- el giro argumental: *le revirement, le changement dans l'intrigue*
- el revés dramático: *le retournement de situation*
- la resolución de las tensiones
- el desenlace: *le dénouement*

Los personajes

- la confidente: *la confidente*
- el gracioso: *le bouffon*
- el arquetipo: *l'archétype*
- salir a escena: *entrer en scène*
- el mutis: *la sortie de scène*
- hacer mutis: *sortir de scène*

El teatro

- se levanta el telón: *le rideau se lève (lever de rideau)*
- cae el telón: *le rideau tombe*
- el escenario, el tablado: *la scène (le plateau)*
- los bastidores: *les coulisses ;* entre bastidores: *en coulisses*
- el vestuario: *les costumes*
- el palco: *la loge (dans la salle)*
- la platea: *le parterre*
- las butacas: *les fauteuils d'orchestre*

La compañía

- el director: *le metteur en scène*
- dirigir: *mettre en scène, diriger*
- representar, poner en escena: *représenter, mettre en scène*
- llevar al / adaptar para el teatro: *porter à la scène*
- el reparto, el elenco: *la distribution, la troupe*
- por orden de aparición: *par ordre d'entrée en scène*
- la actuación: *le jeu*
- actuar: *jouer*
- el papel: *le rôle*
- desempeñar un papel: *jouer un rôle*
- subir al escenario: *monter en scène*

Recuerda también

- *in medias res* (se inicia la narración en mitad de la trama)
- el *deus ex machina* (intervención inesperada de un ser o fuerza superior)
- el ensayo: *la répétition ;* ensayar: *répéter*
- el estreno: *la première représentation*

Ateliers en groupes de compétences

B1

24

Compréhension de l'oral

Comprendre le sens général d'un message oral et en rendre compte

Argumento de la ópera *Don Quijote* de Jules Massenet

1. Di cuáles son las condiciones de Dulcinea para casarse con Don Quijote.
2. ¿Cumple o no Don Quijote las condiciones?
3. Explica por qué muere Don Quijote.

Así se dice

- la burla: *la moquerie*
- el desfacedor de agravios: *le redresseur de torts*
- hacer méritos: *gagner le droit (à cet amour)*
- malparado: *en piteux état*
- sobrecogido: *surpris*

B1

Compréhension de l'écrit

Repérer l'essentiel dans un texte écrit pour en rendre compte

Por el val de las Estacas
pasó el Cid a mediodía
en su caballo Babieca
–¡oh qué bien que parecía!–.

El rey moro que lo supo
a recibirle salía.
–Vengo a que pagues las parias[1]
que tú debes a Castilla.

–No te las daré yo, el buen Cid,
Cid, yo no te las daría;
si mi padre las pagó,
hizo lo que no debía.

–Si bien no me las das,
yo por mal las tomaría.
–Por ser vos el mensajero,
de buen grado las daría.

Anónimo, siglo XVI.

1. *tribut que payaient les princes arabes en territoire chrétien*

El Cid pide tributo al Moro

1. Apunta los detalles que permiten evocar al Cid como figura mítica.
2. Comenta el diálogo entre el rey moro y el Cid y di quién triunfa.

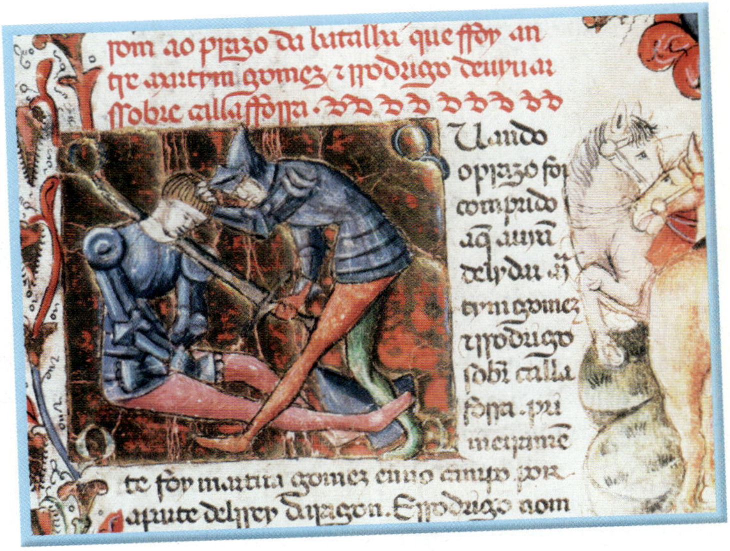

B1

Compréhension de l'oral / Expression orale en continu

Dégager l'essentiel d'un message oral et en rendre compte

La Alhambra que fascinó a Matisse

Haz clic en la dirección siguiente:

www.rtve.es/noticias/20110114/alhambra-fascino-matisse/395034.shtml

Después de ver el vídeo contesta las preguntas.
1. En una de sus cartas a familiares, Matisse habla de su viaje en tren por España. ¿Cómo le pareció el paisaje?
2. Descubrió la Alhambra en Granada en diciembre de 1910. ¿Qué provocó en el pintor?
3. ¿Qué le sedujo a Matisse en la Alhambra?

Réussir à l'écrit

Traiter un sujet complet

Sujet

Derecho a votar

En un pueblo de España, durante muchos años, Teresa se conformó con su vida, pero en noviembre de 1933, decidió ir a votar a pesar de la reacción de su marido Benigno.

–¿Adónde vas, Teresa, tan temprano? –le preguntó Benigno, aunque lo sabía de sobra.

–A votar –contestó ella, y besó a su hijo, luego a su hija.

–¿A votar? –Él apretó los puños, y los dientes, pero no logró controlar del todo su indignación. Eso será si yo te doy permiso.

–No necesito tu permiso. –Teresa terminó de colocarse el sombrero, empuñó el picaporte de la puerta, se volvió hacia ellos y Julio pensó que nunca había estado tan guapa como en aquel momento. Tengo derecho a votar, y voy a ejercerlo.

–¿Y a quién vas a votar, si puede saberse?

–A quien me dé la gana. No tengo por qué decírtelo, eso también lo sabes.

El ruido del portazo se solapó[1] con el estrépito del cristal y de la loza, tazones y platos que Benigno hizo añicos[2] contra el suelo sin atender al llanto de su hija, su hijo callado, conteniendo la respiración, como había aprendido a hacer en los últimos meses, desde aquella tarde de octubre en la que todo empezó a venirse abajo.

–Mira, Teresa, vengo de hablar con don Pedro y a él se le ha ocurrido... Tú sabes que las elecciones del mes que viene son muy importantes...

–Importantísimas –y en los labios de su mujer, aquel signo de conformidad sonó a desafío.

–Bueno, pues hemos pensado... Como ahora resulta que vais a votar las mujeres... Se le ha ocurrido a él, al párroco[3], no creas, y yo no le he prometido nada, pero a mí me gustaría...

Julio miró a su padre con el rabillo del ojo y le pareció que nunca le había visto tan nervioso, ni tan pequeño frente a la majestuosa serenidad que iba impregnando la rigidez de su madre, la espalda erguida contra el respaldo de la silla, las manos cruzadas sobre la mesa, la barbilla bien alta mientras le escuchaba. No se trata de hacer campaña, no es eso, pero si tú quisieras hablar con ellas, para contarles quién las defiende... Ya sé que tú no eres religiosa, pero estarás a favor de su derecho a serlo, ¿no?, siempre estás a favor de los derechos de todo el mundo, y yo...

–No me puedo creer lo que estoy oyendo, Benigno –y Teresa González pasó el brazo derecho por encima de los hombros de su hijo, como si necesitara impulso para elevarse hasta las alturas desde las que miraría a su marido a partir de aquella tarde.

I. Compréhension

1. Teresa es una mujer con una personalidad fuerte. Cita, sin comentar, tres elementos del texto que lo revelan.

2. Apunta dos elementos del texto que indican la indignación de Benigno, su marido, cuando ella le anuncia una forma de independencia.

3. Benigno reaccionó con violencia cuando su mujer se fue a votar. Cita la frase que lo prueba.

4. Elige el adjetivo que define mejor a Teresa:
a. miedosa.
b. sumisa.
c. determinada.
Justifica con una frase del texto.

5. Completa la frase con la respuesta correcta:
Benigno le pidió a su mujer que...
a. convenciera a las mujeres del pueblo.
b. defendiera los derechos de todos.
c. fuera más religiosa.
Justifícalo con una frase del texto.

6. Completa la frase con la respuesta correcta:
Teresa no aceptaba reproches de su marido...
a. cuando la cena estaba fría.
b. cuando se le había olvidado darles de comer a las gallinas.
c. cuando ella pensaba votar como le daba la gana.

7. Cita la frase que muestra cómo reacciona Teresa cuando Benigno quiere que ella vote como le dice él.

8. *Traduire le texte depuis:* «¡Claro que es eso!...» (l. 48) *jusqu'à* «...quién era mi padre» (l. 53).

1. solapar: disimular
2. hacer añicos: *réduire en miettes*
3. el párroco: el cura

–Yo te lo agradecería mucho, Teresa.
–No me lo puedo creer, te lo digo en serio. Que tú me estés pidiendo a mí que haga campaña para la CEDA[4]...
–No es eso.
– ¡Claro que es eso! –y se levantó de golpe, la silla cayó a sus espaldas y no se volvió para recogerla. ¿Qué te crees, que soy tonta? Pues no soy tonta, Benigno, soy más lista que tú y tu párroco juntos, para que te enteres. Y tú deberías saberlo, porque me conoces muy bien, sabes muy bien quién soy yo, y quién era mi padre. Y no voy a hacer nada que le obligue a levantarse de su tumba para maldecirme.
–¡Tú harás lo que yo te diga!– la voz del marido se elevó con una autoridad que contrajo los hombros de su hijo.
–¡No! –Pero esta vez ella gritó más fuerte. ¡No! ¿Me oyes? ¡No! Eso te sirve para cuando se me queda la cena fría o se me olvida de darle de comer a las gallinas, pero para esto no. No, Benigno, no. Antes me voy de esta casa, que lo sepas.

Almudena Grandes, *El corazón helado*, 2007.

II. Expression personnelle

1. La República Española dio a las mujeres el derecho de votar. Apoyándote en el texto, analiza el comportamiento de Teresa y las consecuencias en su vida personal y social (unas 10 líneas).

2. Unos años después, Julio, el hijo mayor recuerda la escena y se la cuenta a su hermana, demasiado pequeña entonces para entender. Imagina lo que le dice en unas 15 líneas.

4. la CEDA: Confederación Española de Derechas Autónomas. Alianza de partidos católicos de derecha fundada en 1933.

1 Compréhension

Questions 1 à 7

- Les différentes questions sont ici souvent très proches et il est donc impératif de faire un véritable travail de repérage préalable.
- Pour ce sujet, par exemple, la question 2 et la question 3, qui portent sur les réactions de Benigno, pourraient se recouper. Il faut donc relever les différents éléments et réserver l'exemple qui montre le mieux la violence pour la question 3.
- De même, les questions 1 et 7, qui portent sur les réactions de Teresa ne doivent pas se recouper non plus.

Il faut donc repérer le meilleur exemple pour répondre à la question 7 et on pourra répondre ensuite à la question 1 avec les autres exemples.

2 Aide à la traduction

Question 8

(ligne 49) • ***«soy más lista que tú y tu párroco juntos»***: «*juntos*», en fin de phrase, ne pourra être traduit de façon littérale par «ensemble». Il faut soit trouver un synonyme pour le traduire en fin de phrase, soit choisir une autre tournure à mettre en début d'expression.

(ligne 50) • ***«para que te enteres»:*** il y a plusieurs solutions pour traduire cette expression. L'une d'elles consiste à mettre un impératif et à utiliser le verbe «savoir».

(ligne 50) • ***«Y tú deberías saberlo, porque me conoces muy bien, sabes muy bien quién soy yo, y quién era mi padre»:*** dans cette phrase il faudra veiller à garder les pronoms qui marquent l'insistance.

3 Expression personnelle

Question 2

Il s'agit en fait ici de raconter la scène, c'est-à-dire de passer du dialogue au récit. Les verbes et expressions qui ponctuent les dialogues peuvent donc être réutilisés pour construire le récit.
Les parties tirées des dialogues devront être transposées au passé et les formes verbales à la première personne du singulier vont passer à la troisième personne.

Exemple à partir des deux premières phrases :

–¿Adónde vas, Teresa, tan temprano? –le preguntó Benigno, aunque lo sabía de sobra.
–A votar –contestó ella, y besó a su hijo, luego a su hija.
→ *Aunque lo sabía, Papá le preguntó a Mamá adónde iba tan temprano. Ella le contestó que iba a votar y nos dio un beso a los dos.*

Complementos ▸ p. 191

La misa de amor

Mañanita de San Juan,
mañanita de primor[1],
cuando damas y galanes
van a oír misa mayor[2].
Allá va la mi señora,
entre todas la mejor;
viste saya[3] sobre saya,
mantellín de tornasol[4].
Camisa con oro y perlas
bordadas en el cabezón[5].
En la su boca muy linda
lleva un poco de dulzor[6];
en la su cara tan blanca,
un poquito de arrebol[7],
y en los sus ojuelos garzos[8]
lleva un poco de alcohol[9];
así entraba por la iglesia
relumbrando como sol.
Las damas mueren de envidia,
y los galanes de amor.
El que cantaba en el coro
en el credo se perdió;
el abad que dice misa,
ha trocado la lición[10];
monaguillos[11] que le ayudan,
no aciertan responder, non,
por decir amén, amén,
decían amor, amor.

Anónimo, siglo XVI.

1. maravillosa
2. *la grand'messe*
3. *ici, jupe*
4. *mantelet moiré*
5. *le col*
6. *ici, rouge à lèvres*
7. *fard à joues*
8. *pers (gris bleu)*
9. *khôl*
10. *a inversé les prières*
11. *enfants de chœur*

Comentar

▸ **Versos 1-4**

1. ¿Qué momento del año anuncia la fiesta de San Juan? Tradicionalmente, ¿qué simboliza este momento?

2. ¿Qué impresión se desprende de los dos primeros versos?

3. ¿Qué papel social cumple la misa mayor? ¿Cómo se anuncia el carácter profano del poema?

▸ **Versos 5-18**

4. ¿Cómo insiste el poeta en el lujo y la riqueza de la ropa de la dama?

5. En la descripción de la dama aparecen las características físicas esenciales de la belleza en aquella época. ¿Cuáles son?

6. Entresaca las expresiones que muestran que el poeta quiere insistir en la belleza de su amada.

▸ **Versos 19-28**

7. Estudia las reacciones de la gente en la iglesia.

8. ¿Te parecen estas reacciones compatibles con el lugar y la celebración de la misa?

9. Comenta los detalles humorísticos.

▸ **Para concluir**

10. Apoyándote en el título y los dos últimos versos di cómo lo profano oculta lo sagrado en este poema.

Claves para el comentario

La obra y la forma

1. Definición

El romance es un poema narrativo de tradición popular que consta de una serie de versos octosílabos (de ocho sílabas) asonantados en los versos pares y rima libre en los impares.

2. La asonancia

Definición de la asonancia: identidad de vocales en las terminaciones de dos palabras a partir de la última vocal acentuada.

La misa de amor es un romance asonantado en «o».

Démonstration

Le premier vers pair est «Mañanita de primor...»

Pour le dernier mot, primor, *la dernière voyelle accentuée est le* «o». *Et il n'y en a pas d'autre ensuite. Le poème est donc assonancé en* «o».

Autre exemple

«El rey moro que lo supo / a recibirle salí/a.

—Vengo a que pagues las parias / que tú debes a Castil a.»

La dernière voyelle accentuée est le «i». *Et ensuite il y a un* «a». *Le romance est donc assonancé en* «i-a».

3. Métrica

a. *Le romance est écrit en vers de 8 syllabes.*

b. *On compte une syllabe de plus lorsque le dernier mot est accentué sur la dernière syllabe.*

Ma/ña/ni/ta /de /San /Juan,
1 1 1 1 1 1 1 = 7 + 1 = 8 *syllabes*
(dernier mot accentué sur dernière syllabe)
ma/ña/ni/ta/ de/ pri/mor,
cuan/do/da/mas/y/ga/la/nes
1 1 1 1 1 1 1 1 = 8 *syllabes*
(dernier mot accentué sur avant-dernière syllabe)
van/a/oír/mi/sa/ma/yor.

c. *On compte une syllabe de moins lorsque le dernier mot est accentué sur l'antépénultième syllabe.*

Ainsi, pour un vers qui se terminerait par le mot «lágrimas», *il faudrait compter une syllabe de moins.*

d. La sinalèphe

C'est la prononciation en une seule syllabe de la voyelle de la fin d'un mot et de la voyelle initiale du mot suivant.

Exemple : *Vers de 11 syllabes tiré d'un sonnet de Garcilaso de la Vega :*

«Los cabellos que al oro oscurecían.»

El contexto histórico

Durante la Edad Media, en las cortes de España y de Europa, los juglares cantaban baladas que se transmitían de modo oral.

Los temas podían ser temas de amor, de la vida cotidiana, historias ejemplares pero también hechos históricos del momento. Así circulaban las noticias.

Se dividen los romances en diferentes categorías: los romances épicos, los romances históricos, los romances líricos. Entre los ciclos de romances históricos destacan los consagrados a las historias del Cid, el *Cantar de Mio Cid.*

El contexto literario

En aquel entonces, poca gente sabía leer y escribir. La imprenta aún no había sido inventada y copiar textos sobre pergamino era difícil y costoso así que sólo se copiaban las obras consideradas como importantes.

Se escribía en **latín**, lengua oficial de la Iglesia, para transmitir la literatura y los conocimientos.

Las primeras obras en lengua «romance» (el español es una de las lenguas romances que aparecieron entonces en Europa) no eran consideradas como «cultas»: tenían carácter popular.

Los romances fueron llamados así por utilizar **la lengua popular** en vez del latín.

Como la trasmisión sólo era oral, para facilitar la memorización de los poemas los juglares solían acompañarlos con **música**. Poco a poco, se olvidaba el nombre de los autores y por eso los romances, con el tiempo, se volvían **anónimos**.

Influencias, resonancias...

En España

Muchos poetas adoptaron esta forma.

En el siglo XX, el poeta Federico García Lorca la renovó asociando lo tradicional y lo culto en el ***Romancero Gitano***.

¿Lo sabías?

El flamenco

En noviembre de 2010 la UNESCO declaró al flamenco Patrimonio Cultural Inmaterial de la Humanidad. Es un género español de música y danza que tiene como base la música y la danza andaluzas y en cuya creación y desarrollo tuvieron un papel fundamental los gitanos.

Historia del flamenco

Es una música que tiene sus raíces en aportaciones árabes, judías, griegas, castellanas... Los gitanos del sur de España crearon esta música día a día desde su llegada a Andalucía en el siglo XV. La palabra *flamenco* proviene de las palabras árabes *felag* (campesino) y *mengu* (fugitivo). Según algunos autores, «flamenco» empezó a ser usado como sinónimo de «gitano andaluz» a partir del siglo XVII.

◀ **Don Juan**
Los artistas de flamenco se inspiraron a menudo en figuras míticas o en héroes de la literatura española para crear su propia versión de estos personajes. De este modo, Ángel Rojas y Carlos Rodríguez (Nuevo Ballet) firmaron la coreografía de un espectáculo musical en el que bailaron y dieron su interpretación personal del mito de Don Juan.

Compañía de Antonio Gadés.

El teatro de Lorca ▲
Muchas obras del teatro de Lorca han sido adaptadas en espectáculos de flamenco. Uno de los mejores bailaores y coreógrafos, Joaquín Cortés (nacido en Córdoba en 1969) creó *Bodas de Sangre* y *La casa de Bernarda Alba*.

Carmen
Antonio Gadés (1936 – 2004) fue un bailarín muy famoso. Creó una versión de *Carmen* en 1983.
▶

◀
Don Quijote
Muchas compañías de flamenco adaptaron la obra de Cervantes. Entre las más conocidas, la compañía flamenca de José Moro creó el espectáculo *Don Quijote el soñador*.

Actividad

Después de leer estas páginas, di por qué, a tu parecer, la Unesco declaró al flamenco Patrimonio Cultural Inmaterial de la Humanidad.

1 EMILIANO ZAPATA

El 20 de noviembre de 1910, Francisco Madero llamó a la insurrección contra Porfirio Díaz, dictador que, tras 34 años en el poder, no quería abandonarlo. Así empezó la Revolución mexicana, que causó un millón de muertos. Entre los protagonistas de estos acontecimientos destacan algunas figuras como las de Emiliano Zapata o de Francisco Villa.

Emiliano Zapata, llamado también El «Caudillo del Sur», luchó al mando del Ejército Libertador del Sur por la reforma agraria y el reparto de las tierras entre los campesinos. Murió asesinado en 1919.

2 PANCHO VILLA

Francisco Villa, llamado también «El Centauro del Norte», dirigió un importante ejército, la División del Norte. Con Emiliano Zapata, logró derrotar a Victoriano Huerta, entonces presidente. Villa fue asesinado en 1923. A pesar de las controversias, tanto Zapata como Villa se volvieron verdaderos iconos de la Revolución. Su gesta heroica fue relatada a través de formas artísticas tan variadas como la fotografía, la pintura de los muralistas, el cine, los corridos revolucionarios...

25

Para empezar

Escucha el CD y da el título de las dos películas en las que aparecen dos héroes de la Revolución.

3

EL CHE GUEVARA

El 1 de enero de 1959, Fidel Castro, al mando de un Ejército Rebelde, logró provocar la caída del dictador cubano Fulgencio Batista. El Comandante Ernesto Guevara, conocido como El Che, médico y escritor argentino, era uno de los líderes de la Revolución cubana. Murió en 1967, en Bolivia, mientras intentaba fomentar la revolución en esta región de América. Se convirtió en símbolo internacional de la revolución. Alberto Korda hizo de él un retrato fotográfico que es una de las fotos más reproducidas en el mundo.

7 Dos revoluciones en el siglo XX

Activités

Écrit

Lire et comprendre • Une page de roman sur la Révolution mexicaine • Un texte sur la situation à Cuba pendant la dictature de Batista • Un poème sur la Révolution castriste • Le témoignage d'un exilé cubain • Une lettre d'une opposante à la dictature au Salvador

S'exprimer à l'écrit • Rédiger un bref commentaire à partir d'une photo • Rédiger quelques remarques sur une carte postale des années 50 à Cuba • Commenter brièvement une citation

Oral

Écouter et comprendre • Une présentation de ce que fut la Révolution mexicaine • Un reportage vidéo sur les changements introduits par Raúl Castro • Un témoignage d'une victime du régime de Batista

S'exprimer en continu • Commenter une fresque de Diego Rivera • Commenter une fresque de José Clemente Orozco • Décrire une photo de la campagne cubaine aujourd'hui • Décrire une photo de *balseros* • Décrire et commenter un tableau de Frida Kahlo

S'exprimer en interaction • Participer à un débat sur la peinture et l'engagement politique

Programme

Thème culturel

Espaces et échanges • Le *corrido* mexicain • Le muralisme mexicain • L'impérialisme américain à Cuba dans les années 50 • L'émigration vers les États-Unis à la fin du XXe siècle : les *balseros*

Lieux et formes du pouvoir • La Révolution mexicaine • La dictature de Batista à Cuba • La Révolution cubaine • La réalité politique cubaine aujourd'hui

Contenus linguistiques

• Les pronoms personnels • Écrire une lettre

Réussir à l'écrit

• Conseils pour réussir un sujet complet

Littérature

Voyage, parcours initiatique, exil • Juan Rulfo, *El llano en llamas*, 1953

¡La Revolución!

Emiliano Zapata y Pancho Villa en el Palacio Presidencial, México, 1914.

«¡Vámonos con Pancho Villa!» había dicho a Miguel Ángel un ranchero de San Pablo, llamado Tiburcio Maya, en quien muchos hombres del rumbo[1] habían encontrado ciertas dotes de cabecilla[2], y lo declararon su guía en un intento de unirse a la Revolución. «¿Pancho Villa?» «Sí, él es el jefe: muy atrevido y muy valiente, entró de los Estados Unidos en marzo[3] con ocho hombres, y ahora tiene más de mil, bien armados y bien montados...» Tiburcio le explicó cómo habían sido derrotados los soldados del Gobierno en varios encuentros, le dijo por qué era que peleaban los revolucionarios.

Ante él se presentaron expresándole su deseo de unirse a la Revolución. ¿Por qué? Por la intuición vaga de que iban a luchar por una causa que les favorecía. Ellos mismos no sabían a punto cierto[4] qué quería la Revolución, pero cada cual tenía sus motivos de queja y sus deseos de una situación mejor. Sus odios, sus deseos de venganza, sus anhelos[5] de mejoramiento económico, todo creían poderlo satisfacer. «¡La Revolución!» La sonoridad del grito arrastra a los espíritus rebeldes.

Y los hombres acostumbrados a la vida armada del campo, donde a tiros se defiende una milpa[6] contra los ladrones de elotes[7], a tiros se disputa un caballo salvaje si más de un jinete lo persigue, a tiros se vive y a tiros se muere, esos rancheros fueron de una vez a disputarse en la Revolución, no una mazorca[8] o un potro[9], sino un derecho a la vida más alto. Ellos no habían sido peones nunca, y no iban como éstos a la Revolución con el solo deseo de un pedazo de tierra que llamar propio. «Entonces, los ayudaremos...» ¡A tiros!

Rafael F. Muñoz, *¡Vámonos con Pancho Villa!*, 1932.

1. *des environs*
2. *certaines qualités de chef*
3. marzo de 1914
4. *précisément*
5. *désirs*
6. *champ de maïs*
7. *épis de maïs tendre*
8. *un épi de maïs*
9. *un poulain*

1 Comprender y expresarse

Líneas 1-14

1. Di quiénes son Miguel Ángel, Tiburcio Maya, Pancho Villa.

2. ¿Cómo viene presentado Pancho Villa? ¿Cómo se nota que empieza a tener fama?

Líneas 15-22

3. ¿Sabían exactamente los campesinos lo que era la Revolución? Apunta un detalle para justificar tu respuesta.

4. ¿Qué esperaban ellos?

Líneas 23-30

5. La vida del campesino mexicano tenía una particularidad. Di lo que era y di lo que te parece.

6. La Revolución no era sólo la posibilidad de una reforma agraria. Di lo que representaba también para muchos hombres mexicanos.

Emiliano Zapata, Felipe Carrillo Puerto y José Guadalupe Rodríguez (mural de Diego Rivera – detalle).

2 Observar y expresarse

1. Di lo que te llama la atención primero.
2. Apunta los detalles que remiten a la lucha del pueblo.
3. Zapata y los hombres que lucharon por la reforma agraria son héroes para el pueblo. Comenta los recursos utilizados para plasmarlo.
4. Al pintar este mural, Diego Rivera tenía fines didácticos. ¿Cómo representa el pasado revolucionario de México?
5. Después de leer la página 140 y de observar este mural, di en qué se puede ver en él una representación simbólica de la Revolución.

Así se dice

- el bigote: *la moustache*
- el rifle: *le fusil*
- la cartuchera: *la cartouchière (pour un militaire)*
- la gorra: *la casquette*
- el obrero: *l'ouvrier*
- el mono: *le bleu de travail (la salopette)*
- luchar por: *lutter pour*
- reivindicar: *revendiquer*
- la reivindicación: *la revendication*

3 Actuar

¿Te parece la pintura un medio interesante para educar a la gente? Busca argumentos y ejemplos para participar en el debate.

Prácticas

Complète les phrases avec le (ou les) pronom(s) adéquat(s).

1. ...... queremos irnos con Pancho Villa.
2. Por favor, explíque...... lo que pasó entonces porque ...... no lo entiendo muy bien.
3. ¿...... sabes quiénes son Emiliano Zapata y Pancho Villa?: A .... consideran hoy día como héroes de la Revolución.
4. Los mexicanos no ...... han olvidado.
5. Cuando conocieron a Pancho Villa, tomaron la decisión de seguir...... y fueron a decír............ .

Recuerda

Les pronoms personnels

- «¿Pancho Villa?» «Sí, **él** es el jefe.»
- «¡**Vámonos** con Pancho Villa!»

➲ *Vamos a ver* p. 154

Les équivalents de « on »

«A tiros **se defiende** una milpa contra los ladrones de elotes, a tiros **se disputa** un caballo salvaje si más de un jinete lo persigue, a tiros **se vive** y a tiros **se muere.**»

➲ *Précis grammatical* p. 201

¡Escucha!

En México

1 Observar y expresarse

1. Este fragmento de mural representa una escena de banquete. Di lo que te llama la atención.
2. Estudia cómo está representado el mundo de los ricos.
3. Comenta la presentación de los trabajadores.
4. A tu parecer, ¿cuáles son las intenciones del artista?
5. Di en qué medida puede explicar la Revolución la escena de este mural.

José Clemente Orozco, *El banquete de los ricos*, 1923-1924.

Así se dice

- el sombrero de copa: *le haut de forme*
- los rasgos: *les traits du visage*
- la copa de champán
- estar borracho: *être ivre, soûl*
- burlarse de: *se moquer*
- el desprecio: *le mépris*
- el martillo: *le marteau*
- las facciones cansadas: *les traits tirés/fatigués (visage)*
- la juerga: *la noce, la bringue*
- estar de juerga: *faire la noce, la bringue*
- el vicio, la perversión
- la decadencia, la depravación
- la mala vida
- la mujer de mala vida
- un sinvergüenza: *une crapule, un dépravé*
- la vergüenza: *la honte*
- el descaro: *le sans-gêne, l'effronterie*

2 Escuchar y expresarse

26

Todas estas frases son exactas pero elige las 5 frases que corresponden al mensaje de la grabación.

1. La Revolución fue, en realidad, una serie de luchas y conflictos.
2. La Revolución nació contra la política de Porfirio Díaz.
3. Pancho Villa luchó mucho en el norte de México.
4. Había prosperidad económica pero sólo para las clases privilegiadas.
5. Emiliano Zapata luchó contra los terratenientes.
6. La Revolución contribuyó a formar el México actual.
7. Durante el período de la Revolución, muchos políticos se sucedieron en el gobierno de la nación.
8. Los revolucionarios no temían a la muerte.

En Cuba

1 Ver y expresarse

DVD

Lo esencial

1. El hermano de Fidel Castro, Raúl Castro, acaba de tomar una decisión que significa un cambio económico en Cuba. Di lo que es.

Desarrollar y comentar

2. Se va a tomar una medida para 124 oficios. ¿En qué consiste?
3. Di a qué se refieren estas cifras mencionadas en el reportaje:
a. 250.000. b. 140.000.
4. En las imágenes del reportaje se ven diferentes oficios. ¿Cuáles son?
5. ¿Qué revela este reportaje de la realidad cotidiana en Cuba?

Para concluir

6. ¿Te interesó o no este vídeo? Explica por qué.

2 Observar y escribir

1. Describe la foto.
2. ¿Te parece que podría ilustrar el vídeo?
Explica por qué en unas 5-6 líneas.

Así se dice

- el casco viejo: *le centre historique*
- un sombrero de paja: *un chapeau de paille*
- tejer: *tresser*
- ganarse la vida: *gagner sa vie*

Esta isla que a nadie le importaba

La acción transcurre en Cuba, en 1958, durante la dictadura de Batista, un año antes de la Revolución cubana.

Emiliano Palomo[1] tenía problemas con la silla de su escritorio[2]. Acababa de pasarle la gamuza[3] apretándola suavemente contra el respaldo[4]. Era de caoba[5], una caoba carísima que a los americanos les encantaba y que había costado tanto como la jornada de cualquiera de sus empleados en pesos. Sin embargo, nunca conseguía dejarla como aparecía en los anuncios de las revistas traídas de Estados Unidos, donde esa caoba brillaba como si fueran cien ardillas[6] rojas saltando de un árbol a otro.

Cuántas veces no se había dicho a sí mismo: Emi, las cosas americanas se ven diferentes en América. Cuando vienen a Cuba es como si se estropearan, cambiaran de color, se oyeran peor. Pero esta vez tenía que verse brillante como las de los anuncios norteamericanos porque vendría a visitarlos ese gran talento..., tenía el nombre anotado en una hojita encima del escritorio: Efraín Rotundo[7]. «Alguien con ideas, Emiliano, que es lo que necesita la radio, en Cuba y en cualquier lugar del mundo», le había comentado el Hermanísimo, como le gustaba llamar al comandante Batista. «Gente con ideas», vaya frase tonta que no dejaba de repetir todo el mundo, como la cantinela de ese empeño[8] por cambiar Cuba cuando en el fondo lo que estaban haciendo era permitir que los americanos trajeran lo peor de sus casas hacia esta isla que a nadie le importaba.

Boris Izaguirre, *Y de repente fue ayer*, 2009.

1. Es el director de la radio.
2. *bureau*
3. *peau de chamois*
4. *le dossier*
5. *acajou*
6. *écureuils*
7. Autor de radionovelas y telenovelas.
8. *comme la rengaine de cet effort*

1 Comprender y expresarse

1. Durante la dictadura del general Batista, la clase dirigente cubana imitaba a los americanos en su modo de vivir. Busca un ejemplo en el texto.

2. Busca detalles que revelan la fascinación de Emiliano Palomo por el mundo norteamericano.

3. El director de la radio era amigo de Batista. ¿Cómo lo llamaba? ¿Era importante la proximidad entre los dos para el gobierno de Batista? Explica.

4. Este texto es una crítica de la presencia americana en Cuba. Muéstralo.

2 Escuchar y expresarse

27

Entrevista a José Luis Padrón

1. ¿Cuántos años tenía José Luis Padrón cuando Batista dio el golpe de estado?
2. Explica por qué es un mal recuerdo para él.
3. ¿Por qué fue detenido el adolescente a los quince años?
4. José Luis emplea palabras muy críticas para calificar a Batista. Da ejemplos.
5. Di en qué medida permite este testimonio comprender el triunfo de la revolución en 1959.

3 Observar y escribir

¿Qué reflexiones te sugiere esta postal de un bar en Cuba en los años 50? Escribe unas 5 líneas.

Prácticas

Complète les phrases selon le modèle :

A .... que seáis amigos. (yo – gustar) ➔ A **mí me gusta** que seáis amigos.

1. A ...... no .... los relatos de guerra. (tú – gustar)
2. A ...... ¿...... ...... saber lo que pasó entonces? (vosotras – interesar)
3. A .... la actitud de los miembros de la clase dirigente. (ellos – indignar).
4. A ...... ¿no .... saber cómo terminó esta historia? (ustedes – importar)
5. A .... que termine bien o mal. (yo – dar igual).

Recuerda

Les pronoms personnels

- «Acababa de pasar**le** la gamuza apretándo**la** suavemente contra el respaldo.»
- «Cuántas veces no se había dicho a **sí mismo**: Emi, las cosas americanas se ven diferentes en América.»
- «Era de caoba, una caoba carísima que a los americanos **les** encantaba.»
- «Esta isla que a nadie **le** importaba.»

➲ *Vamos a ver* p. 154

¡Lee y exprésate!

Tengo

Cuando yo me veo y toco,
yo, Juan sin Nada no más[1] ayer,
y hoy Juan con Todo,
y hoy con todo,
vuelvo los ojos, miro,
me veo y toco
y me pregunto cómo ha podido ser.

Tengo, vamos a ver,
tengo el gusto de andar por mi país,
dueño de cuanto hay en él,
mirando bien de cerca lo que antes
no tuve ni podía tener.
Zafra[2] puedo decir,
monte[3] puedo decir,
ciudad puedo decir,
ejército decir,
ya míos para siempre y tuyos, nuestros,
y un ancho resplandor
de rayo, estrella, flor.

Tengo, vamos a ver,
tengo el gusto de ir
yo, campesino, obrero, gente simple,
tengo el gusto de ir
(es un ejemplo)
a un banco y hablar con el administrador,
no en inglés,
no en señor,
sino decirle compañero como se dice en español.

Tengo, vamos a ver,
que siendo un negro
nadie me puede detener
a la puerta de un dancing o de un bar.
O bien en la carpeta[4] de un hotel
gritarme que no hay pieza[5],
una mínima pieza y no una pieza colosal,
una pequeña pieza donde yo pueda descansar.

Tengo, vamos a ver,
que no hay guardia rural
que me agarre y me encierre en un cuartel[6],
ni me arranque y me arroje de mi tierra
al medio del camino real[7].

1 Comprender y expresarse

Lo esencial

1. Este poema fue escrito en 1964, pocos años después de la Revolución. Apunta algunos detalles que lo evidencian.

Desarrollar y comentar

Versos 1-7

2. Comenta los dos nombres «Juan con Nada» y «Juan con Todo».
3. Di cómo expresa el poeta lo repentino y lo increíble de la transformación.

Versos 8-19

4. Según Nicolás Guillén, ¿cuáles fueron los progresos?
5. ¿Cómo expresa la alegría del pueblo?

Versos 20-28

6. ¿A quién representa el poeta?
7. Explica lo que representa la oposición entre los dos idiomas.

Versos 29-41

8. Comenta los ejemplos del racismo que imperaba en la época de Batista.

1. *(amér.) encore*
2. recolección de la caña de azúcar
3. bosque
4. *ici, le hall, la réception*
5. habitación
6. *ici, poste de police*
7. *la grand-route*

Tengo que como tengo la tierra tengo el mar,
no country,
no high-life,
no tennis y no yacht[8],
sino de playa en playa y ola en ola,
gigante azul abierto democrático:
en fin, el mar.

Tengo, vamos a ver,
que ya aprendí a leer,
a contar,
tengo que ya aprendí a escribir
y a pensar
y a reír.

Tengo que ya tengo
donde trabajar
y ganar
lo que me tengo que comer.
Tengo, vamos a ver,
tengo lo que tenía que tener.

Nicolás Guillén (1902-1989), *Tengo*, 1964.

8. tenis, yate

Versos 42-48

9. Explica por qué utiliza el poeta unas palabras en inglés.
10. ¿Cómo se evoca la reconquista de toda la isla por el pueblo?

Versos 49-60

11. Di cómo se resume en estas estrofas lo esencial del poema.

Para concluir

12. ¿Cuál fue la misión del poeta Nicolás Guillén a los pocos años de la Revolución cubana?
13. ¿En qué es este poema un buen ejemplo de poesía comprometida?

2 Observar y expresarse

¿Qué visión del campo cubano nos da esta foto?

Prácticas

Transforme les phrases selon le modèle :
No querían darles las tierras fértiles. ➜ No querían dársela.

1. No quisieron darnos el permiso de cultivar estas tierras.
2. A usted no pudieron decirle la verdad.
3. Decidió escribirte este mensaje.
4. Aceptó ofrecerme esta máquina de escribir.
5. Se negaba a explicaros las órdenes que os daba.

Recuerda

Les pronoms personnels

- «Cuando **yo** me veo y toco, / **yo**, Juan sin Nada no más ayer...»
- «Decir**le** compañero...»

➲ *Vamos a ver* p. 154

Les équivalents de « on »

«Como **se dice** en español.»

➲ *Précis grammatical* p. 201

¡Lee y exprésate!

¿Por qué escribo?

Esteban Casañas Lostal se exilió de Cuba y vive ahora en Canadá.

Viviendo en Cuba, una isla donde todo está prohibido, ¡claro!, es de imaginar que se puede gritar a todo pulmón: «Viva la revolución», «Viva Fidel», «Abajo el imperialismo», nada de esto lo prohíben, al contrario, te pagan el día laborable para que lo hagas y te des gusto gritando todas estas boberías[1]...

Todo está prohibido allí en esa isla, oír la radio que viene del extranjero, es alimentarse de propaganda enemiga... En el Ministerio de Comunicaciones tenían un departamento, donde trabajaban decenas de confiables al régimen, abriendo todas las cartas que llegaban del extranjero, cartas que en muchas ocasiones no llegaron nunca al destinatario, otras que llegaban después de pasar meses enteros, le sacaban todo, una cuchillita de afeitar, un dólar, una tarjeta postal, las fotos se perdían o las archivaban, todo había que tenerlo bajo control...

Cuba es un país que no importa máquinas de escribir para vender a la población desde 1959; los que las poseen, son viejas Underwood de la década de los cincuenta, piezas de museo que aún escriben, se cuidan y veneran, piezas que son decomisadas[2] de las casas de los opositores, de la misma manera que hacían los fascistas, como símbolo de impotencia y miedo, porque saben que se pueden matar a los hombres, pero no a las palabras y éstas viajan muy lejos. ¿Cómo podrán pretender cuatro idiotas que me calle?, ¿qué saben estos estúpidos de los sufrimientos de mi pueblo?, ¿cuándo han visitado a nuestros presos en los centenares de campos de concentración que tenemos?, por eso es que escribo y lo seguiré haciendo.

Esteban Casañas Lostal, *¿Por qué escribo?*, 21/08/1999.

1. tonterías
2. confiscadas en nombre del Estado

1 Comprender y expresarse

Líneas 1-16

1. En Cuba, según Casañas Lostal, la libertad individual no existe. Apunta detalles que muestran la importancia de la censura y del control.

2. Comenta la frase siguiente:
«Viva la revolución», «Viva Fidel», «Abajo el imperialismo», nada de esto lo prohíben, al contrario, te pagan el día laborable para que lo hagas.

Líneas 17-27

3. Apunta una consecuencia del embargo impuesto por los EE. UU.

4. Esteban Casañas Lostal denuncia abusos. Apúntalos y comenta.

5. Intenta definir el tono que emplea. Da ejemplos.

Balseros en Cuba.

2 Observar y expresarse

1. Di cuál es el punto común entre las dos fotos.
2. Después de leer el texto de la página 150, a tu parecer, ¿qué esperan estos hombres?

3 Escribir

Dice Esteban Casañas Lostal: «saben que se pueden matar a los hombres, pero no a las palabras y éstas viajan muy lejos.»

Comenta esta frase en 5 ó 6 líneas y justifica tu respuesta con ejemplos.

Prácticas

1. Retrouve dans le texte les expressions qui signifient :

1. *Ce sont des pièces de musée qui écrivent encore, dont on prend soin et que l'on vénère.*
2. *On peut tuer les hommes mais on ne peut pas tuer les mots.*

2. Après avoir lu la rubrique « Les équivalents de "on" » (p. 201), dis quel serait à ton avis l'équivalent en espagnol de :

1. ***On** nous interdit de dire ce qu'**on** pense.*
2. *À Cuba, **on** peut voir de nombreuses voitures anciennes.*

Tu devras utiliser trois façons différentes de traduire « on ».

Recuerda

Les équivalents de « on »

- «Es de imaginar que **se puede** gritar a todo pulmón...»
- «Nada de esto lo **prohíben**, al contrario, te **pagan** el día laborable para que lo hagas.»

➲ *Précis grammatical p. 201*

Carta a Mary

Soledad forma parte de un grupo católico de oposición a la dictadura salvadoreña y le escribe a su amiga, Mary. Mary vive en Estados Unidos y ayuda a un refugiado clandestino salvadoreño que ha huido de su país por la represión.

5 de agosto de 1982

Querida Mary:

Mijita[1], si tienes que perder la cabeza por ese muchacho, por lo menos aplícate y aprovecha para perfeccionar el español. ¿Cómo crees que aprendí yo inglés? ¿Te acuerdas de mi primer marido del que un día te hablé? Bueno, éramos jóvenes, estábamos enamorados, y lo que me decía cuando estábamos juntos no necesitaba traducción. Cuando te enamoras de un hombre que habla otra lengua, desarrollas un tercer oído.

Te escribo a la luz azulada del televisor de mi madre. Fuera hay tormenta y el aire está cargado de malos presagios. Hoy cuando he abierto la Biblia me ha saltado a la vista un pasaje de Daniel: «*Y los que lleven la justicia a las multitudes serán como las estrellas por siempre jamás.*» Ya sé que no debería leer la Biblia como se leen las hojas de té, pero «*estrellas por siempre jamás*» me sonó a muerte.

En fin, cosas. Me alegro mucho de que tú y José Luis hayáis simpatizado. Es bueno que, entre las gestiones con los voluntarios, el trabajo de la casa y salir contigo, empiece a desarrollar una rutina. Una cosa te pido y es que, mientras esté distraído, le rocíes[2] los zapatos con agua bendita. Estoy preocupada desde que me dijiste que te había contado que eran de un compañero al que había matado a tiros la policía. El agua bendecirá los pasos del vivo y del muerto.

Escribe pronto, en español. Si no sabes alguna palabra, invéntala.
Besos y oraciones,

Soledad

Demetria Martínez, *Lengua madre*, 1996.

1. mijita: mi hijita: *ici, ma petite*
2. rociar: *arroser, asperger*

1 Comprender y expresarse

Líneas 1-7

1. ¿Quién escribe la carta? ¿Dónde está?
2. ¿A quién le escribe? ¿Dónde está su amiga?
3. ¿Qué le aconseja Soledad a Mary?
4. ¿En qué circunstancias aprendió el inglés Soledad?

Líneas 8-22

5. Soledad es a la vez muy creyente y supersticiosa. Di cómo se ve.
6. ¿Qué impresión general se desprende de esta carta?

Frida Kahlo, *Autorretrato en la frontera entre México y Estados Unidos*, 1932.

2 Observar y expresarse

1. Fíjate en el título e identifica las diferentes partes del cuadro.

2. Analiza la presentación del mundo mexicano.

3. Estudia cómo evoca de manera simbólica el mundo de Estados Unidos.

4. Di en qué se oponen los dos.

5. Fíjate en el sitio que ocupa la pintora. A tu parecer, ¿qué quiso expresar ella?

Así se dice

- el pintor, la pintora
- el retrato, el autorretrato
- el vestido
- el dios, los dioses
- la nube
- la fábrica: *l'usine*
- el altavoz: *le haut-parleur*
- la contaminación
- el rascacielos: *le gratte-ciel*
- la pirámide
- la calavera: *la tête de mort*
- la estatua de barro: *la statue en terre cuite*
- la raíz, las raíces: *la racine, les racines*
- el cacto: *le cactus*
- el rayo: *la foudre*
- el relámpago: *l'éclair*
- oponer
- asociar
- separar
- florecer
- crecer
- la oposición
- el color vivo ≠ el color apagado
- el color cálido ≠ el color frío

VAMOS a VER

Les pronoms personnels compléments

Ces pronoms peuvent être différents selon les cas : s'ils sont précédés ou non d'une préposition, s'ils sont réfléchis, si ce sont des pronoms compléments directs ou indirects. Il convient de distinguer le cas des pronoms de la 1re et de la 2e personne de celui des pronoms de la 3e personne.

1 Les pronoms compléments de la 1re et 2e personne

compl.	*pron. compl. sans préposition*	*pron. compl. avec préposition*
1re pers. sing.	me	mí
1re pers. plur.	nos	nosotros, nosotras
2e pers. sing.	te	ti
2e pers. plur.	os	vosotros, vosotras

• ¿**Te** acuerdas? • Pienso **en ti**. Me alegro **por ti**.

2 Les pronoms compléments de la 3e personne

	pron. réfléchi	*pron. compl. d'attribution*	*pron. compl. d'objet*
singulier	se	le	le, lo, la *(personne)* lo, la *(animal, chose)*
pluriel	se	les	les, los, las *(personnes)* los, las *(animaux, choses)*

• Había hablado náhuatl y **lo** había olvidado.

À noter : *Le pronom de la troisième personne (singulier et pluriel) «**sí**», utilisé après une préposition, est un pronom réfléchi. Il comporte un accent écrit.*

• Cuántas veces no se había dicho a **sí mismo**: Emi, las cosas americanas se ven diferentes en América.
Combien de fois ne s'était-il pas dit à lui-même…

3 Le cas de la préposition «*con*»

Elle entraîne une forme particulière de certains pronoms compléments.

conmigo *avec moi*	contigo *avec toi*	consigo *avec soi*

• Es bueno que, entre el trabajo de la casa y salir **contigo**, empiece a desarrollar una rutina.

4 L'enclise

Le pronom est placé après le verbe et forme avec lui un seul mot. Elle est obligatoire :

*– à **l'infinitif**, au **gérondif** et à **l'impératif***

• Ante él se presentaron **expresándole** su deseo de unirse a la Revolución.
• Si no sabes alguna palabra, ***invéntala***.

L'accent tonique de la forme verbale ne change pas de place, il faut donc mettre, si besoin, un accent écrit :
Inventa esta palabra. ➜ Invéntala.

*– À l'impératif, aux 1re et 2e personnes du pluriel, l'enclise du pronom dans les tournures réfléchies entraîne une modification, la perte du «**s**» ou du «**d**» final.*

• ¡Vámonos con Pancho Villa! (Vamos ➜ Vámonos)
• ¡Acercaos! (Acerca**d** ➜ Acercaos)

5 Lorsque deux pronoms sont réunis

L'ordre des pronoms

Lorsque le verbe est accompagné de deux pronoms compléments, le pronom complément indirect est toujours placé en premier.
• **Nos la** dieron. *Ils nous l'ont donnée.*

Cela peut être avant le verbe ou après lorsqu'il y a enclise.
• Al **dárnosla**, no se preocuparon de la calidad de la tierra.

Modification

*Lorsque deux pronoms de la troisième personne sont réunis, le pronom complément indirect « le » (lui, leur) devient «**se**». Seul le complément direct (**lo, le, la, los, las**) varie et se place derrière «**se**».*
• **Se los** da. *Il les leur donne.*

*Cette transformation se produit également lorsqu'il s'agit de représenter «**usted**».*
• A usted, ya **se lo** explicamos.

Prácticas

Complète les phrases avec le (ou les) pronom(s) adéquat(s). Si nécessaire, ajoute les accents écrits.

1. Señora, ¿quiere ...... que ...... ayude a llevar estos paquetes?

2. Tú compraste estas verduras aunque a ...... no ...... gustan, porque sabes que son buenas para la salud.

3. Antonio y Javier, ¿sabéis ...... que hoy tenemos clase a las nueve? ¿Ya ...... ha informado algún compañero?

4. ...... lo sé porque a .... han llamado por teléfono para decir ....

5. Como hoy empezaban las rebajas, María y yo hemos ido de compras: a .... gusta lucir ropa de moda pero no tenemos dinero como para comprar .... a precio normal.

Claves para escribir una carta

	Carta formal	Carta personal
Saludo	• Asunto: *Objet* • Estimado(a) Señor(a): *Monsieur, Madame*	• Querido(a) amigo(a) • Hola Javier
Desarrollo	• En referencia a su atenta carta en la que me informa de... • Me dirijo a usted para solicitar... • Por la presente, le comunico que... le informo que... • El motivo de la presente es... • Adjunto le envío la documentación solicitada. • Quedo a su entera disposición para cualquier información adicional que necesite. • Si está interesado en recibir mayor información no dude en comunicarse y con gusto le contestaré. • Quedo a la espera de sus noticias... • Agradeciendo de antemano su contestación, se despide atentamente	• Me alegró recibir noticias tuyas... *J'ai été heureux d'avoir de tes nouvelles.* • Me cuentas que... • Lo de... me parece muy bien pero te aconsejo que... (Lo de... = *ce que tu me dis à propos de...*) • Lamento que...: *Je regrette que...* • ¡Enhorabuena!: *Félicitations!* • Aquí todo bien: yo...: *Ici, tout va bien: de mon côté, je...* • Pienso en ti... • Te echo de menos: *Tu me manques.* • Te tengo que contar algo que te va a interesar... • También te escribo para pedirte algo... • Bueno, ahora me despido... • Por favor, no dejes de escribirme. • Escríbeme pronto. • ¡Contéstame cuanto antes!: *Répond-moi au plus vite!* • ¡Ojalá nos veamos pronto!: *J'espère que nous nous verrons bientôt !*
Despedida	• Sin otro particular, le saluda atentamente • Atentamente • Un cordial saludo	• Besos y abrazos: *Bisous* • Un fuerte abrazo • Cariños: *Affectueusement*

Recuerda también

- el remitente / el destinatario: *l'expéditeur / le destinataire*
- la respuesta, la contestación: *la réponse*
- la carta / la tarjeta (postal): *la lettre / la carte (postale)*
- la carta simple o certificada: *la lettre simple ou recommandée*
- el sobre: *l'enveloppe*
- el sello / la estampilla (*amér.*): *le timbre*
- Correos / el cartero: *la Poste / le facteur*
- repartir el correo: *distribuer le courrier*
- franquear: *affranchir*
- echar al buzón: *mettre à la boîte*
- la postdata (P.D.): *le post-scriptum (P.S.)*
- la firma

Ateliers en groupes de compétences

B1

Compréhension de l'écrit / Expression orale en continu

Repérer les éléments essentiels dans un texte écrit et dans une affiche pour rendre compte d'une situation donnée

Cuba bajo Batista

1. Después de leer atentamente, explica en voz alta lo que denuncia Fidel Castro 6 años antes de la Revolución de 1959.

2. A partir de la observación de este cartel de los años 50, di lo que sabes de la situación de Cuba en aquella época.

Más de la mitad de las mejores tierras de producción cultivadas está en manos extranjeras. En Oriente, que es la provincia más ancha, las tierras de la United Fruit Company y la West Indian unen la costa norte con la costa sur. Hay doscientas mil familias campesinas que no tienen una vara de tierra donde sembrar unas viandas[1] para sus hambrientos hijos y, en cambio, permanecen sin cultivar, en manos de poderosos intereses, cerca de trescientas mil caballerías[2] de tierras productivas.

Fidel Castro, *La Historia me absolverá*, 1953.

1. hortalizas
2. una caballería = medida de 13,5 hectáreas

B1

Compréhension de l'oral / Expression orale en continu

28

Repérer les éléments essentiels d'un message oral pour en rendre compte

«Los silencios» de Jorge Rivelino[1]

1. Explica lo que significa el título de la exposición.
2. Explica por qué se puede afirmar que las estatuas son una mezcla de todos los rasgos del mundo.

1. Jorge Rivelino (1973) es un escultor mexicano.

Jorge Rivelino, *Nuestros silencios,* 2011.

B1

¡De película!

DVD

Dégager l'essentiel d'un message oral et en rendre compte

El corrido

1. Explica cuál es el origen de la palabra «corrido».
2. Di cuál es la particularidad de este género musical.
3. ¿Cuál es la época de mayor auge del corrido?
4. El corrido tuvo una función en la sociedad de la época. Explica.
5. Explica por qué se celebra el corrido en 2010.

Réussir à l'écrit

Traiter un sujet complet

Sujet

Español, inglés y...náhuatl[1]

Francisco Corta, desde que aprendió a hablar, manifestó una peculiar tendencia a hacer preguntas. No se le acababa la curiosidad y preguntaba por las razones de prácticamente todo. Cuando no se las daban, las investigaba hasta llegar a las últimas consecuencias.

Sus dieciséis años lo sorprendieron en la ciudad de México, la más grande y conflictiva en la que hubieran vivido él y sus padres hasta ese momento. Con unos problemas de tránsito fenomenales, un elevado índice de inseguridad, una sobrepoblación que incitaba a restregarse los ojos[2] para asegurarse de que esos ríos humanos que diariamente se sumergían en las estaciones del metro eran ciertos; y, al mismo tiempo, una cultura fascinante y un mosaico de tipos humanos que desfilaban ante los ojos asombrados de Francisco cada vez que salía a la calle. Lo que no era fácil, porque debía salir acompañado de un guardaespaldas[3] asignado por el gobierno de México. Norberto Tecuhtli se llamaba el guardia, y era un hombre de cuarenta años proveniente de una familia agricultora del estado de Tlaxcala. Hombre de pocas palabras, su mirada guerrera recordaba las pupilas flameantes de las águilas esculpidas por los antiguos aztecas. Estaba acostumbrado a hablar con monosílabos y a ser considerado una estatua. A los pocos días de ser el guardia personal de Francisco, Norberto había caído subyugado en la red[4] de preguntas llenas de interés que tendía el joven.

¿Cuál es la mejor temporada para sembrar en Tlaxcala? ¿Qué significa tu apellido? ¿Viven tus padres? ¿Hablas náhuatl? ¿Cuánto tardas en desplazarte de tu casa al lugar donde trabajas? ¿Tienes hijos? ¿Has sido agricultor como tu familia? ¿Por qué trabajas como guardaespaldas?

Preguntando, Francisco se enteró de que Norberto salía de madrugada de su casita en Tlaxcala para cumplir con su trabajo de guardaespaldas –*guarura*, como supo Francisco que se les llama en México a los guardias personales–, que tenía dos hijos varones que cursaban Primaria, que su esposa se quedaba en casa, que había hablado náhuatl y lo había olvidado, y que solamente lo recordaba cuando visitaba a su padre, don Ramón Tecuhtli: anciano y ciego. Que seguía siendo agricultor, y que dejaba los campos sembrados para ganar dinero en la ciudad de México con un oficio peligroso.

–¿Peligroso?

–Abundan los asaltos[5], sobre todo en las zonas donde vive la clase alta.

Y Francisco también se enteró de que la residencia diplomática se encontraba en una zona donde vive la clase alta.

–¿Qué es la clase alta para ti, Norberto? –había preguntado el joven.

–La gente rica, blanca y que ha estudiado –contestó con sencillez Norberto.

–¿La clase alta habla náhuatl? –se interesó Francisco con su avidez habitual.

–Nunca.

I. Compréhension

1. ¿Qué sabemos de Norberto y Francisco? Apoyándote en el texto, apunta dos datos para cada uno.

2. Entresaca tres elementos del texto que reflejan la realidad de la ciudad de México.

3. ¿Qué siente Francisco hacia Norberto?
a. Superioridad.
b. Miedo.
c. Interés.
d. Desprecio.
Elige la respuesta correcta y justifícala con una cita del texto.

4. ¿Dónde se habla náhuatl?

5. ¿Qué representaba para Norberto el náhuatl antes de hablar con Francisco? Justifica tu respuesta con una frase del texto.

6. «La gente de los pueblos es bilingüe.» Ilustra esta afirmación con dos elementos del texto.

7. *Traduire depuis la ligne 28* («Preguntando, Francisco...») *jusqu'à la ligne 36* («...con un oficio peligroso.»).

1. náhuatl: *langue parlée par le peuple nahua, l'un des plus importants du Mexique et d'Amérique centrale, et parlée actuellement par plus de deux millions de personnes.*
2. *se frotter les yeux*
3. *un garde du corps*
4. *ici, le flot*
5. el asalto: *l'agression*

–¿Y la baja?
–Tampoco.
–¿Quiénes hablan náhuatl?
– La gente de los pueblos. Y no le dicen «náhuatl», sino «mexicano». Pero la hablan entre ellos. Cuando vienen a la capital todos hablan español.
–Entonces –concluyó Francisco– la gente de los pueblos es bilingüe.
Norberto dijo que nunca se lo había planteado de esa manera. El término «bilingüe» se aplicaba más bien a quienes hablaban español e inglés. Nunca se había encontrado con nadie que consideraba al náhuatl o mexicano un idioma. Para Norberto la lengua de sus padres, la lengua ancestral de los tlaxcaltecas, había sido simplemente un modo de hablar... Y ahora que Francisco lo hacía reflexionar, pensaba que había sido un modo de hablar secreto.

María García Esperón, *Mi abuelo Moctezuma*, 2009.

II. Expression personnelle

1. Apoyándote en el texto di qué visión de la vida cotidiana mexicana nos presenta el autor (unas 12 líneas).

2. ¿Qué interés tiene para ti hablar varios idiomas? Argumenta (unas 12 líneas).

◆ Ce sujet ne pose pas de difficultés particulières. Il conviendra de lire plusieurs fois le texte avant de procéder à un repérage utile pour répondre aux questions de compréhension.

◆ La première question d'expression est peut-être un peu plus délicate car on développera les éléments plutôt négatifs de la vision proposée par l'auteur, mais il faudra veiller aussi à ne pas oublier les éléments positifs, car la présentation de la ville est nuancée.

1 Expression personnelle

● **Nous proposons ici, un repérage de ces différents éléments : en rose, les eléments plutôt négatifs et en vert, les eléments plutôt positifs.**

«Sus dieciséis años lo sorprendieron en la ciudad de México, la más grande y conflictiva en la que hubieran vivido él y sus padres hasta ese momento. Con unos problemas de tránsito fenomenales, un elevado índice de inseguridad, una sobrepoblación que incitaba a restregarse los ojos[2] para asegurarse de que esos ríos humanos que diariamente se sumergían en las estaciones del metro eran ciertos; y, al mismo tiempo, una cultura fascinante y un mosaico de tipos humanos que desfilaban ante los ojos asombrados de Francisco cada vez que salía a la calle. Lo que no era fácil, porque debía salir acompañado de un guardaespaldas[3] asignado por el gobierno de México.

[...] que dejaba los campos sembrados para ganar dinero en la ciudad de México con un oficio peligroso.»

2 Aide à la traduction

Question 7

(ligne 28) • ***«preguntando»:*** il sera plus élégant de ne pas traduire mot à mot. On pourra former une expression à partir du mot *«pregunta»*: « Avec... / Grâce à... »

(ligne 28) • ***«se enteró de»:*** le verbe *«enterarse»* signifie « apprendre » lorsqu'il s'agit d'une information. Il faut le retenir.
Attention : *«aprender»* ne s'emploie que dans le sens d'apprendre une leçon, apprendre à faire quelque chose... Dans un texte, *«¿De qué nos enteramos?»* signifie: « Qu'apprenons nous? ».

(ligne 30) • ***«guarura»:*** mot mexicain. Ici, on pourra le traduire par « gorille ».

(ligne 31) • ***«dos hijos varones»:*** on ne traduira pas mot à mot. En français, *«hijos varones»* se traduira par un seul mot.

(ligne 31) • ***«cursaban Primaria»:*** ici, on traduira tout simplement *cursar* par le verbe « être»

(ligne 34) • ***«que seguía siendo»:*** il faut se rappeler que *«seguir»* est ici un substitut du verbe «être» et qu'il marque la continuité. En français, on utilisera un adverbe.

Complementos ▸ p. 192

Nos han dado la tierra

Vuelvo hacia todos lados y miro el Llano. Tanta y tamaña[1] tierra para nada. Se le resbalan[2] a uno los ojos al no encontrar cosa que los detenga. Sólo unas cuantas lagartijas[3] salen a asomar la cabeza por encima de sus agujeros, y luego que sienten la tatema[4] del sol corren a esconderse en la sombrita de una piedra. Pero nosotros, cuando tengamos que trabajar aquí, ¿qué haremos para enfriarnos del sol, eh? Porque a nosotros nos dieron esta costra de tepetate[5] para que la sembráramos.

Nos dijeron:

–Del pueblo para acá[6] es de ustedes.

Nosotros preguntamos:

–¿El Llano?

–Sí, el Llano. Todo el Llano Grande.

Nosotros paramos la jeta[7] para decir que el Llano no lo queríamos. Que queríamos lo que estaba junto al río. Del río para allá, por las vegas, donde están los árboles llamados casuarinas[8] y las paraneras[9] y la tierra buena. No este duro pellejo[10] de vaca que se llama el Llano.

Pero no nos dejaron decir nuestras cosas. El delegado[11] no venía a conversar con nosotros. Nos puso los papeles en la mano y nos dijo:

–No se vayan a asustar por tener tanto terreno para ustedes solos.

–Es que el Llano, señor delegado...

–Son miles y miles de yuntas[12].

–Pero no hay agua. Ni siquiera para hacer un buche[13] hay agua.

–¿Y el temporal[14]? Nadie les dijo que se les iba a dotar con tierras de riego[15]. En cuanto allí llueva, se levantará el maíz como si lo estiraran.

–Pero, señor delegado, la tierra está deslavada, dura. No creemos que el arado[16] se entierre en esa como cantera[17] que es la tierra del Llano. Habría que hacer agujeros con el azadón[18] para sembrar la semilla y ni aun así es positivo que nazca nada; ni maíz ni nada nacerá.

–Eso, manifiéstenlo por escrito. Y ahora váyanse. Es al latifundio[19] al que tienen que atacar, no al Gobierno que les da la tierra.

–Espérenos usted, señor delegado. Nosotros no hemos dicho nada contra el Centro. Todo es contra el Llano... No se puede contra lo que no se puede. Eso es lo que hemos dicho... Espérenos usted para explicarle. Mire, vamos a comenzar por donde íbamos.

Pero él no nos quiso oír.

Así nos han dado esta tierra. Y en este comal acalorado[20] quieren que sembremos semillas de algo, para ver si algo retoña[21] y se levanta. Pero nada se levantará de aquí. Ni zopilotes[22].

Juan Rulfo, *El llano en llamas*, 1953.

Comentar

Después de la Revolución mexicana (1910-1924), con la Reforma Agraria, los campesinos recibieron tierras.

1. Analiza la descripción de la tierra, «El Llano Grande», recibida por el narrador. ¿Qué impresión domina?

2. En esta descripción, ¿de qué recurso estilístico se vale el escritor? Fíjate, por ejemplo, en estas frases: «Habría que hacer agujeros con el azadón para sembrar la semilla y ni aun así es positivo que nazca nada; ni maíz ni nada nacerá.» «Pero nada se levantará de aquí. Ni zopilotes».
Busca otros ejemplos.

3. Comenta la actitud del delegado. ¿Qué revela?

4. Di cómo vienen expresados la soledad y el desamparo del mundo campesino en este texto.

1. *ici, tant et tant de*
2. resbalar: *glisser*
3. *lézards*
4. la tatema: el calor
5. *cette croûte de terre dure*
6. acá = aquí
7. la jeta = *la cara*
8. árboles cuyas hojas se parecen a las plumas de aves
9. *pâturages*
10. *peau, cuir*
11. el delegado del Gobierno en la Reforma Agraria
12. 1 yunta son 34 hectáreas
13. *boire une gorgée*
14. *l'orage*
15. *terres irriguées*
16. *la charrue*
17. *ici, champ de cailloux*
18. *la houe (la pioche)*
19. *grande propriété*
20. *ici, four surchauffé*
21. retoñar: *bourgeonner, repousser*
22. *vautours*

Claves para el comentario

El autor y la obra

Juan Rulfo (1918-1986)

• Nació en el estado de Jalisco (México). Su padre, su madre y todos sus tíos fueron asesinados durante la Revolución. Fue internado en un orfanato de Guadalajara (capital de Jalisco) desde los diez hasta los catorce años. Muchos años después dijo: «*El sistema era carcelario. Lo que aprendí fue a deprimirme, fue una de las épocas en que me encontré más solo y donde conseguí un estado depresivo que todavía no se me puede curar.*»
Estudió contabilidad. Se dedicó a trabajos diversos.
En 1953, publicó un libro de cuentos *El llano en llamas*.
En 1955, publicó su única novela ***Pedro Páramo*** que tuvo muchísimo éxito y que le dio una fama mundial. Después no publicó nunca más. Trabajó para el gobierno y la televisión.

El contexto histórico

• La Reforma Agraria fue una de las aspiraciones de la Revolución de comienzos del siglo XX. En 1910, los grandes propietarios terratenientes constituían una oligarquía que dominaba el país. La revolución de Emiliano Zapata terminó con esta situación, ya que accedió al poder con la consigna del reparto de la tierra.
• En los años 1950, cuando Rulfo publicó *El llano en llamas*, varios intelectuales y periodistas pensaban que la meta de la Revolución no se había cumplido o que había sido traicionada.

El contexto literario

• En 1953, cuando publicó *El llano en llamas*, Juan Rulfo tenía 35 años. Vivía con un sueldo de empleado. El éxito no fue inmenso.
En 1955, la publicación de *Pedro Páramo*, le dio una fama inmensa y se le reconoció como novelista de mucho talento en el mundo entero.
• Hoy día, dos premios literarios llevan su nombre. El premio Juan Rulfo otorgado por **Radio France International**, y el Premio de literatura latinoamericana Juan Rulfo otorgado durante la Feria internacional del libro de Guadalajara en México.

David Alfaro Siqueiros, *Madre campesina*, 1931.

¿Lo sabías?

El muralismo en México

Después de la revolución nació en México un movimiento artístico con fines educativos: el muralismo.

Tres artistas famosos

- Los artistas representaron en **lugares públicos** a los que toda la gente podía acceder escenas históricas y cotidianas, en las que aparecía la **situación social y política** de México.
- **Diego Rivera**, **José Clemente Orozco** y **David Alfaro Siqueiros** recibieron comisiones del presidente Obregón para decorar edificios públicos con temas que glorificaran la Revolución.

Diego Rivera (1886-1957)
Es uno de los muralistas más famosos. Creó murales sobre la Conquista, la Revolución y sobre temas actuales de alto contenido social. Diversos murales están en el centro histórico de la Ciudad de México y en otras ciudades mexicanas como Cuernavaca y Acapulco. Hay también algunas obras suyas en el extranjero como San Francisco, Detroit y Nueva York. Se casó y vivió con Frida Kahlo, pintora mexicana. ▼

Diego Rivera, *Sueño de una tarde dominical en la Alameda Central*, 1947.

José Clemente Orozco, *La trinchera*, 1923-1926.

José Clemente Orozco, *Destrucción del viejo orden*, 1923-1926.

José Clemente Orozco (1883-1949) ▲
Pintó numerosos murales en diferentes ciudades de México y en Estados Unidos. En 1946, integró, junto con Diego Rivera y David Alfaro Siqueiros, la comisión de Pintura Mural del Instituto Nacional de Bellas Artes. El mismo año recibió el Premio Nacional de Bellas Artes de México.

▶
David Alfaro Siqueiros (1896-1974)
Las temáticas de su obra son la Revolución y el Pueblo mexicano. En su pintura aparece la crítica de la sociedad capitalista y la defensa de sus ideas comunistas.
Fue un artista comprometido que quería «educar a las masas y derrotar a los burgueses y a los individualistas». En 1966, recibió el premio Lenin de la Paz.

David Alfaro Siqueiros pintando el mural *Del Porfirismo a la Revolución* en 1966.

1917

En 1917 fue proclamada la Constitución mexicana. Esta fecha sirve a veces para situar el fin de la Revolución que había empezado en 1910. Sin embargo, muchos historiadores consideran que el proceso revolucionario no terminó hasta una fecha mucho más tardía: 1924 o, incluso, los años 1940.

Actividad

Después de leer estas páginas, di qué mural te gusta más y explica por qué.

1

LA PAMPA

Las riquezas naturales de Argentina le permitieron alcanzar en los años 1950 el rango de novena potencia mundial en materia económica. El desarrollo de su agricultura le valió entonces ser considerada como «el granero del mundo» y, gracias a la cría de ganado, particularmente importante en la pampa, podía efectuar importantes exportaciones de carne.

2

LAS MINAS

Las riquezas mineras del Cono Sur son muy importantes, en particular en la zona andina. La producción minera siempre fue importante en Chile, con la minería del oro y de la plata. En el norte del país, la explotación del salitre natural, en el desierto de Atacama, se desarrolló entre finales del siglo XIX y principios del siglo XX. Los grandes yacimientos de cobre fueron explotados, en el siglo pasado, por grandes compañías norteamericanas pero en 1971 el presidente Salvador Allende nacionalizó las minas. Chile es actualmente el principal productor de cobre en el mundo.

Para empezar

Después de leer los textos de esta página, apunta los elementos que muestran la intervención de las empresas extranjeras en la vida económica de los países del Cono Sur.

8 Aspectos del Cono Sur

3 LOS BOSQUES

El Cono Sur presenta gran variedad de climas y paisajes. Aunque en el noroeste el clima es desértico en el desierto de Atacama, en el extremo sur los bosques cubren la cordillera patagónica. La explotación forestal intensiva empezó en Patagonia a finales del siglo XIX. Actualmente, varios inversores extranjeros desarrollan proyectos de explotación maderera que amenazan el bosque y el ecosistema de Tierra del Fuego.

Activités

Écrit

Lire et comprendre • Une page des mémoires de Neruda • Un texte sur la dictature en Argentine et les Mères de la Place de Mai • Un article sur la Réserve Écologique à Buenos Aires

S'exprimer à l'écrit • Écrire une synthèse • Produire un bref texte comparatif entre un texte et des illustrations

Oral

Écouter et comprendre • Un document sur le sauvetage de 33 mineurs chiliens • L'évocation de la situation des mineurs dans la *Cantata de Santa María de Iquique* • Un document sur les Mères de la Place de Mai

S'exprimer en continu • Un document visuel sur les mineurs chiliens • Une bande dessinée sur la dictature argentine racontée aux enfants • L'histoire de la Réserve Ecologique à Buenos Aires • La déforestation et l'exploitation des richesses naturelles

S'exprimer en interaction • La présence de parcs écologiques à l'intérieur des villes

Programme

Thème culturel

Espaces et échanges • La médiatisation d'un événement : le sauvetage de 33 mineurs au Chili

Lieux et formes du pouvoir • La situation des mineurs au Chili : un témoignage de Neruda et un article de presse actuel • La dictature en Argentine

L'idée de progrès • Buenos Aires du début du XXe siècle à nos jours • La Réserve Ecologique à Buenos Aires

Contenus linguistiques

• L'emploi des pronoms personnels compléments
• Écrire un court récit

Réussir à l'écrit

• Rédiger un souvenir

Littérature

***Je* de l'écrivain et *jeu* de l'écriture** • Pablo Neruda, *Confieso que he vivido*, 2005

La pampa salitrera

A fines de 1943 llegaba de nuevo a Santiago. [...] Busqué de nuevo la hermosura de mi patria, la fuerte belleza de la naturaleza, el encanto de las mujeres, el trabajo de mis compañeros, la inteligencia de mis compatriotas.

El país no había cambiado. Campos y aldeas dormidas, pobreza terrible de las regiones mineras y la gente elegante llenando su Country Club. Había que decidirse.

Mi decisión me causó persecuciones y minutos estelares. ¿Qué poeta podría arrepentirse?

Curzio Malaparte[1], que me entrevistó años después de lo que voy a relatar, lo dijo bien en su artículo: «No soy comunista, pero si fuera poeta chileno, lo sería, como Pablo Neruda lo es. Hay que tomar partido aquí, por los Cadillacs, o por la gente sin escuela y sin zapatos».

Esta gente sin escuela y sin zapatos me eligió senador de la república el 4 de marzo de 1945. Llevaré siempre con orgullo el hecho de que votaran por mí millares de chilenos de la región más dura de Chile, región de la gran minería, cobre y salitre[2].

Era difícil y áspero caminar por la pampa. Por medio siglo no llueve en esas regiones y el desierto ha dado fisonomía a los mineros. Son hombres de rostros quemados; toda su expresión de soledad y de abandono se deposita en los ojos de oscura intensidad. Subir del desierto hacia la cordillera, entrar en cada casa pobre, conocer las inhumanas faenas[3], y sentirse depositario de las esperanzas del hombre aislado y sumergido, no es una responsabilidad cualquiera. Sin embargo, mi poesía abrió el camino de comunicación y pude andar y circular y ser recibido como un hermano imperecedero[4], por mis compatriotas de vida dura. [...]

Una vez, [en 1945], se me prohibió dirigirme a los obreros en el local del sindicato. Yo los llamé fuera del recinto y en pleno desierto comencé a explicarles la situación, las posibles salidas del conflicto. Éramos unos doscientos. De pronto escuché un ruido de motores y observé cómo se acercaba, hasta a cuatro o cinco metros de mis palabras, un tanque del ejército. Se abrió la tapa y surgió de la abertura una ametralladora que apuntaba a mi cabeza. Junto al arma se irguió un oficial, muy relamido[5] pero muy serio, que se dedicó a mirarme mientras yo continuaba mi discurso. Eso fue todo.

Pablo Neruda, *Confieso que he vivido*, 1974 (publicación póstuma).

1. *écrivain italien (1898-1957)*
2. *cuivre et nitrate*
3. *les travaux inhumains*
4. *ici, de toujours*
5. *raffiné*

1 Comprender y expresarse

1. Pablo Neruda le tenía mucho amor a su tierra. Apunta detalles que lo muestran.

2. Di cómo justifica su lucha por el pueblo.

3. Neruda fue también un hombre político. Entresaca la frase que lo revela.

4. Apunta los detalles que ponen de manifiesto la vida dura del minero.

5. Neruda cuenta un episodio de conflicto político. A tu parecer, ¿por qué intervino el ejército?

6. Comenta la actitud de Neruda frente al tanque.

2 Observar y expresarse

El mural y el poema rinden homenaje a los mineros. Muéstralo.

Así se dice

- el caliche: *le nitrate*
- el sudor: *la sueur*
- el desafío: *le défi*
- la pala: *la pelle*
- en honor de: *à la gloire de*

Prácticas

Transforme les phrases selon le modèle :
Los obreros me otorgaron su confianza. → (Su confianza) Me la ortorgaron.

1. Curzio Malaparte entrevistó al poeta. → (Al poeta) ......
2. Me contaron sus problemas. → (Sus problemas) ......
3. Me prohibieron dirigirme a los obreros. → (Dirigirme a los obreros) ......
4. No te permitieron reunir a a los obreros. → (A los obreros) ......
5. Comencé a explicarles la situación → (La situación) ......

Recuerda

L'emploi des pronoms compléments

- «Una vez, se **me** prohibió dirigir**me** a los obreros.»
- «Yo **los** llamé fuera del recinto y en pleno desierto comencé a explicar**les** la situación.»

➲ *Vamos a ver* p. 176

¡Escucha!

33 mineros atrapados en una mina

29

1 Escuchar y expresarse

1. ¿Cuáles son las nacionalidades de los mineros atrapados en la mina?
2. ¿Cuántos días esperaron las familias antes de saber si los mineros seguían vivos en la mina?
3. ¿Cómo se enteraron ellas de que estaban todos vivos?
4. ¿Cuáles son las riquezas de la mina? ¿Dónde está situada?
5. ¿En qué insistió el presidente chileno cuando habló de los mineros?

30

2 Escuchar y expresarse

Los 33 que escaparon de la muerte

1. Di quiénes son:
a. Sebastián Piñera.
b. Florencio Ávalos.
c. Byron.
2. ¿Cuánto tiempo se quedaron los mineros atrapados en la mina? ¿A qué profundidad?
3. ¿Cómo salieron de la mina?
4. ¿Qué hicieron los periodistas para poder entrevistar a los mineros?
5. Da algunos detalles que muestran que el rescate de los mineros fue un momento importantísimo en todo el país.

3 Observar y expresarse

1. Observa las tres fotos y di a qué momento corresponde cada una.

2. Describe cada foto y, después, busca un título para cada una.

4 Escuchar y expresarse

31

Vamos mujer

En 1907, los mineros en huelga de la Pampa del norte de Chile fueron a la capital de la provincia para reivindicar sus derechos. En Iquique, la capital, fueron exterminados por el ejército y murieron más de 3.000 de ellos.

1. Di cuáles son las esperanzas del hombre.

2. ¿Cómo evoca la ciudad de Iquique?

3. El hombre repite tres veces el verso siguiente: «Qué es lo que pasa, dime, no calles más». ¿Qué revela?

Así se dice

- la esperanza: *l'espoir*
- animar: *encourager*
- fiarse de alguien: *se fier à quelqu'un*
- confiar en: *avoir confiance en*
- desconfiar: *ne pas avoir confiance, se méfier*
- recorrer: *parcourir*
- mejorar: *améliorer*
- estar callado: *être silencieux*
- dudar: *hésiter*

Las madres de Plaza de Mayo

1 Comprender y expresarse

1. El título *Argentina, una herida abierta* remite a la dictadura militar de los años 1976-1981. Coméntalo.

2. Este libro publicado por las Ediciones Madres de Plaza de Mayo se dirige a los «más chicos». ¿Te parece importante explicarles lo que pasó en aquel entonces? Explica por qué.

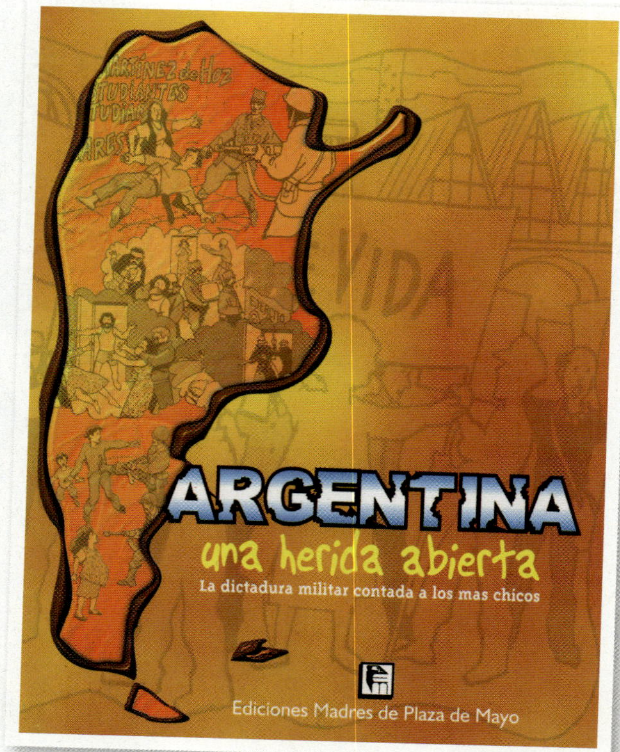

Así se dice

- la sangre: *le sang*
- sangriento(a): *sanglant(e)*
- herir (ie-i): *blesser*
- asesinar
- un testimonio: *un témoignage*
- dar a conocer: *faire connaître*

ARGENTINA, 1975:

Frente a la creciente inflación, a la improductividad, a los despidos[1] masivos, al afianzamiento de la dependencia, se alzaban las luchas populares.

ARGENTINA , 24 DE MARZO DE 1976:

La represión se organiza, se perfecciona. Con la excusa de combatir a la guerrilla aparecen los pretendidos "salvadores de la Patria", apoyados en los mismos pilares. La mira[2]: Todo el pueblo.

El derecho a la vida, a la integridad personal, a ser juzgado o procesado , son violados. El secuestro[3] y la tortura son comunes denominadores de esos días...Y una nueva palabra surge en este escenario :

DESAPARECIDO

2 Comprender y expresarse

1. En 1975, antes de la dictadura, hubo protestas del pueblo. Explica por qué.

2. ¿Cuál fue el pretexto de los militares para tomar el poder e imponer una dictadura?

3. Di cuáles fueron las consecuencias inmediatas para los que se opusieron a la dictadura.

4. ¿Por qué nació una nueva palabra: «Desaparecido»? ¿Qué significaba en realidad?

1. *licenciements*
2. *ici, la cible*
3. *l'enlèvement*

3 Observar y expresarse

1. Las dos páginas representan las mismas escenas. ¿Qué diferencias hay entre las dos?

2. ¿Quiénes eran los que «desaparecieron»? A tu parecer, ¿por qué ellos?

Así se dice

- la silueta
- el contorno: *le contour*
- el fantasma
- la pintada: *le graffiti*
- la reivindicación
- desaparecer
- secuestrar

4 Observar y expresarse

1. El dibujo consta de dos partes. Comenta las dos partes y explica lo que significa.

2. El mundial de fútbol del 78 tuvo lugar en Argentina. Di en qué fue importante para la dictadura.

No se podía hablar, los medios de difusión estaban controlados y nadie daba información.
Pero, simultáneamente, todos sabíamos lo que estaba pasando...

Se fomentaba el silencio intentando hacernos creer que no hablar garantizaba no sólo la vida del desaparecido, sino también la vida del que no hablaba (familiares, amigos, compañeros...)

¿Te imaginas el valor?

Los pañuelos blancos de las Madres de Plaza de Mayo.

La Pirámide de Mayo erigida en el centro de la Plaza de Mayo en Buenos Aires.

32

1 Escuchar y expresarse

En la plaza de Mayo

Habla Lorenza a su hijo Mateo.

1. ¿Quiénes eran las «Madres»?
2. ¿Qué hacían los jueves de cada semana?
3. ¿Qué particulariad tenían en su forma de vestir?

Lorenza le habla a su hijo Mateo, ya adulto en los años 2000, de las desapariciones en Argentina en los años 1976-1983, durante la dictadura. Está hablando del caso de Lucía y Piper.

Lo único que Lucía sabía con certeza, porque se lo había contado una vecina que presenció la escena desde la ventana, era que al Piper lo habían sacado de su casa con los ojos vendados, las manos amarradas[1] atrás y la cabeza bañada en sangre. Y que gritaba algo, algo que quería que se escuchara, aunque le pegaban para que se callara.

–Y qué crees tú que gritaba el Piper, Lolé, yo también quisiera saber –dijo Mateo.

–Por lo general los secuestrados salían gritando su propio nombre. Para que al menos hubiera testigos, alguien en la calle que se enterara de lo que estaba pasando y pudiera denunciar la desaparición.

–O sea que el Piper salió gritando *¡Yo soy el Piper, yo soy el Piper, me están secuestrando!*

–Gritaría más bien *soy Horacio Rasmilovich*, su verdadero nombre.

A partir de ese momento Lucía no volvió a saber nada de él, como si se lo hubiera tragado la tierra, y tanto ella como su suegra le dedicaron todos sus días y todas sus horas a buscarlo, a denunciar su secuestro ante cuanto organismo internacional tenían a su alcance, a preguntarlo en los juzgados de instrucción militar, en el Estado Mayor del Ejército, en la Casa de Gobierno. Iban juntas al arzobispado y a las sedes de redacción de los diarios sin separarse la una de la otra ni de día ni de noche, tanto que Lucía cerró su departamento y se fue a vivir a casa de su suegra.

Se apoyaban mutuamente en su pena y mantenían una relación monotemática, a todas horas hablando del Piper, recordándolo, llorándolo, planeando estrategias para dar con él, y así año tras año, sin dejar que el paso del tiempo debilitara su empeño[2], al contrario, cada vez más obstinadas, más desafiantes, desfilando todos los jueves con las Madres de Plaza de Mayo.

–O sea esta plaza, Mateo, donde te he traído porque quiero que la conozcas –le dijo Lorenza, los dos parados al lado del obelisco erigido en el centro.

Laura Restrepo, *Demasiados héroes*, 2009.

1. amarrar = atar
2. el empeño: *l'obstination*

2 Comprender y expresarse

Líneas 1-19

1. Explica cómo se enteró Lucía de que habían secuestrado a su marido.
2. Apunta algunos detalles reveladores de la violencia de los militares.
3. ¿Para qué salió gritando Piper?

Líneas 20-45

4. Apunta la expresión que recalca el hecho de que el hombre había desaparecido para siempre.
5. Cita los detalles que muestran los esfuerzos de la esposa y de la madre del desaparecido.
6. Di lo que significa, a tu parecer, la presencia de Lorenza y Mateo en la Plaza de Mayo, junto al obelisco.

3 Escribir

A partir de los diferentes documentos de las dos páginas, resume lo que sabes de aquel período en Argentina. Escribe unas 7-8 líneas.

Prácticas

1. Transforme les phrases selon le modèle :
Ella le dice a su vecino: «Dime la verdad». ➜ Quiere que le diga la verdad.

1. Él les dice a sus compañeros: «Denme este libro».
2. Usted le dice a su amiga: «Créeme, por favor».
3. Ellas nos dicen: «Ayúdennos».
4. Usted les dice a los testigos: «Cuéntenme lo que pasó».
5. Tú me dijiste: «Explícame lo que significa esto».

2. Réécris cette phrase en mettant le verbe «*querer*» à l'imparfait.
O sea esta plaza, Mateo, quiero que la conozcas.

Recuerda

L'emploi des pronoms compléments

- «**Lo** sabía porque **se lo** había dicho una vecina.»
- «Al Piper **lo** habían sacado de su casa con los ojos vendados.»
- «**Le** dedicaron todos sus días a buscar**lo**... **Se** apoyaban mutuamente, recordándo**lo**, llorándo**lo**...»

➲ *Vamos a ver* p. 176

Cerca del río

La «Reserva Ecológica de la Costanera Sur» se sitúa, en la Ciudad de Buenos Aires, al este de Puerto Madero.

La Reserva Ecológica es un lugar raro[1], un paraje bizarro[2] y frondoso que queda apenas a unos cuantos metros del asfalto y los semáforos. Descubrir sus misterios puede ser una aventura a pequeña escala.

Hubo un tiempo en que estas 360 hectáreas no eran más que agua chocolate del Río de la Plata... En ese tiempo las señoras usaban polleras[3] que descubrían los tobillos[4] sólo cuando había que subir al tranvía y las parejas de novios salían a la tarde con la chaperona. Fue por ese entonces, en un pujante 1918, que el margen de esas aguas fue declarado balneario municipal y se construyó el espigón[5] que hoy oficia de entrada a la Reserva Ecológica. De un lado se bañaban (vestidas) las mujeres; del otro, los varones; y cuando salía el sol, unos y otros paseaban por la ribera de la Costanera Sur, tocándose el sombrero en señal de saludo. Así fue durante muchos años, al menos hasta terminada la década del '30.

Después, el sur de la ciudad dejó de ser interesante para los vecinos adinerados; la falta de previsión convirtió el agua chocolate en una inmensa cloaca y hacia fines de los cincuenta ya eran pocos los que querían refrescarse en ese balneario. En los sesenta, se decretó la prohibición de bañarse porque la contaminación fluvial ponía en peligro la vida de cualquier especie.

Fue durante la dictadura de Agustín Lanusse[6] que surgió la idea de «ganarle espacio al río» rellenando la zona a la que se llamó Ensanche Area Central aunque fueron las famosas autopistas de Osvaldo Cacciatore[7] las que brindaron el material necesario para obligar al río a emprender la retirada. Son los restos de las casas que se demolieron para su trazado las que se han mutado ahora en extraños tesoros para antropólogos y caminantes.

Lo que siguió fue la historia con moraleja sobre la tenacidad de la naturaleza transformando la desidia[8] humana. Cayeron las semillas que diseminó el viento. Los vegetales crecieron; los árboles se ofrecieron como refugio para las aves, los bañados como vergel para pequeños reptiles y mamíferos. La Reserva Ecológica era una evidencia antes de que el 5 de junio de 1986 el entonces Concejo Deliberante[9] la declarara como tal.

Marta Dillon, Página 12, www.porlareserva.org.ar

1. *étrange, bizarre*
2. *ici, sauvage*
3. *jupons*
4. *chevilles*
5. *la jetée*
6. 1971-1973
7. Intendente de Buenos Aires durante la dictadura (1976-1982).
8. *la négligence*
9. *le Conseil municipal de l'époque*

1 Comprender y expresarse

1. Antes de ser llamado «Reserva Ecológica de la Costanera Sur» el lugar conoció diferentes etapas. Di cuáles fueron y sitúa cada una en su tiempo.

2. A principios del siglo XX, los modales eran muy estrictos para las mujeres. Apunta los detalles que lo muestran.

Vista de la dársena norte de Puerto Madero, 1920. La entrada de la Reserva ecológica está hoy al lado.

Buenos Aires, Plaza de Italia en los años 1920.

2 Observar y escribir

1. Entresaca en el texto de la página 174 los detalles que aparecen en las dos postales. Copia la frase en la que aparecen y, en unas dos líneas, di cómo se ven en la postal.

2. Copia dos frases sacadas del texto que corresponden a la foto de la reserva hoy día.

3 Actuar

¿Te parece interesante la creación de esta Reserva Ecológica? ¿Es importante preservar la Naturaleza dentro de las ciudades? Compara tus ideas con las de tus compañeros.

VAMOS a VER

L'emploi des pronoms personnels compléments

En espagnol, alors que les pronoms personnels sujets sont la plupart du temps omis, il est fait un grand usage des pronoms compléments qui servent notamment dans de nombreuses tournures affectives et idiomatiques.

1 Insister ou éviter la confusion

En espagnol, on trouve fréquemment dans la même phrase ***le substantif COI et le pronom*** *qui le représente.*

• **A las dos mujeres**, les contaron lo que le había pasado al Piper.
On raconta ***aux deux femmes*** *ce qui était arrivé à Piper.*

*On remarque cet usage également lorsque le COI est « **Usted** ».*

2 Les tournures affectives

Pour exprimer un sentiment, un désir, un goût… on a souvent recours à une « tournure affective ». Dans ces tournures, le terme qui, en français, serait sujet (celui qui éprouve le sentiment) est, en espagnol, présenté comme subissant l'action (ou plutôt une attraction, une passion…) : il n'est que complément. En revanche, ***il apparaît souvent deux fois, à travers un substantif et un pronom****.*

• **Al poeta** le gustaba mucho observar a la mangosta.

Le verbe **gustar** *se construit de cette façon. Il y en a cependant bien d'autres comme* **encantar, apasionar, indignar, apetecer, molestar, hacer ilusión**, *etc.*

• **A Mateo** le impresionó lo que le contó su madre.

3 Valeur possessive du pronom

Le pronom peut prendre une valeur possessive ; dans ce cas, le substantif est précédé de l'article indéfini et non de l'adjectif possessif.

• Lo que (a mí) *me* llama *la* atención es que…
Ce qui attire ***mon*** *attention c'est que…*

• Lo que *nos* llama *la* atención (a nosotros) es que…
Ce qui attire ***notre*** *attention c'est que…*

4 Verbes à la forme réfléchie

Bon nombre de verbes espagnols sont employés avec un pronom qui souligne l'intérêt que le sujet porte à l'action. Ces verbes prennent la forme réfléchie.

• Aunque me lo dijeron muchas veces, **no me lo creo.**
Bien qu'on me l'ait dit plusieurs fois je n'arrive pas à le croire.

• Antes de esta conversación, nunca **se lo había pensado**.
Avant cette conversation, il n'y avait jamais pensé.

5 Les tournures idiomatiques

L'ajout de pronoms souligne souvent le caractère affectif de la phrase. Il est parfois difficile de les rendre en français.

• **Al Piper lo habían sacado** de su casa con los ojos vendados.
Piper avait été sorti de chez lui, les yeux bandés…

• **A las autoridades se les ocurrió** darles a los campesinos la propiedad del Llano.
Les autorités ***eurent l'idée de*** *donner aux paysans la propriété du « Llano ».*

• Esta historia **no se me olvidó**.
Je n'ai pas oublié cette histoire.

Prácticas

1. Complète les phrases avec le (ou les) pronom(s) adéquat(s).

1. Hoy es el cumpleaños de María y, de regalo, …… compré una caja de bombones.
2. …… …… regalé esta mañana.
3. Me invitó a una fiesta con sus amigos y …… …… presentó.
4. …… me parecieron muy simpáticos.
5. …… no conocía su casa, …… encontré muy bonita y …… …… dije.

2. Transforme les phrases selon le modèle :
¡Inventa la palabra que te haga falta! → ¡Invéntala!

1. ¡Aprende este idioma!
2. ¡Escucha estos consejos!
3. ¡Léeme esta carta!
4. ¡Dile que le quieres!
5. ¡Explícales lo que pasa!

Claves para escribir un relato breve

Antes de escribir

• Para redactar un relato, no sólo tienes que pensar en la pregunta principal, *¿Qué pasó?*, sino también en algunas más: *¿Dónde?, ¿Cuándo?, ¿Quién(es)?, ¿Por qué?, ¿Cómo?*

• Tienes que definir al narrador. Si eliges hablar en primera persona (por ejemplo si se trata de un recuerdo) tienes que seguir así durante todo el relato.

• Antes de empezar, pregúntate: *¿Cuál va a ser la tonalidad del relato? ¿humorística?, ¿dramática?, ¿poética?...* Tienes que pensar en la coherencia de los diferentes elementos del relato y, sobre todo, en interesar al lector.

• Un texto narrativo puede contener partes dialogadas. Estas partes tienen que ser muy breves (una línea o dos) pero le pueden dar dinamismo a lo que cuentas.

Empezar el relato

• En este momento es esencial despertar el interés del lector. Puedes empezar con una parte de exposición o, directamente, *in medias res*.

• En una parte de exposición vas a introducir lo esencial exponiendo el contexto, las circunstancias del evento, los protagonistas. Si se trata de un recuerdo, tienes que utilizar el pasado; si prefieres, puedes elegir el presente de narración, pero evita hacer una mezcla de los dos.

– En los años... En aquel entonces...
– Allí... En aquella región...
– Fulano era un amigo mío que... vivía en...
– Yo, en aquella época, tenía ... años y...

• Empezar *in medias res*, significa empezar en medio de la acción. Esta forma es la más adecuada para un relato breve. Conviene dar de inmediato, en dos o tres líneas, una impresión de movimiento o/y sugerir sentimientos o emociones fuertes.

Una posibilidad es presentar inmediatamente un hecho relevante que llame la atención:

– Era de noche. En la oscuridad, no se veía nada. De pronto oí/oyó un grito y un ruido de pasos precipitados en la escalera.

• Después de una o dos líneas de este tipo puedes introducir el relato propiamente dicho:

– Fulano se acordó siempre de aquella noche de cuando tenía ... años. Al día siguiente, le contaron que un ladrón...

– Aquella noche fue cuando ocurrió..., Entonces fue cuando yo comprendí...

• Otra opción es empezar dándole la palabra a uno de los protagonistas:

– «¡Socorro! ¡A por él! No dejen que se vaya...»

Al oír los gritos de su madre, Fulano, asustado, no salió de su habitación. Entonces sólo era un niño de ... años. Pero al día siguiente le contaron que un hombre...

• Puedes subrayar la importancia de lo que vas a relatar indicando sus consecuencias. Para insistir, puedes utilizar giros tales como:

– Entonces fue cuando la vida de Fulano cambió para siempre.
– Él fue quien provocó... / Yo fui quien...
– Así fue como empezó todo...
– Por eso, siempre...

Relatar los hechos

No compliques demasiado las cosas. Presenta los hechos esenciales de modo que todo resulte muy claro. Para ello, utiliza las preposiciones adecuadas.

De pronto / De repente... Después... Después de un tiempo... A los dos días... A la semana... Al mes siguiente... A lo largo de los años...

El desenlace

Para terminar un relato breve, tienes diferentes opciones:

• Una de las soluciones más adecuadas es introducir un revés dramático *(un retournement de situation)*. Puedes revelar al final algo inesperado que cambie totalmente el sentido de la narración.

En ese momento se encendieron las luces. Vimos por fin la cara del hombre y descubrimos que el ladrón no era Fulano sino...

También en este momento puede resultar interesante darle la palabra a uno de los protagonistas.

Entonces, el hombre se volvió hacia él y le dijo: «¿No me reconoces, Fulano? ¡Soy... tu padre!»

• Puedes elegir dejar las cosas muy claras: en este caso precisa claramente lo que pasó al final.

– Al final resultó que... Así se acabaron las cosas:...

– Se casaron y fueron felices y comieron perdices... («Ils se marièrent, vécurent heureux et eurent beaucoup d'enfants»).

• Pero también puedes preferir dejarle al lector la posibilidad de imaginar parte del desenlace. Esta opción permite preservar cierto misterio y el lector puede apreciar la posibilidad que le ofreces de imaginar él también parte de la historia.

– A partir de este momento nadie supo más de Fulano... Tal vez pudiera encontrar por fin... Pero acaso...

– Esto fue lo que me contaron. Sin embargo, yo no sé si ésta fue la verdad. ¿Quién sabe si, en realidad, el culpable era realmente... o si...?

Ateliers en groupes de compétences

B1

Expression orale en continu

Dégager l'essentiel d'un message publicitaire et en rendre compte

Respetar el medio ambiente

1. Di lo que te llama la atención a primera vista.
2. Explica cuál es el mensaje de la foto.
3. Después de leer el texto explicativo, di lo que te propone este anuncio.

B1

Compréhension de l'oral

33

Repérer les éléments essentiels d'un message oral pour en rendre compte

El proyecto Lemu

1. ¿Quién inició el proyecto Lemu?
2. ¿Qué significa «Lemu»? ¿Cuál es el propósito de tal proyecto?
3. ¿Cuándo empezaron las destrucciones en la Patagonia argentina? ¿De dónde venían las compañías?
4. ¿Por qué es tan importante el proyecto para los indios mapuches?

B1

Compréhension de l'oral / Expression orale en continu

Dégager l'essentiel d'un message oral et en rendre compte

Las caracolas de Pablo Neruda

Haz clic en la dirección siguiente:

www.rtve.es/mediateca/videos/20100121/pablo-neruda-llego-a-reunir-mas-10000-caracolas/674373.shtml

Después de ver el vídeo contesta las preguntas.

1. Di cuáles son las particularidades de la casa de Isla Negra.
2. ¿Qué coleccionaba Neruda?
3. Ciertas caracolas de Neruda son ejemplares muy valiosos. Di por qué.
4. ¿Por qué le fascinaban tanto las caracolas?

Sujet

En la cárcel

El narrador se encontraba prisionero en una cárcel argentina en 1974.

Nico era chiquito y flaquito. Los barrotes de las rejas, escasamente distantes unos de otros y que nos separaban de nuestros familiares eran helados. Allí nos agolpábamos[1], casi unos sobre otros, cuando llegaban nuestros seres queridos.

Nicolás, de apenas tres años, venía frecuentemente. Me miraba sin comprender por qué yo estaba del otro lado de los barrotes, por qué no podía estar con él. Imaginándose cosas horribles sobre nuestra vida carcelaria.

Pero un día se me ocurrió probar[2]...Y su cabecita pasó entre los barrotes. Me di cuenta de que todo su cuerpito podría hacer lo mismo. Y negocié con el guardia de turno.

Los guardias eran brutales y bestiales. Pero había aquellos que en medio de la violencia infernal de una paliza deslizaban una mirada cómplice, aflojaban imperceptiblemente las trompadas[3] (imperceptiblemente para los otros guardias y sus jefes, pero no para nosotros, atentos al menor gesto), los que se conmovían de nuestra situación y la de nuestras familias.

Acaso éste al que me refiero tuviera un hijo chiquitito y flaco. El caso es que dejó pasar a mi Nico. «Sólo un ratito». ¡Un ratito! Fue uno de los momentos más intensos de mi vida.

Llevé a mi hijo hasta la celda, le mostré mi cama, los estantes donde teníamos acumulados un tarrito de dulce de leche y algo de mermelada. Le hice ver cómo vivíamos, la mesita donde yo me sentaba a escribirle las cartas que le enviaba todas las semanas, el inodoro, la ventana, las revistas, los libros.

De pronto vio una cucaracha[4] que se paseaba por el suelo y me dice: –Papá, mátala.

Le dije que era una amiga nuestra y que no hacía daño.

Después de unos minutos y ante el temor del guardia de que se descubriera su transgresión del reglamento, volví a pasar a Nico del otro lado.

Fue difícil pero necesario. Esa vivencia le permitió a mi hijo relegar sus fantasmas y vivir mi encarcelamiento con mayor tranquilidad. Pudo ver que nuestras condiciones materiales eran menos truculentas[5] que lo que se imaginaba. A lo largo de esos años y a medida que iba creciendo, ese recuerdo le sirvió para soportar mejor la ausencia de su padre.

Algunas semanas más tarde cuando quise repetir la experiencia su cabecita había crecido y ya fue imposible hacerlo.

¡Me hubiera gustado tanto que la mía fuera más pequeña para pasar del otro lado! Pero la fuerza de mis convicciones y mis ansias de libertad nunca dejaron de estar del otro lado.

Los barrotes nunca lograron apresar mi espíritu.

Carlos Schmerkin, *La paloma engomada*, 2004.

I. Compréhension

1. Nicolás era un niño pequeño. Apunta dos frases que lo muestran.

2. El narrador pudo reunirse con su hijo. Sin comentar, cita una frase que lo muestra.

3. Apunta dos detalles que revelan cómo trataban a los prisioneros en la cárcel.

4. Cita una frase del texto que muestra que un guardia ayudó al narrador.

5. El padre y el hijo no pudieron repetir la experiencia. Apunta los detalles que explican por qué.

6. Esta experiencia fue importante para el niño. Entresaca los elementos que lo revelan.

7. Elige la respuesta correcta y justifica con una frase del texto. En la cárcel, el hombre:
a. se dejó invadir por la desesperación.
b. tenía mucha fuerza moral.
c. casi no reaccionaba.

II. Expression

1. Comenta la actitud del padre a lo largo del texto.

2. Años después, Nicolás recuerda este episodio y lo cuenta a un amigo. Redacta unas 12 líneas.

1. agolparse: *s'entasser*
2. probar: *faire un essai*
3. aflojar las trompadas: *retenir ses coups*
4. una cucaracha: *un cafard*
5. truculentas: *effrayantes*

Dans un sujet, il est assez fréquemment demandé, comme ici, de rédiger un souvenir autobiographique. Pour t'aider à le faire, tu peux t'appuyer sur les conseils donnés dans la fiche *Claves*, p. 177. Cependant, les règles du récit autobiographique comportent des aspects spécifiques.

Les règles du récit autobiographique

La forme

- Tout d'abord, on remarquera qu'il convient de rédiger le récit à la première personne et d'utiliser en priorité les temps du passé en fonction de leurs valeurs. Il conviendra, bien sûr, lorsque le récit sera entièrement rédigé, d'en effectuer une relecture spécifique afin de vérifier la correction des formes verbales et la concordance des temps.

Le destinataire

- Il sera possible de rédiger le récit à l'intention de toute personne qui le lira (sans préciser le destinataire), ou de choisir un destinataire précis (le narrateur s'adresse à un ami, un parent…). Ce dernier choix donne la possibilité d'accentuer le ton de la confidence, comme c'est le cas dans le texte *¿Qué va a ocurrir?* (p. 60) où le narrateur s'adresse à Cecilia, qu'il tutoie.
- Tu devras donc choisir à qui tu t'adresses avant de commencer la rédaction.

Un récit exemplaire

- Le récit d'un souvenir est intéressant dans la mesure où, à partir d'un exemple personnel, le narrateur peut faire comprendre ce qu'était toute une époque.
- Le récit que tu vas rédiger va permettre de comprendre le drame qu'ont vécu les enfants à l'époque des dictatures militaires en Amérique Latine.
- Il conviendra donc de préciser en quelques phrases brèves, dès le début, le lieu, les circonstances historiques et familiales, l'âge qu'avait alors le narrateur.
- Il conviendra aussi d'indiquer si le cas que l'on va raconter est un exemple d'une situation connue de tous ou si, au contraire, il va s'agir d'une révélation inattendue susceptible de surprendre le lecteur.

Les faits et leur interprétation

- Lorsque le narrateur évoque un épisode marquant de sa vie, il rapporte naturellement les faits tels qu'ils se sont déroulés ou, tout au moins, tels qu'ils sont dans son souvenir. Ainsi, il est tout à fait possible que le souvenir du narrateur ne concorde pas parfaitement avec le récit qu'aurait fait des mêmes événements une autre personne, notamment quelqu'un d'un âge différent qui aurait pu observer des éléments différents ou les aurait interprétés d'une façon légèrement différente.
- Dans le texte que tu vas devoir rédiger, il s'agit d'un souvenir d'enfance. Le fait que l'épisode ait été vécu lorsque le narrateur était très jeune a sans aucun doute influé sur sa perception (ne serait-ce que sur sa vision de l'espace, de la taille des personnes et des choses) et sur son interprétation des faits. Tu devras donc tenir compte de cet aspect.

Les émotions et sentiments

- Les faits relatés ont été vécus par le narrateur en tant que spectateur ou en tant que protagoniste. Dans les deux cas, que l'événement ait été heureux ou malheureux, il a éprouvé alors un certain nombre d'émotions et de sentiments qu'il faudra évoquer. Souvent, s'il s'agit d'un souvenir d'enfance, un sentiment d'impuissance a été ressenti. Aux sentiments éprouvés à l'époque, il faut ajouter ceux que le narrateur a éprouvé par la suite et éprouve peut-être encore aujourd'hui (nostalgie, tristesse, regrets, remords…)

Le changement

- Aujourd'hui, le narrateur a changé par rapport à ce qu'il était à l'époque du déroulement du récit. Ce qu'il a vécu a pu provoquer en partie ce changement (l'a fait réfléchir, mûrir…). Avec le temps également, il a évolué et le monde a changé autour de lui. Il faudra donc, en conclusion, évoquer ce changement et le rôle que l'épisode raconté a joué dans la vie du narrateur et, éventuellement, dans l'histoire de ceux qui l'entouraient et l'entourent peut-être encore (ses proches, ses concitoyens…).

La mangosta

Complementos ▸ p. 193

Pablo Neruda era cónsul de Chile en la capital de Ceilán[1], Colombo.

Mis únicas compañías fueron mi perro y mi mangosta. Ésta, recién salida de la selva, creció a mi lado, dormía en mi cama y comía en mi casa. Nadie puede imaginarse la ternura[2] de una mangosta. Mi pequeño animalito conocía cada minuto de mi existencia, se paseaba por mis papeles y corría detrás de mí todo el día. Se enrollaba entre mi hombro y mi cabeza a la hora de la siesta y dormía allí con el sueño sobresaltado y eléctrico de los animales salvajes.

Mi mangosta domesticada se hizo famosa en el suburbio. De las continuas batallas que sostienen valientemente con las tremendas[3] cobras, conservan las mangostas un prestigio algo mitológico. Yo creo, tras haberlas visto luchar muchas veces contra las serpientes, a los que vencen sólo por su agilidad y por su gruesa capa de pelo color sal y pimienta que engaña y desconcierta al reptil. Por allá se cree que la mangosta, después de los combates contra sus venenosos enemigos, sale en busca de las hierbecitas del antídoto.

Lo cierto es que el prestigio de mi mangosta –que me acompañaba cada día en mis largas caminatas por las playas– hizo que una tarde todos los niños del arrabal[4] se dirigieran a mi casa en imponente procesión. Había aparecido en la calle una atroz serpiente, y ellos venían en demanda de Kiria, mi famosa mangosta, cuyo indudable triunfo se aprestaban a celebrar. Seguido por mis admiradores –bandas enteras de chiquillos tamiles y cingaleses[5], sin más trajes que sus taparrabos[6]–, encabecé el desfile guerrero con mi mangosta en los brazos.

El ofidio era una especie negra de la temible *pollongha*, o víbora de Russell, de mortífero poder. Tomaba sol entre las hierbas sobre una cañería blanca de la que se destacaba como un látigo en la nieve.

Se quedaron atrás, silenciosos, mis seguidores. Yo avancé por la cañería. A unos metros de distancia, frente a la víbora, largué mi mangosta. Kiria olfateó el peligro en el aire y se dirigió con lentos pasos hacia la serpiente. Yo y mis pequeños acompañantes contuvimos la respiración. La gran batalla iba a comenzar. La serpiente se enrolló, levantó la cabeza, abrió las fauces[7] y dirigió su hipnótica mirada al animalito. La mangosta siguió avanzando. Pero a escasos centímetros de la boca del monstruo se dio cuenta exacta de lo que iba a pasar. Entonces dio un gran salto, emprendió vertiginosa carrera en sentido contrario[8], y dejó atrás serpiente y espectadores. No paró de correr hasta llegar a mi dormitorio.

Así perdí mi prestigio en el suburbio de Wellawatha hace ya más de treinta años.

Pablo Neruda, *Confieso que he vivido*, 2005.

Comentar

▸ **Líneas 1-7**

1. Estudia la presentación de la mangosta hecha por Pablo Neruda.

2. ¿Cómo se podría definir la relación entre los dos?

▸ **Líneas 8-15**

3. La mangosta es un animal muy particular. Estudia cómo lo muestra Pablo Neruda.

▸ **Líneas 16-26**

4. Comenta la presentación de la serpiente. A tu parecer, ¿cuáles son las intenciones del narrador?

5. El episodio viene anunciado como heroico. Muéstralo.

▸ **Líneas 27-38**

6. Di cómo consigue Neruda crear una tensión dramática.

7. El desenlace resulta muy humorístico. Coméntalo

▸ **Para concluir**

8. Analiza el arte del escritor en este episodio.

1. Hoy la isla se llama Sri Lanka.
2. *la tendresse*
3. *redoutables*
4. *ici, quartier*
5. *tamouls et cingalais*
6. *pagnes*
7. *la gueule*
8. *elle se lança dans une course vertigineuse en sens inverse*

Claves para el comentario

El autor y su obra

Ricardo Eliécer Neftalí Reyes Basoalto (1904-1973)

- Es un poeta y político chileno conocido bajo el nombre de **Pablo Neruda.** Durante su niñez vivió en la región de Temuco, en el sur de Chile. El amor por su tierra, por los paisajes y los hombres de su país, influyó mucho en su vida y su obra. Cuando estaba en Santiago, publicó su primer poemario, *Crepusculario*, en 1923 y, en 1924, una de sus obras más conocidas, *Veinte poemas de amor y una canción desesperada*.
- Fue nombrado **cónsul de Chile** y, por ello, vivió sucesivamente en varios países extranjeros: Birmania, Sri Lanka, Java, Singapur, Argentina, España, Francia, México... A finales de los años treinta, su obra tomó una orientación política y social más clara como lo muestra el libro *España en el corazón*, publicado en 1937. En 1945, integró el Partido Comunista de Chile y fue elegido **senador**. Por sus compromisos políticos tuvo que vivir en la clandestinidad y, luego, exiliarse en 1949.
- Una de sus obras mayores, *Canto General*, fue publicado en México en 1950. Es un canto épico a Hispanoamérica.

Pablo Neruda viajó a muchos países de Europa. En el mundo entero fue recibido con los honores que le valían su obra internacionalmente reconocida y, en 1971, recibió el **Premio Nobel de Literatura**.

El contexto histórico

- Pablo Neruda siempre participó en las luchas para obtener más justicia social en su país. Su papel político fue muy importante. Contribuyó a la elección del presidente **Salvador Allende** en 1970 y fue nombrado por él **embajador de Chile en Francia**.
- Era cónsul de Chile en España en 1936, cuando empezó la Guerra Civil. Federico García Lorca era amigo suyo, y su asesinato contribuyó a convencer a Neruda de la necesidad de comprometerse al lado de los republicanos. En 1939, fue nombrado cónsul responsable de la inmigración, en París, y organizó el viaje del barco *Winnipeg* que permitió a 2.200 exiliados españoles hallar refugio en Chile.
- Murió en Santiago el 19 de septiembre de 1973, pocos días después del golpe de estado del general Pinochet y del asesinato de Salvador Allende.

El contexto literario

Pablo Neruda, aún joven, encontró a la poetisa chilena Gabriela Mistral que le aconsejó en sus lecturas. Durante sus viajes, conoció a numerosos intelectuales y artistas, entre los cuales Federico García Lorca, Rafael Alberti, Pablo Picasso, Octavio Paz, Gabriel García Márquez... por los cuales fue reconocido como uno de los mayores poetas del siglo XX.

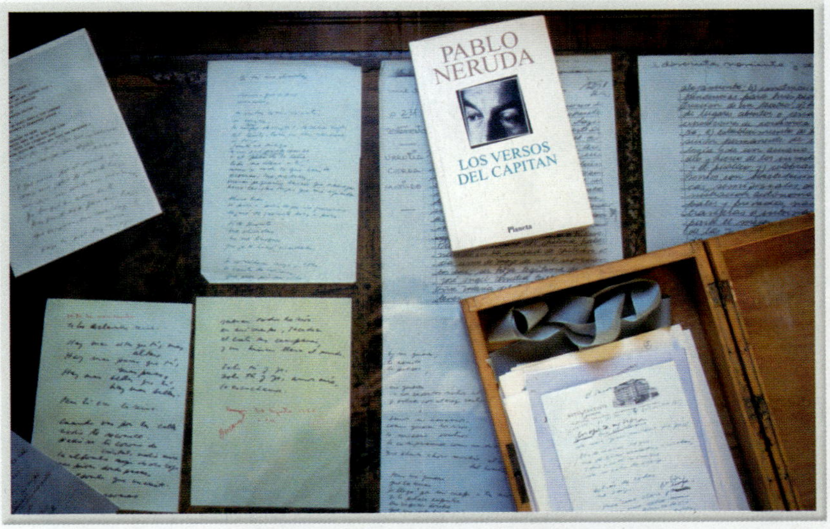

¿Lo sabías?

Las dictaduras en el cine chileno y argentino

A partir de 1985, muchas películas dieron a conocer los años terribles de la dictadura en Argentina (1976-1983).
En Chile, después de doce años de censura durante la dictadura de Pinochet (1973-1990) aparecieron, en los años 90, muchas películas que tocaban el tema de la dictadura.

Argentina

La historia oficial

Es una película del director argentino Luis Puenzo (1985). Ganó el Óscar a la mejor película extranjera. La acción se sitúa en la última etapa de la dictadura militar. Una profesora de historia empieza a darse cuenta de lo que pasó en la Argentina de años anteriores. El retorno de una mujer exiliada y la llegada de una Abuela de Plaza de Mayo que busca a su nieta son motivos para que la mujer tome conciencia de lo sucedido.

Otras películas argentinas

***La noche de los lápices* (1986), película argentina de Héctor Olivera.** Relata sucesos auténticos. En 1976, durante los primeros meses de la dictadura Argentina, siete adolescentes son secuestrados, torturados y asesinados a causa de sus protestas por el aumento del boleto estudiantil.

***Garage Olimpo* (1999), película argentina del director chileno Marco Bechis.** Un día, un grupo de policías y militares sin uniforme secuestra a María ante la mirada de su madre. Es trasladada y encarcelada en el centro clandestino *Garage Olimpo*.

***Kamchatka* (2002), película del director argentino Marcelo Pineyro.** En 1976, en Argentina, miles de personas son perseguidas y secuestradas. En la mayoría de los casos, su único crimen era el de oponerse al régimen. Eso fue lo que les pasó a los padres de Harry, un chico de 10 años.

Botín de Guerra

Desde los primeros momentos de la dictadura militar en Argentina, un grupo de mujeres «Las Abuelas de Plaza de Mayo» se unieron para emprender la búsqueda de sus nietos, secuestrados o nacidos en cautiverio cuando sus madres embarazadas fueron «detenidas» por los militares. ***Botín de Guerra*** (2000) es un documental, dirigido por David Blaustein (argentino), que cuenta esa lucha, a partir de entrevistas filmadas en Argentina, España y Suiza.

Chile

Machuca

Es una película del director chileno Andrés Wood (2004). La acción empieza en Chile, en 1973. Gonzalo Infante y Pedro Machuca son dos niños. Tienen once años y viven en Santiago, el primero en un barrio de familias acomodadas y el segundo en un poblado ilegal y pobre instalado hace poco.
El director de un colegio religioso, el padre McEnroe, ayudado por parte de los padres, integra en el colegio a chicos de familias pobres.
Así Pedro está en la misma clase de Gonzalo y entre los dos nace una amistad.
Con el pronunciamiento de Pinochet y la muerte de Salvador Allende las cosas van a cambiar para peor.

Llueve sobre Santiago

Es una película de Helvio Soto (1976). Este director chileno tuvo que exiliarse y rodó *Llueve sobre Santiago* en Europa. La película recrea los últimos días de Salvador Allende y el golpe de estado y muestra la tortura, los secuestros y las desapariciones.

11 de Septiembre de 1973

En Santiago de Chile se produjo aquel día el ataque del palacio presidencial de La Moneda por tropas que apoyaban el golpe de estado del general Augusto Pinochet.
El presidente Salvador Allende, que había sido elegido democráticamente en 1970, murió durante el ataque. Con el golpe de estado, empezaba entonces para Chile un largo período de dictadura y represión.

Actividad

34

Escucha el CD y da los nombres de dos directores famosos que rodaron películas en relación con las dictaduras.

1 Memorias de una niña gitana

Mi padre es poeta, y su padre también lo era, [...] pero el motivo que se escondía tras nuestra obligada visita de los domingos, una cita de puntualidad inquebrantable[1], pertenecía al rango de los más prosaicos. Padre e hijo se reunían ante el televisor para contemplar juntos el partido de la liga de fútbol que la primera cadena retransmitiera aquella semana, sin fijarse mucho en la calidad de los equipos que iban a enfrentarse, en su clasificación, o en cualquier otro detalle que pudiera añadir o restar interés al espectáculo. Ellos veían el fútbol, simplemente. Y todos los demás teníamos que estar callados. [...]

Para lograrlo, las mujeres de mi familia, que pasaban el rato alrededor de una mesa camilla[2], cotilleando entre susurros[3], desterraban a los niños al comedor, y nos obligaban a entretenernos con la boca cerrada, unas cuartillas de papel y unos lápices de colores. En esas circunstancias comenzó mi carrera literaria.

Ahora, cuando tengo la sensación de estar empezando a dominar algunos trucos de este oficio, podría confesar que el fútbol me hizo escritora, pero será más exacto –más sincero– declarar que empecé a escribir porque nunca he sabido dibujar. Mi hermano Manuel pintaba casas y cercas[4], chimeneas y animales, nubes y pájaros, niños y niñas montando a caballo. Yo intentaba imitarle, pero apenas obtenía las amorfas siluetas de algo vagamente parecido a una vaca con joroba[5] sobre las cuatro patas de una mesa sin tablero[6]. Y me aburría[7]. Y me ponía tan pesada como cualquier niño que se aburre. Hasta que una tarde, alguien –mi madre, mi abuela, mi tía Charo, ya no lo recuerdo bien– me ofreció una solución que resultaría definitiva. Desde entonces, todos los domingos, invertía los noventa minutos del partido en escribir *el cuento*. Porque yo sólo tenía una historia que contar, yo escribía siempre el mismo cuento.

Mi familia conserva todavía algunas versiones semanales de este relato, que siempre estaba escrito en tercera persona aunque hablaba de mí más, y más explícitamente, que ningún otro texto que haya llegado a escribir después. El argumento puede resumirse en media docena de frases. Una niña burguesa –éste era un detalle importante-, nacida en una casa auténtica –una casa «con tejado y paredes», describía yo entonces–, era apenas un bebé cuando su niñera[8] la sacaba a pasear en su cochecito e, inexplicablemente, la perdía en un parque. Cuando la caravana de un circo que abandonaba la ciudad pasaba a su lado, una joven gitana se apiadaba[9] del bebé perdido y lo recogía para criarlo junto al resto de sus hijos.

Almudena Grandes, *Modelos de mujer*, 1996.

Almudena Grandes.

Comentar

1. ¿Qué recuerda la narradora al evocar el fútbol en su infancia? Según ella, ¿por qué fue importante en su vida?

2. Otra actividad fue también importante para su futuro de novelista. Di cuál era y explica por qué.

3. ¿Qué particularidad tenían sus primeros escritos?

4. Resume *«El cuento»*. ¿Qué puede revelar de su autora?

5. Almudena Grandes, en este prólogo, evoca recuerdos de su niñez. A tu parecer, ¿cuál es la tonalidad? Justifica con ejemplos.

1. *inébranlable*
2. *table ronde sous laquelle on plaçait un brasero*
3. *échangeaient des ragots en chuchotant*
4. *barrières*
5. una joroba: *une bosse*
6. *avec les quatre pattes d'une table sans le plateau*
7. aburrirse: *s'ennuyer*
8. *bonne d'enfant*
9. *avait pitié*

2 La última cena

Después de seducir a Doña Ana, Don Juan Tenorio mató al padre de ésta, Don Gonzalo, porque quería cortarle la retirada. Convidados a cenar por el muerto, Don Juan y su lacayo Catalinón entran en la iglesia.

DON GONZALO: Quiero a cenar convidarte.

DON JUAN: Cenemos.

DON GONZALO: Para cenar
es menester que levantes
esa tumba.

DON JUAN: Y si te importa,
levantaré esos pilares.

DON GONZALO: Valiente estás.

DON JUAN: Tengo brío
y corazón en las carnes[1].

DON GONZALO: Siéntate tú.

CATALINÓN: Yo, señor,
he merendado esta tarde.

DON GONZALO: No repliques.

CATALINÓN: No replico.
Dios en paz de esto me saque.
¿Qué plato es éste, señor?

DON GONZALO: Este plato es de alacranes
y víboras[2].

CATALINÓN: ¡Gentil plato[3]!

DON GONZALO: Éstos son nuestros manjares.
¿No comes tú?

DON JUAN: Comeré
si me dieses áspid[4] y áspides
cuantos[5] el infierno tiene.

CATALINÓN: ¿Qué vino beben acá?

DON GONZALO: Pruébalo.

CATALINÓN: Hiel[6] y vinagre
es este vino.

DON GONZALO: Este vino
exprimen nuestros lagares[7].
También quiero que te canten.

(Cantan) *Adviertan los que de Dios*
juzgan los castigos[8] grandes,
que no hay plazo[9] que no llegue
ni deuda[10] que no se pague.

CATALINÓN: ¡Malo es esto, vive Cristo!
que he entendido este romance,
y que con nosotros habla.

DON JUAN: Un hielo el pecho me parte[11].

(Cantan) *Mientras en el mundo viva,*
no es justo que diga nadie:
¡qué largo me lo fiáis[12]!
siendo tan breve el cobrarse.

DON JUAN: Ya he cenado; haz que levanten
las mesas.

DON GONZALO: Dame esa mano,
no temas la mano darme.

DON JUAN: ¿Yo temor? Toma. ¡Ay de mí,
que me abraso! No me abrases
con tu fuego.

DON GONZALO: Aquéste es poco
para el fuego que buscaste
y así tienes de pagar
las doncellas que burlaste.
Ésta es justicia de Dios:
quien tal hace que tal pague[13].

DON JUAN: ¡Que me quemo, que me abraso!
¡Muerto soy!

CATALINÓN: No hay quien se escape.

Tirso de Molina, *El burlador de Sevilla*,
última escena, 1630.

1. *du coeur au ventre*
2. *scorpions et vipères*
3. *Le gentil plat que voilà !*
4. *aspic (vipère)*
5. cuantos = todos los que
6. *fiel*
7. *pressoirs (à vin)*
8. *le châtiment*
9. *échéance*
10. *dette*
11. *j'ai le cœur glacé (d'effroi)*
12. *bien lointaine est votre échéance !*
13. *« Œil pour œil, dent pour dent » (Que chacun paye pour les crimes qu'il a commis)*

Así se dice

- el juicio final: *le jugement dernier*
- un personaje de ultratumba: *un personnage d'outre-tombe*
- el gracioso: *le bouffon*
- disminuir la tensión: *relâcher la tension*
- arder: *brûler (dans les flammes)*
- lóbrego: *lugubre*
- un final edificante: *une fin édifiante*

Comentar

1. A partir de elementos sacados del texto, define el ambiente general de la escena.
2. Analiza las primeras réplicas de Don Juan. Di lo que revelan acerca del personaje.
3. Apunta y comenta la réplica que traduce el cambio de actitud de Don Juan frente a Don Gonzalo.
4. Explica en qué son interesantes las reacciones del lacayo Catalinón.
5. Analiza la intervención de los coros.
6. Comenta la muerte de Don Juan. ¿Qué valor cobra?

3

A vuestro servicio

Me he acercado hasta el puerto.
Chillan[1] hierros mojados y una grúa resopla.
Los obreros trabajan y maldicen[2] a ratos.

–¿Un cigarro, buen hombre?
Buen hombre me ha escupido[3] su silencio.
Buen hombre me ha plantado
con unos ojos claros todo su desprecio[4].

Los hombres tienen hambre.
Los hombres tienen miedo.
Mas no nos piden pan.
Mas no nos piden sueño.

Gritaré lo que quieran por no sentirme odiado.
Cuando me fusilen
quizás alguien me ponga un cigarro en los labios.

Gabriel Celaya, *Movimientos elementales*, 1947.

Gabriel Celaya y Blas de Otero.

1. chillar: *grincer*
2. maldecir: *jurer*
3. escupir: *cracher*
4. *mépris*

Así se dice

- deshumanizado: *deshumanisé*
- un tono condescendiente: *un ton condescendant*
- trabar amistad: *se lier d'amitié*
- una limosna: *une aumône*
- un portavoz: *un porte-parole*
- hablar en nombre de: *parler au nom de...*
- denunciar: *dénoncer*
- abogar por: *plaider pour*
- un manifiesto: *un manifeste*
- una denuncia: *une dénonciation*
- el defensor: *le défenseur*

Comentar

Primera estrofa

1. ¿Qué revela el primer verso de la actitud del poeta frente al mundo obrero?

2. Comenta la evocación del puerto. ¿Qué impresión general se desprende?

Segunda estrofa

3. ¿Cómo intenta el poeta entrar en contacto con el obrero? ¿Cómo se dirige a él?

4. ¿Qué efecto produce la repetición de «buen hombre»?

5. Comenta la reacción del obrero. ¿Cómo se explica?

6. ¿Cómo recalca el poeta la dignidad del obrero?

Tercera estrofa

7. Esta estrofa se parece a un manifiesto político. Demuéstralo.

8. Según el poeta, los intelectuales suelen proponer soluciones que no valen. Di como se nota.

Cuarta estrofa

9. Celaya propone su propia solución. Explica en qué consiste.

10. Di cómo expresa su solidaridad con el mundo obrero.

11. Celaya dijo que la poesía era «un arma cargada de futuro». Pensando que Celaya publicó este poema durante la dictadura, ¿te parece que se le puede aplicar esta definición?

Para concluir

12. Celaya escribió: «Maldigo la poesía del que no toma partido. Partido hasta mancharse». ¿Te parece que, al escribir este poema, el poeta se mostró fiel a su teoría?

4

¡Silencio!

Adela, la más joven de las hermanas, conoció a Pepe el Romano, un hombre joven y guapo, y se enamoró de él. Quiere huir con él.

ADELA: (*Arrebata*[1] *un bastón a su madre y lo parte*[2] *en dos*) Esto hago yo con la vara[3] de la dominadora. No dé usted un paso más. En mí no manda nadie más que Pepe.

MAGDALENA: (*Saliendo*) ¡Adela!

(*Salen la Poncia y Angustias*)

ADELA: Yo soy su mujer. (*A Angustias*) Entérate tú y ve al corral a decírselo. El dominará toda esta casa. Ahí fuera está, respirando como si fuera un león.

ANGUSTIAS: ¡Dios mío!

BERNARDA: ¡La escopeta! ¿Dónde está la escopeta? (*Sale corriendo*)

(*Sale detrás Martirio. Aparece Amelia por el fondo, que mira aterrada con la cabeza sobre la pared*)

ADELA: ¡Nadie podrá conmigo[4]! (*Va a salir*)

ANGUSTIAS: (*Sujetándola*) De aquí no sales con tu cuerpo en triunfo. ¡Ladrona! ¡Deshonra de nuestra casa!

MAGDALENA: ¡Déjala que se vaya donde no la veamos nunca más! (*Suena un disparo*[5])

BERNARDA: (*Entrando*) Atrévete a buscarlo ahora.

MARTIRIO: (*Entrando*) Se acabó Pepe el Romano.

ADELA: ¡Pepe! ¡Dios mío! ¡Pepe! (*Sale corriendo*)

LA PONCIA: ¿Pero lo habéis matado?

MARTIRIO: No. Salió corriendo en su jaca[6].

BERNARDA: No fue culpa mía. Una mujer no sabe apuntar[7].

MAGDALENA: ¿Por qué lo has dicho entonces?

MARTIRIO: ¡Por ella! Hubiera volcado un río de sangre sobre su cabeza.

LA PONCIA: Maldita.

MAGDALENA: ¡Endemoniada!

BERNARDA: Aunque es mejor así. (*Suena un golpe*[8]) ¡Adela, Adela!

LA PONCIA: (*En la puerta*) ¡Abre!

BERNARDA: (*En voz baja como un rugido*) ¡Abre, porque echaré abajo la puerta! (*Pausa. Todo queda en silencio*) ¡Adela! (*Se retira de la puerta*) ¡Trae un martillo! (*La Poncia da un empujón y entra. Al entrar da un grito y sale*) ¿Qué?

LA PONCIA: (*Se lleva las manos al cuello*)¡Nunca tengamos ese fin!

(*Las hermanas se echan hacia atrás. La Criada se santigua*[9]*. Bernarda da un grito y avanza*)

LA PONCIA: ¡No entres!

BERNARDA: No. ¡Yo no! Pepe: tú irás corriendo vivo por lo oscuro de las alamedas, pero otro día caerás. ¡Descolgarla[10]! ¡Mi hija ha muerto virgen! Llevadla a su cuarto y vestirla como una doncella[11]. ¡Nadie diga nada! Ella ha muerto virgen. Avisad que al amanecer den dos clamores las campanas.

MARTIRIO: Dichosa ella mil veces que lo pudo tener.

BERNARDA: Y no quiero llantos. La muerte hay que mirarla cara a cara. ¡Silencio! (*A otra hija*) ¡A callar he dicho! (*A otra hija*) ¡Las lágrimas cuando estés sola! Nos hundiremos todas en un mar de luto. Ella, la hija menor de Bernarda Alba, ha muerto virgen. ¿Me habéis oído? ¡Silencio, silencio he dicho! ¡Silencio!

Telón.

Federico García Lorca, *La casa de Bernarda Alba*, Acto III, 1936.

1. arrebatar: *arracher des mains*
2. partir: *casser*
3. *la baguette*
4. *ici, personne ne pourra m'arrêter*
5. *on entend un coup de feu*
6. *son cheval*
7. *viser*
8. *on entend un grand bruit*
9. *se signe (fait un signe de croix)*
10. *décrochez-la*
11. *une jeune fille*

Comentar

Líneas 1-20

1. Adela se rebela contra la autoridad de su madre. Di cómo se ve.
2. Comenta la reacción de Bernarda y la de las hermanas.

Líneas 21-34

3. Explica cómo se entera el espectador de lo que acaba de pasar fuera.
4. ¿Qué cree Adela? ¿Por qué?
5. Analiza la actitud de Martirio.

Líneas 35-65

6. ¿Cómo se entera el espectador del suicidio de Adela? Apunta los detalles que permiten comprender cómo murió.
7. Estudia las reacciones de Bernarda. En este momento trágico, ¿qué es lo único que le importa?
8. ¿Qué puede ser el valor simbólico de las dos últimas frases de Bernarda?

5 Le compro su casa

El narrador, a partir de recuerdos, evoca un suceso ocurrido hace muchos años en un pueblo de América Central.

«Una noche me preguntó cuál era la casa que más me gustaba –me contó Ángela Vicario. Y yo le contesté, sin saber para qué era, que la más bonita del pueblo era la quinta[1] del viudo de Xius.» Yo hubiera dicho lo mismo. Estaba en una colina barrida por los vientos, y desde la terraza se veía el paraíso sin límite de las ciénagas[2] cubiertas de anémonas moradas[3], y en los días claros del verano se alcanzaba a ver el horizonte nítido del Caribe, y los trasatlánticos de turistas de Cartagena de Indias. Bayardo San Román fue esa misma noche al Club Social y se sentó a la mesa del viudo de Xius a jugar una partida de dominó.

–Viudo –le dijo: le compro su casa.

–No está a la venta –dijo el viudo.

–Se la compro con todo lo que tiene dentro.

El viudo de Xius le explicó con buena educación a la antigua que los objetos de la casa habían sido comprados por la esposa en toda una vida de sacrificios, y que para él seguían siendo como parte de ella. «Hablaba con el alma en la mano –me dijo el doctor Dionisio Iguarán, que estaba jugando con ellos. Yo estaba seguro que prefería morirse antes que vender una casa donde había sido feliz durante más de treinta años.» También Bayardo San Román comprendió sus razones.

–De acuerdo –dijo. Entonces véndame la casa vacía.

Pero el viudo se defendió hasta el final de la partida. Al cabo de tres noches, ya mejor preparado, Bayardo San Román volvió a la mesa de dominó.

–Viudo –empezó de nuevo: ¿Cuánto cuesta la casa?

–No tiene precio.

–Diga uno cualquiera.

–Lo siento, Bayardo –dijo el viudo, pero ustedes los jóvenes no entienden los motivos del corazón.

Bayardo San Román hizo una pausa para pensar.

–Digamos cinco mil pesos –dijo.

–Juega limpio –le replicó el viudo con la dignidad alerta. Esta casa no vale tanto.

–Diez mil –dijo Bayardo San Román. Ahora mismo, y con un billete encima del otro.

El viudo lo miró con los ojos llenos de lágrimas. «Lloraba de rabia –me dijo el doctor Dionisio Iguarán, que además de médico era hombre de letras. Imagínate: semejante cantidad al alcance de la mano, y tener que decir que no por una simple flaqueza del espíritu.» Al viudo de Xius no le salió la voz, pero negó sin vacilación con la cabeza.

–Entonces hágame un último favor –dijo Bayardo San Román. Espéreme aquí cinco minutos.

Cinco minutos después, en efecto, volvió al Club Social con las alforjas[4] enchapadas de plata, y puso sobre la mesa diez gavillas[5] de billetes de a mil todavía con las bandas impresas del Banco de Estado. El viudo de Xius murió dos años después. «Se murió de eso –decía el doctor Dionisio Iguarán. Estaba más sano que nosotros, pero cuando uno lo auscultaba se le sentían borboritar[6] las lágrimas dentro del corazón.» Pues no sólo había vendido la casa con todo lo que tenía dentro, sino que le pidió a Bayardo San Román que le fuera pagando poco a poco porque no le quedaba ni un baúl[7] de consolación para guardar tanto dinero.

Gabriel García Márquez, *Crónica de una muerte anunciada*, 1967.

1. *la propriété, la maison de campagne*
2. *marécages*
3. *violettes*
4. *sacoches*
5. *liasses*
6. *bouillonner*
7. *malle*

Comentar

Líneas 1-13

1. ¿Qué le preguntó Bayardo San Román a Ángela Vicario?

2. A tu parecer, ¿por qué le hizo esta pregunta?

3. Apunta los elementos que hacían de la casa de Xius una casa tan agradable.

Líneas 14-35

4. ¿Qué representaba la casa para el anciano?

5. Estudia en qué se oponen Bayardo San Román y el viudo de Xius.

Líneas 36-63

6. Explica cuál fue la estrategia de Bayardo San Román para conseguir la casa.

7. Intenta definir la personalidad de Bayardo San Román.

8. Comenta la frase: «Estaba más sano que nosotros, pero cuando uno lo auscultaba se le sentían borboritar las lágrimas dentro del corazón.»
Di en qué remite esta frase al realismo mágico.

6 El enamorado y la Muerte

Un sueño soñaba anoche[1],
soñito del alma mía[2],
soñaba con mis amores
que en mis brazos los tenía.
Vi entrar señora tan blanca
muy más[3] que la nieve fría.
–¿Por dónde has entrado, amor?
¿Cómo has entrado mi vida?
Las puertas están cerradas,
ventanas y celosías[4].
–No soy el amor, amante:
la Muerte que Dios te envía.
–¡Ay, Muerte tan rigurosa,
déjame vivir un día!
–¡Un día no puede ser,
una hora tienes de vida!
Muy de prisa se calzaba[5],
más de prisa se vestía;
ya se va para la calle,
en donde su amor vivía.
–¡Ábreme la puerta, blanca,
ábreme la puerta, niña!
–¿Cómo te podré yo abrir
si la ocasión no es venida[6]?
Mi padre no fue al palacio[7],
mi madre no está dormida.
–Si no me abres esta noche,
ya no me abrirás, querida;
la Muerte me está buscando,
junto a ti vida sería.
–Vete bajo la ventana
donde labraba y cosía[8],
te echaré cordón de seda[9]
para que subas arriba,
y si el cordón no alcanzase,
mis trenzas añadiría[10].
La fina seda se rompe;
la Muerte que allí venía:
–Vamos, el enamorado,
que la hora ya está cumplida[11].

Anónimo, siglo XVI.

1. je faisais un rêve hier soir
2. doux songe de mon cœur
3. bien plus
4. jalousies (persiennes ajourées)
5. il se chaussait
6. si no ha venido el momento
7. au palais
8. je brodais et je cousais
9. un cordon de soie
10. j'ajouterais mes cheveux tressés
11. car l'heure est maintenant écoulée

Comentar

Versos 1-4

1. Fíjate en los tiempos y la persona verbal. ¿Qué nos cuenta el amante?

2. ¿Qué contribuye a crear en la estrofa un ambiente de ensoñación?

Versos 5-6

3. ¿Cómo se anuncia el cambio de ambiente?

4. ¿Cómo se explica la equivocación del amante?

Versos 7-10

5. ¿Qué detalles eran inquietantes en la aparición?

Versos 11-12

6. Comenta el efecto producido por las palabras de la Muerte.

Versos 13-16

7. Comenta la reacción del enamorado y la decisión de la Muerte.

Versos 17-20

8. ¿Cuál fue la reacción del enamorado?

9. ¿Cómo viene recalcada la precipitación del hombre? (Fíjate en los tres primeros verbos)

Versos 21-30

10. Estudia el dramatismo del diálogo entre los dos enamorados.

Versos 31-36

11. ¿Cómo piensa la joven salvar al enamorado? ¿A qué puede remitir el cordón de seda?

12. ¿En qué hace pensar la escena del balcón?

Versos 37-40

13. Comenta el aspecto teatral del desenlace.

Para concluir

14. A tu parecer, ¿cómo se puede interpretar este poema? ¿Cuál es su alcance moral o filosófico?

Así se dice

- el plazo: *le délai*
- aplazar: *ajourner*
- pedir un plazo: *demander un délai*
- inapelable: *sans appel*
- sentencia de muerte: *arrêt de mort*
- salvarse: *être sauvé*
- la prisa: *la hâte*
- estar pendiente de un hilo: *ne tenir qu'à un fil*
- un efecto teatral: *un coup de théâtre*
- el castigo: *le châtiment*
- dar alcance: *rattraper*
- la fatalidad: *la fatalité*
- onírico: *onirique (en rapport avec le rêve)*

L'imaginaire

7 El periódico

Todas las mañanas compro el periódico y todas las mañanas, al leerlo, me mancho[1] los dedos con tinta[2]. Nunca me ha importado ensuciármelas con tal de estar al día en las noticias. Pero esta mañana sentí un gran malestar apenas toqué el periódico. Creí que solamente se trataba de uno de mis acostumbrados mareos[3]. Pagué el importe del diario y regresé a mi casa. Mi esposa había salido de compras. Me acomodé en mi sillón favorito, encendí un cigarro y me puse a leer la primera página. Luego de enterarme de que un jet se había desplomado[4], volví a sentirme mal; vi mis dedos y los encontré más tiznados que de costumbre. Con un dolor de cabeza terrible, fui al baño, me lavé las manos con toda calma y, ya tranquilo, regresé al sillón.

Cuando iba a tomar mi cigarro, descubrí que una mancha negra cubría mis dedos. De inmediato retorné al baño, me tallé con piedra pómez[5] y, finalmente, me lavé con blanqueador[6]; pero el intento fue inútil, porque la mancha creció y me invadió hasta los codos.

Ahora más preocupado que molesto, llamé al doctor y me recomendó que lo mejor era que tomara unas vacaciones, o que durmiera. Después, llamé a las oficinas del periódico para elevar mi más rotunda protesta; me contestó una voz de mujer, que solamente me insultó y me trató de loco. En el momento en que hablaba por teléfono, me di cuenta de que, en realidad, no se trataba de una mancha, sino de un número infinito de letras pequeñísimas, apeñuzcadas[7], como una inquieta multitud de hormigas[8] negras. Cuando colgué, las letritas habían avanzado ya hasta mi cintura[9].

Asustado corrí hacia la puerta de entrada; pero, antes de poder abrirla, me flaquearon las piernas[10] y caí estrepitosamente. Tirado bocarriba[11] descubrí que, además de la gran cantidad de letras-hormiga que ahora ocupaban todo mi cuerpo, había una que otra fotografía.
Ahí estuve durante varias horas hasta que escuché que abrían la puerta. Me costó trabajo hilar la idea, pero al fin pensé que había llegado mi salvación. Entró mi esposa, me levantó del suelo, me cargó bajo el brazo, se acomodó en mi sillón favorito, me hojeó[12] despreocupadamente y se puso a leer.

Guillermo Samperio, *Miedo ambiente y otros miedos*, 1986.

1. mancharse: *se tacher*
2. *de l'encre*
3. *nausées*
4. *s'était écrasé*
5. *pierre ponce*
6. *eau de javel*
7. *serrées*
8. *fourmis*
9. *ma taille*
10. *mes jambes se dérobèrent sous moi / mes jambes flageolèrent*
11. *allongé sur le dos*
12. hojear: *feuilleter*

Guillermo Samperio.

Comentar

Líneas 1-11

1. En el primer párrafo, la situación parece normal. Muéstralo.

2. Sin embargo, ya asoman indicios que anuncian el final del cuento. Apúntalos y coméntalos.

Líneas 12-24

3. Analiza la progresión en lo fantástico.

Líneas 25-33

4. Apunta los detalles que anuncian la transformación final.

5. Comenta la última frase.

L'écrivain dans son siècle

8 El diecinueve

–¿Capitán Farías?
–Sí.
–¿No se acuerda de mí?
–Francamente no.
–¿No le dice nada el número 19?
–¿Diecinueve?
–El preso 19.
–Ah.
–¿Recuerda ahora?
–Eran tantos.
–No siempre. En el avión éramos pocos.
–Pero usted...
–¿Estoy oficialmente muerto?
–No dije eso.
–Pero lo piensa. Para su información le diré que no soy un espectro. Como puede comprobarlo, estoy vivo.
–No entiendo nada.
–Sí, es difícil de entender. Y sepa que no le voy a contar cómo sobreviví. Parece imposible, ¿verdad? Ustedes trabajaban a conciencia y con todas las garantías. Pero un vuelo es un vuelo y el mar es el mar. En el mundo hay varios mares, pero en el mar hay varios mundos.
–No me venga con disparates[1]. Esto no puede ser.
–Sí que puede.
–¿A qué vino? ¿Qué quiere?
Farías estaba recostado en el cerco[2] de su jardincito. El 19 estaba de pie, apenas a un metro de distancia.
–Nada en especial. Sólo quería que me viera. Pensé: de pronto le quito un peso de la conciencia. Un muerto menos, ¿qué le parece? Aunque deben quedarle algunos otros que aún no contrajeron el vicio de resucitar.
–¿Es dinero lo que pretende?
–No, no es dinero.
–Entonces ¿qué?
–Conocer a su familia. Por ejemplo a su señora, que justamente es de Tucumán[3], como yo. Y también a los chicos.
–Eso nunca.
–¿Por qué no? No voy a contarles nada.
–Oiga, no me fuerce a asumir una actitud violenta. Ni a usted ni a mí nos haría bien.
–¿A mí por qué? Nada hay más violento que ingresar[4] al mar como yo ingresé.
–Le digo que no me obligue.
–Nadie le obliga. Eso que hizo antes, hace ya tantos años, ¿fue por obligación, por disciplina o adhesión espontánea?
–No tengo que dar explicaciones. Ni a usted ni a nadie.

Mario Benedetti, *Buzón de tiempo*, 1999.

Mario Benedetti.

Comentar

1. Busca indicios en el texto para decir quién es «el 19».
2. Entresaca detalles que permiten saber cuál fue el pasado de Farías durante la dictadura en el país.
3. Di cómo intentaron matar al «número 19».
4. Analiza las reacciones de Farías a lo largo del diálogo.
5. Estudia la técnica del escritor en este relato.
6. A tu parecer, ¿cuáles son las intenciones de Mario Benedetti en este cuento?

1. *sottises*
2. *la clôture*
3. Tucumán: una de las provincias de Argentina
4. *ici, rentrer*

Précis grammatical

1 L'alphabet

Les lettres de l'alphabet espagnol sont du genre féminin.
La **a**, la **b**, la **c**, etc...
La vocal: *la voyelle*
La consonante: *la consonne*

a	[a]	j	[jota]	r	[erre]
b	[be]	k	[ka]	s	[ese]
c	[ce]	l	[ele]	t	[te]
d	[de]	m	[eme]	u	[u]
e	[e]	n	[ene]	v	[uve]
f	[efe]	ñ	[eñe]	w	[uve doble]
g	[ge]	o	[o]	x	[equis]
h	[hache]	p	[pe]	y	[i griega o ye]
i	[i]	q	[cu]	z	[ceta]

Une consonne est propre à l'espagnol :
ñ [eñe] *(dans l'alphabet vient après n)*

Jusqu'à la réforme de l'orthographe (2010), il y avait deux consonnes de plus : ch [che] *et* ll [elle]. *Désormais, l'alphabet ne comporte plus que 27 lettres.*

Le tréma, rare en espagnol, indique que deux voyelles doivent être prononcées distinctement.
bilingüe, pingüino

2 Orthographe

L'espagnol s'écrit comme il se prononce.
À l'exception du h, *toutes les lettres se prononcent. Les consonnes qui peuvent être doublées sont le* c, *le* r, *le* l *et le* n.

Pour couper un mot en fin de ligne, quand cela porte sur les groupes de lettres ll, rr, *les deux groupes de lettres sont reportés au début de la ligne suivante :* atrope-**ll**o, co-**rr**edor

3 Accentuation

1 L'accent tonique

Un mot espagnol comporte toujours une syllabe plus accentuée que les autres : elle porte l'accent tonique.

- *Les mots terminés par une* ***voyelle****, un* n *ou un* s, *sont accentués sur l'avant-dernière syllabe.*

el ch**i**co, la c**a**lle, v**a**mos, h**a**blan

- *Les mots terminés par une* ***consonne*** *(sauf* n *et* s*) sont accentués sur la dernière syllabe.*

españ**o**l, actr**i**z, ciud**a**d, trabaj**a**r

- *Lorsque l'accentuation d'un mot ne se conforme pas à l'une de ces deux règles, il porte un accent écrit sur la voyelle accentuée.*

Par**í**s, tambi**é**n, M**é**xico

La diphtongue est la réunion de deux voyelles qui ne forment qu'une seule syllabe. *Elle se forme au contact d'un* i *ou d'un* u.

p**ia**-no	*deux syllabes*
p**ei**-ne	*deux syllabes*
f**ue**-ra	*deux syllabes*
fl**au**-ta	*deux syllabes*

- *La diphtongue est brisée lorsqu'il y a un accent écrit.*

P**a**-**í**s	*deux syllabes*
Ma-r**í**-**a**	*trois syllabes*
R**e**-**ú**-ne	*trois syllabes*
ha-cia *(vers)*	*deux syllabes*
ha-c**í**-**a** *(il faisait)*	*trois syllabes*

2 L'accent écrit

Il est important pour le sens.
la sabana: *la savane*
la sábana: *le drap*
el Papa: *le pape*
papá: *papa*
hablo: *je parle*
habló: *il parla*

- *Dans un mot, la voyelle tonique est toujours la même. Il peut donc être nécessaire d'écrire l'accent lorsque le mot est au pluriel, en cas d'enclise, dans les formes verbales, etc...*

joven, j**ó**venes, diciendo, dici**é**ndole, d**a**, d**a**me, d**á**melo

Remarque : *il y a deux exceptions.*
El car**á**cter, los caract**e**res.
El r**é**gimen, los reg**í**menes.

• *L'accent écrit permet aussi de distinguer des mots qui se prononcent de la même façon et qui ont une signification différente.*

se (pronom) **sé** (*je sais*, verbe)
el (article) **él** (*lui*, pronom)

• *Les pronoms, les adverbes interrogatifs et exclamatifs portent aussi un accent écrit.*

¿Cómo? ¿Cuál? ¿Cuándo? ¿Cuánto? ¿Qué? ¿Quién? ¿Dónde? ¿Para qué? ¿Por qué?

Remarque : *les mots interrogatifs et exclamatifs sont accentués même lorsque les interrogations ou les exclamations ne sont pas directes.*
No sé quién es. *Je ne sais pas qui c'est.*
Si supieras cuánto me alegro. *Si tu savais comme je suis content.*

4 Ponctuation

1 L'interrogation et l'exclamation

Elles sont toujours annoncées par un point d'interrogation ou d'exclamation renversé.

¿Quién es? ¡Qué bien!

2 Les signes de ponctuation

, la coma
. el punto
; el punto y coma
(...) el paréntesis
"..." las comillas
... los puntos suspensivos
[...] los corchetes
¿...? los signos de interrogación
¡...! los signos de admiración

5 L'article

1 L'article défini : el, la, los, las

• ***Il se contracte au masculin singulier avec les prépositions a et de : al, del.***

Voy **al** colegio.
Vuelvo **del** restaurante.

Remarque : *la contraction n'a pas lieu lorsqu'il s'agit d'un nom propre.*
El Escorial: el monasterio de El Escorial.

• ***On emploie el (et non la) devant un nom féminin commençant par a, ou ha, accentué :***

el agua *mais* **las** aguas
el agua fresca (*l'adjectif est au féminin*)
el hacha *mais* **las** hachas
el águila, **las** águilas

2 Emplois de l'article défini

• ***Devant les jours de la semaine.***
Se marcha **el** lunes que viene.
Il part lundi prochain.

• ***Pour exprimer la périodicité.***
No voy al colegio **los** miércoles.
Je ne vais pas au collège le mercredi.

• ***Pour indiquer l'heure.***
Son **las** ocho.
Es **la** una.

• ***Pour donner l'âge.***
A **los** veinte años se fue a América.
À vingt ans il est parti en Amérique.

• ***Devant un pourcentage.***
El 30% de los hispanos...

• ***Avec* señor, señora, señorita, señores.**
El señor director.
¿Qué desea **la** señora?

Remarque : **el de, la de, los de, las de** *ont une valeur de démonstratif.*
El de mi vecino. *Celui de mon voisin.*

3 Omission de l'article défini

• ***Il n'y a pas d'article défini devant la plupart des noms de pays.***

España, Francia y Portugal son países de la Comunidad Europea.

En revanche, il y a un article lorsque le pays est déterminé :

La España de los años 80.
La España franquista.

Il y a des exceptions. On trouve l'article devant un certain nombre de pays :
- la Argentina
- el Brasil
- el Canadá
- la China
- el Ecuador
- la India

• ***Il n'y a pas non plus d'article devant certaines expressions :***
Ir a casa: *aller/rentrer chez soi (à la maison)*
Ir de caza: *aller à la chasse*
Ir a misa: *aller à la messe*
Ir de pesca: *aller à la pêche*

• ***Avec* señor, señora *lorsque l'on s'adresse directement à la personne :***

Gracias, señor director. *Merci, monsieur le directeur.*

- ***Devant les superlatifs relatifs.***

Avec más et menos lorsqu'ils sont placés après un nom déterminé :

Es el caballo **más** rápido.
C'est le cheval le plus rapide.

- ***Dans certaines expressions.***

Tener tiempo: *avoir le temps*
A principios de febrero: *au début de février*
A fines del año 2009: *à la fin de l'année 2009*

4 L'article neutre : lo

Il n'est jamais employé devant un nom.
Devant un adjectif, un comparatif ou un participe passé, il correspond au français « ce qui est ».

Lo interesante : *ce qui est intéressant.*
Lo hecho : *ce qui est fait.*
Lo mejor : *ce qui est le mieux, le mieux.*

- ***Lo de équivaut au français « ce qui concerne, ce qui appartient... »***

Lo de la guerra civil...
En ce qui concerne la guerre civile...

- **Lo que** : *ce qui, ce que*

Lo que me llama la atención.
Ce qui attire mon attention.

- **Lo** + *adjectif* + **que** = *combien*

Si supieras **lo** bella **que** es María.
Si tu savais combien María est belle.

- ***Lorsque todo est complément d'objet direct, il est suivi ou précédé de lo :***

Lo dice **todo**: *il dit tout*
La lluvia va a inundar**lo todo**.
La pluie va tout inonder.

5 L'article indéfini : un, una; unos, unas

L'article indéfini pluriel « des » n'a pas d'équivalent en espagnol.

Leo libros interesantes.
Je lis des livres intéressants.

- ***Les formes unos, unas expriment une approximation. Elles ont le sens de « quelques ».***

Cuesta **unos** diez euros.
Cela coûte environ dix euros.
Hicieron **unas** preguntas.
Ils posèrent quelques questions.

6 Omission de l'article indéfini

- ***Devant* otro, cierto, igual, medio, semejante, tal, tanto (tan).**

Vuelve otro día. *Reviens un autre jour.*
Dame medio kilo de pescado.
Donne-moi une livre de poisson.

- ***En espagnol il n'y a pas d'article partitif.***

En la mesa había pan, agua y vino.
Sur la table il y avait du pain, de l'eau et du vin.

6 Le genre

- ***Les mots terminés par -o sont le plus souvent masculins. Les mots terminés en -a sont le plus souvent féminins.***

Exceptions : el artista, el día, el idioma, el poeta, el problema, el tema, el turista, el planeta...
la foto, la mano, la moto, la radio...

- ***Les noms de fleuves, de mers et de montagnes sont masculins.***

El Ebro, el Sena, el Mediterráneo, los Pirineos.

- ***Les noms terminés en -or sont masculins sauf :***

la flor, la coliflor, la labor, la sor.

- ***Les noms terminés en -ón, -e, -i sont masculins.***

El mesón, el sable, el alhelí: *l'auberge, le sabre, la giroflée.*

- ***Les mots terminés en -ora, -ción, -sión, -dad sont féminins.***

La escritora, la canción, la pasión, la bondad.

- ***Certains mots changent de sens selon leur genre :***

el cura: *le curé* / la cura: *le soin*
el guía: *le guide (personne)* / la guía: *le guide (livre)*

- ***Les noms, adjectifs et participes terminés par -o au masculin ont leur féminin en -a.***

el herman**o**, la herman**a**
bonit**o**, bonit**a**
casad**o**, casad**a**

- ***Les mots terminés en -or ont leur féminin en -ora.***

el profes**or**, la profes**ora**

Exception : el actor, la actriz

- ***Les noms et adjectifs de nationalité ont leur féminin en -a :***

español, español**a**
alemán, aleman**a**

• *Les adjectifs en -án, -ín, -ón, -or ont leur féminin en -a.*

chiquitín, chiquitina

Exceptions : **mayor**, **menor**, **peor**, etc., *qui ne s'accordent pas en genre.*

• *Les autres adjectifs et participes sont identiques au masculin et au féminin.*

Un rey competente, una reina competente.
Un cuadro celeste, una camisa celeste.

7 Le nombre

1 Formation du pluriel

• *Les noms et adjectifs terminés par une voyelle non accentuée forment leur pluriel en ajoutant un -s.*

el hombre, los hombre**s**
simpático, simpático**s**

• *Les noms et adjectifs terminés par une consonne, une voyelle accentuée ou un -y forment leur pluriel en ajoutant -es.*

la capital, las capital**es**
el rey, los rey**es**
el jabalí, los jabalí**es**

• *Les noms terminés par un -z forment leur pluriel en -ces.*

la actriz, las actri**ces**
la luz las lu**ces**

Remarque :
les mots terminés en -s non accentués sur la dernière syllabe sont invariables.
el lunes, los lunes
el martes, los martes
la tesis, las tesis

2 Les nombres cardinaux

0	cero	12	doce
1	uno	13	trece
2	dos	14	catorce
3	tres	15	quince
4	cuatro	16	dieciséis
5	cinco	17	diecisiete
6	seis	18	dieciocho
7	siete	19	diecinueve
8	ocho	20	veinte
9	nueve	21	veintiuno
10	diez	22	veintidós
11	once	23	veintitrés

24	veinticuatro	200	doscientos, -as
25	veinticinco	300	trescientos, -as
26	veintiséis	400	cuatrocientos, -as
27	veintisiete	500	quinientos, -as
28	veintiocho	600	seiscientos, -as
29	veintinueve	700	setecientos, -as
30	treinta	800	ochocientos, -as
31	treinta y uno	900	novecientos, -as
32	treinta y dos	1000	mil *(invariable)*
40	cuarenta	1001	mil uno
50	cincuenta	1002	mil dos
60	sesenta	2000	dos mil
70	setenta	2001	dos mil uno
80	ochenta	3000	tres mil
90	noventa		
100	cien	1 000 000	un millón
101	ciento uno		
102	ciento dos		

1 000 000 000 mil millones (*un milliard*)

Attention : un millar : *un millier*

• *Il faut faire l'apocope de uno en un devant un nom masculin.*
Veinti**ún** euros.
Treinta y **un** hombres.

• *Il faut faire l'accord au féminin.*
Veintiun**a** mujeres.

• *On emploie y seulement entre les dizaines et les unités.*
Treinta **y** nueve.
Noventa **y** nueve.
Mais ciento uno.

• *Les centaines s'écrivent en un seul mot et s'accordent avec le mot qu'elles déterminent.*
Un libro de quinient**as** páginas.

• *Mil est invariable mais on dit :*
Miles de hombres: *des milliers d'hommes.*

• *Ciento s'apocope en cien devant un nom et devant un nombre multiplié.*
Cien personas.
Cien mil hombres. (100 x 1000)

Remarque : ciento veinte *(addition et non multiplication :* 100 + 20)

3 Les nombres ordinaux

1	primero, a
2	segundo, a
3	tercero, a
4	cuarto, a
5	quinto, a
6	sexto, a
7	séptimo, a
8	octavo, a
9	noveno, a, nono, a
10	décimo, a
11	undécimo, a
12	duodécimo, a

• *On emploie l'adjectif ordinal jusqu'à 10. On dit généralement* once *(onzième),* doce *(douzième). À partir de douze on utilise les cardinaux.*

• *On emploie obligatoirement l'ordinal en espagnol, jusqu'à dix, pour les personnages (rois, papes, etc.), les siècles, les chapitres.*

Felipe II: Felipe segundo

4 Lire et écrire la date

• *Les jours :*

lunes, martes, miércoles, jueves, viernes, sábado, domingo

• *Les mois :*

enero	mayo	septiembre
febrero	junio	octubre
marzo	julio	noviembre
abril	agosto	diciembre

lunes, 5 de septiembre de 2011 (lunes, cinco de septiembre de dos mil once): *lundi 5 septembre 2011*

• **Par écrit, pour une lettre, on peut trouver :**

lunes, a cinco de septiembre de 2011

Remarque :
Dans la presse, ces règles ne sont plus toujours employées.

8 L'apocope

Il s'agit de la chute de la lettre ou de la syllabe finale d'un adjectif.

Certains adjectifs s'apocopent devant un nom masculin singulier.

uno	**un**
alguno	**algún**
ninguno	**ningún**
primero	**primer**
tercero	**tercer**
postrero	**postrer**
bueno	**buen**
malo	**mal**

• **Grande** ***s'apocope en*** **gran** ***au masculin et au féminin, au singulier :*** la Gran Vía.

• **Cualquiera** ***s'apocope en*** **cualquier** ***devant un nom masculin mais aussi féminin.***

Cualquier solución es interesante.

• **Santo** ***s'apocope en*** **san** ***devant les noms de saints :*** San Pedro, San Cristóbal.

Exceptions : Santo Domingo, Santo Tomás

• **Reciente** ***s'apocope en*** **recién** ***devant un participe passé :***

El mundo recién descubierto.

• **Tanto, cuanto,** ***s'apocopent en*** **tan** ***et*** **cuan** ***devant un adjectif ou un autre adverbe.***

Todo es tan difícil.

• ***Ciento*** ***s'apocope en*** **cien** ***devant un nom ou devant un chiffre qu'il multiplie :***

cien hombres, cien mil.

9 Superlatifs/comparatifs

1 Le superlatif absolu

• ***Il se forme avec l'adverbe*** **muy**.

Es muy viejo.

• ***Il se forme aussi avec le suffixe*** **-ísimo, -ísima**.

Es viejísimo.

Remarque :
Des modifications orhographiques peuvent apparaître ainsi que quelques irrégularités.
Rico, riquísimo.
Blanco, blanquísimo.
Nuevo, novísimo.

2 Le superlatif relatif

el, la ... más
el, la ... menos

Il n'y a pas d'article devant le superlatif lorsqu'il y en a un devant le nom.

Es la ciudad más importante de la provincia.

Remarque :
En espagnol, le verbe qui suit le relatif est à l'indicatif alors qu'en français il est au subjonctif.
Es el pintor más interesante que conozco.
C'est le peintre le plus intéressant que je connaisse.

3 Les comparatifs

1. Supériorité ou infériorité

más ... que
menos ...que

Des irréguliers : **mayor** (grande), **mejor** (bueno), **menor** (pequeño), **peor** (malo)

2. Égalité

• ***Avec l'adjectif :*** **tan ... como**

Es tan alto como su hermano.
Il est aussi grand que son frère.

• ***Avec le verbe :*** **tanto como**

Habla tanto como su padre.
Il parle autant que son père.

• ***Avec le substantif :*** **tanto, a, os, as ... como**

Tiene tantos libros como él.
Il a autant de livres que lui.

• ***« D'autant plus que, d'autant moins que » :*** **tanto más / menos ... cuanto que ...**

Ella quiere tanto más a este chico cuanto que se parece a su cantante favorito.
Elle aime d'autant plus ce garçon qu'il ressemble à son chanteur favori.

Attention :
Lorsque le complément d'un comparatif de supériorité ou d'infériorité se construit ainsi : « plus que... ne, moins que... ne », il se traduit par **de lo que**.
Esta ciudad es **más** bonita **de lo que** pensaba.
Cette ville est plus belle que je ne pensais.

10 Les suffixes

1 Diminutifs

• ***On utilise* -ito, -ita, -illo, -illa, -ecito, -ecita, -ecillo, -ecilla *pour les mots terminés par* -o, -a, *ou par une consonne autre que* -n *et* -r.**

casa, casita
pueblo, pueblecito
chico, chiquito

• ***On ajoute* -cito, -cita, -cillo, -cilla, *aux mots terminés par* -e, -n, -r.**

hombre, hombrecito
bosque, bosquecillo
joven, jovencito

Remarque :
Tous les mots ne peuvent pas recevoir un diminutif.

2 Augmentatifs

***On les formes avec les suffixes* -ón, -ote.**

Hombre, hombrón
Grande, grandote
Ils peuvent avoir une valeur péjorative.

3 Les collectifs

***On les forme avec* -ar, -al, -edo.**
Ils sont employés pour désigner un endroit planté d'arbres ou de plantes. Ils désignent aussi un endroit où l'on trouve les mêmes matériaux en quantité.

El olivo, el olivar
El pino, el pinar
La viña, el viñedo
La arena, el arenal

4 Les suffixes -azo et -ada

Les suffixes* -azo *et* -ada *indiquent « un coup de » :

un sable, un sablazo
un codo, un codazo
un cuchillo, una cuchillada

11 Adverbes et adjectifs

1 Adverbes invariables

poco: *peu*
muy: *très*
demasiado: *trop*
bastante: *assez*

Es demasiado difícil: *c'est trop difficile.*

2 Adjectifs

Ils s'accordent en genre et en nombre avec le nom qu'ils qualifient :

bastante, -e, -es: *assez de*
poco, -a, -os, -as: *peu de*
demasiado, -a, -os, -as: *trop de*
mucho, -a, -os, -as: *beaucoup de*
tanto, -a, -os, -as: *autant de, tant de*

Vinieron pocas personas: *peu de personnes sont venues.*

12 Les pronoms personnels

1 Pronoms personnels : première et deuxième personnes

Pronoms sujets	Pronoms compléments	Pronoms compléments avec préposition
yo nosotros, as tú vosotros, as	me nos te os	a mí de nosotros de ti para vosotros

Remarques :
Les pronoms sujets yo, tú, él *se traduisent par* ***je, tu, il*** *ou bien par* ***moi, toi, lui,*** *quand il y a insistance sur le sujet.*

La préposition con ***entraîne une forme particulière des pronoms :***

conmigo: *avec moi*
contigo: *avec toi*
consigo: *avec soi*

Attention :
mi *sans accent est l'adjectif possessif* (***mon***)
mí *accentué est le pronom complément après une préposition* (**para mí**: ***pour moi***)
tu *sans accent est l'adjectif possessif* (***ton***)
tú *accentué est le pronom sujet* (***tu, toi***)

2 Pronoms personnels : troisième personne

	Pronoms sujets	P. compl. réfléchis	P. compl. d'attribution	P. compl. d'objet
Singulier	él, ella, usted	se	le	le, lo, la (pers.) lo, la (chose)
Pluriel	ellos, ellas ustedes	se	les	les, los, las (pers.) los, las (choses)

Attention :
el *sans accent est l'article défini* (***le***)
él *accentué est le pronom sujet* (***il, lui***) *ou le pronom complément* (con él*:* ***avec lui***)
sí *précédé d'une préposition est un pronom réfléchi* (pensar en sí mismo*:* ***penser à soi***).

3 « le lui », « la lui », « le leur »

Dans le cas de deux pronoms de la 3e personne réunis, en espagnol on traduit toujours « lui » et « leur » par se. ***Le complément direct*** (lo, le, la, los, las) ***seul varie et se place après*** se : se lo, se la, se los, se las.

De même avec usted. *Dans les combinaisons* ***vous le, vous la, vous les,*** « vous » *est rendu par la troisième personne et donne donc :* se lo, se la, se los, se las.

4 Pronoms réunis

Deux ou plusieurs pronoms réunis sont toujours placés dans l'ordre suivant :

1er	2e	3e
se	te, me os, nos	le, lo, la les, los, las

Cela peut être avant le verbe, ou après lorsqu'il y a enclise (infinitif, impératif, gérondif).
Exemple : Dígamelo en castellano.

5 Les pronoms sujets

En espagnol, la terminaison du verbe indique la personne grammaticale.

Hablo: *je parle.*
Comen: *ils mangent.*

Les pronoms personnels sujets ne sont donc employés que pour insister ou pour éviter une confusion.

Yo me voy. ***Moi****, je m'en vais.*
Ella habla. *Elle parle.*

6 Usted

Usted ***est la contraction de la forme ancienne*** vuestra merced*: votre grâce.* ***Du point de vue grammatical, c'est donc une troisième personne.*** *C'est pourquoi, avec* **usted**, *on utilise les pronoms de la troisième personne.*

7 L'ordre des pronoms

• ***Si le verbe est accompagné de deux pronoms compléments, le pronom indirect est toujours placé en premier.***

Me lo da.

• ***À la troisième personne*** *« le lui, la lui, les lui, le leur, la leur, les leur »* ***se traduisent par*** se lo, se la, se los, se las.

8 L'enclise

• ***Le pronom est placé après le verbe et forme avec lui un seul mot.***
Elle est obligatoire :
– à l'infinitif ;
– au gérondif ;
– à l'impératif.

Attention :
L'accent tonique de la forme verbale ne change pas de place. Il faut donc mettre, si besoin, un accent écrit.
Da → dame → dámelo

• ***Aux 1re et 2e personnes de l'impératif pluriel, dans les tournures réfléchies :***
– perte du s
acerquemos + nos → acerquémonos
– perte du d
acercad + os → acercaos

13 Les équivalents de « on »

L' indéfini « on » a plusieurs équivalents en espagnol.

• **La tournure réfléchie se + 3e *pers. du singulier ou du pluriel est la plus fréquemment employée.***
Se cierra el domingo. *On ferme le dimanche.*
Se cogen las manzanas en otoño. *On cueille les pommes en automne.*

Remarque :
Dans le dernier exemple, manzanas *devient le sujet du verbe. Il faut donc faire l'accord au pluriel.*

Attention :
Si le sujet est une personne déterminée ou un animal personnifié, on emploie la préposition a *et on ne fait pas l'accord au pluriel.*
En esta foto se ve a dos niños colombianos.
Sur cette photo on voit deux enfants colombiens.

• **La troisième personne du pluriel.**
Dans ce cas, **on** *s'emploie pour des faits isolés ou accidentels. Il s'emploie aussi pour représenter « les gens », une collectivité, « quelqu'un ».*
Llaman a la puerta. *On frappe à la porte.*
Le robaron la cartera. *On lui a volé son portefeuille.*
Dicen que es una buena película. *On dit que c'est un bon film.*

• **Uno, una + 3e personne du singulier.**
Cette tournure est moins impersonnelle. Elle permet à celui ou à celle qui parle de s'exprimer sous le couvert de **on**.
Es imposible olvidar la tierra donde uno ha nacido.
Il est impossible d'oublier le pays où l'on est né (dans cet exemple uno représente celui qui parle).

Remarque :
Uno *peut aussi être l'équivalent de* **vous** *(régime impersonnel).*
En una gran ciudad, la gente le ignora a uno.
Dans une grande ville les gens vous ignorent.
Todos estos juegos en la tele acaban por cansarle a uno.
Tous ces jeux à la télé finissent par vous fatiguer.

• **La première personne du pluriel.**
En espagnol on l'utilise là où le français parlé emploie « on » à la place de « nous ».
Mañana, vamos al cine. *Demain, on va au cinéma.*

14 Les démonstratifs

	Singulier	Pluriel	Personnes/ objets situés
Masc.	este libro *ce livre-ci*	estos libros *ces livres-ci*	aquí *(ici)*
Fém.	esta casa *cette maison-ci*	estas casas *ces maisons-ci*	
Masc.	ese árbol *cet arbre-là*	esos árboles *ces arbres-là*	ahí *(là)*
Fém.	esa calle *cette rue-là*	esas calles *ces rues-là*	
Masc.	aquel niño *cet enfant-là*	aquellos niños *ces enfants-là*	allá, allí *(là-bas)*
Fém.	aquella mesa *cette table-là*	aquellas mesas *ces tables-là*	

Les démonstratifs permettent de graduer l'éloignement dans l'esprit de la personne qui parle.

ESTE
S'emploie pour ce qui est le plus rapproché.

AQUEL
S'emploie pour ce qui est le plus éloigné.

ESE
Désigne une position intermédiaire ou indifférente.
Cet éloignement peut être dans l'espace (ici, là, là-bas) ou dans le temps.
Este día: *ce jour (aujourd'hui).*
Aquel día: *ce jour-là (passé).*
En aquel entonces = en aquella época.
Ése de ahí es Pedro: *celui-là, là-bas, c'est Pedro.*

• ***Les pronoms ont les mêmes formes que les adjectifs avec un accent écrit.***

éste, éstos: *celui-ci, ceux-ci,*
ésta, éstas: *celle-ci, celles-ci*
ése, ésos: *celui-là, ceux-là*
ésa, ésas: *celle-là, celles-là*
aquél, aquélla, aquéllos, aquéllas: *celui-là…*

• ***Il existe trois pronoms neutres, sans accent écrit :***
esto: *ceci* **eso**: *cela* **aquello**: *cela*

Rappel

• **el que, la que, los que, las que**: *celui qui, celui que, ceux qui…*
el que prefiero: *celui que je préfère.*

• **el de, la de, los de, las de**: *celui de, celle de, ceux de…*
el de mi padre: *celui de mon père.*

• **Lo que…**: *ce qui, ce que*
Lo que me gusta: *ce que j'aime, ce qui me plaît*

• **Lo de…**: *l'histoire de, l'affaire de, ce qui concerne…*

• **A eso de…**: *aux environs de, vers…*
A eso de las doce: *vers midi.*

• **En esto**: *à ce moment là, sur ces entrefaites.*

15 Les possessifs

1 Devant le substantif

Singulier	Pluriel
mi	mis
tu	tus
su	sus
nuestro, -a	nuestros, -as
vuestro, -a	vuestros, -as
su	sus

2 Après les substantifs, après le verbe «ser», ou l'article

Singulier	Pluriel
mío, -a	míos, -as
tuyo, -a	tuyos, -as
suyo, -a	suyos, -as
nuestro, -a	nuestros, -as
vuestro, -a	vuestros, -as
suyo, -a	suyos, -as

Sí, es mío. El suyo está en la mesa.
Oui, c'est le mien. Le vôtre est sur la table.

3 Le possessif remplacé par le pronom personnel

En espagnol, on emploie moins le possessif qu'en français. L'article défini et le pronom personnel complément peuvent indiquer la possession.

Se pone las gafas.
Il met ses lunettes.

Trabaja mucho para ganar**se** la vida.
Il travaille beaucoup pour gagner sa vie.

16 Les relatifs

1 Que, quienes / cual, cuales

Que *(dans une proposition déterminative)*

Quien, quienes *(dans une proposition explicative) se rapporte toujours à des personnes.*

Cual, cuales

El que, la que, lo que
Los que, las que

El cual, la cual, lo cual
Los cuales, las cuales

2 Les équivalents de « dont »

• ***Lorsque dans la phrase française le relatif « dont » a un nom pour complément, son équivalent espagnol est*** **cuyo, cuyos, cuya, cuyas.**
Il se traduit par « dont le », « dont la », « dont les ».

Cuyo ***s'accorde en genre et en nombre avec le nom dont il est complément*** *; il le précède immédiatement,* ***sans article.***

Esta película cuyos actores son Joaquín Cortés y Laetitia Casta fue rodada en Granada.
Ce film dont les acteurs sont Joaquín Cortés et Laetitia Casta a été tourné à Grenade.

• ***Dans les autres cas, l'équivalent de « dont » en espagnol sera :***
del que, de la que, de que, de quien, de los que, de las que…

El príncipe omeya del que hablan en la novela es Abderramán I. *Le prince omeyade dont on parle dans le roman est Abd al Rahman I.*
El príncipe del que hablo es árabe. *Le prince dont je parle est arabe.*

3 Les tournures emphatiques

Les tournures « C'est... qui... », « C'est... que... » sont des gallicismes. Si on veut les rendre en espagnol on utilisera le verbe **ser** *qui se met au même temps que le verbe de la subordonnée.*

a. « C'est... qui... »

• *On emploiera* **quien**, **quienes** *pour traduire le relatif « qui » uniquement s'il s'agit de personnes.*
Es este chico **quien** me lo ha dicho.

• *On emploiera* **el que**, **la que**, **los que**, **las que**, *s'il s'agit de personnes ou bien de choses.*
Es este chico **el que** me lo ha dicho.
Es este tren **el que** sale a las ocho.

• *On pourra souvent se contenter de l'emploi du pronom personnel sujet pour traduire l'insistance :*
Yo te lo dije. *C'est moi qui te l'ai dit.*

b. « C'est... que... »

• ***Que*** *se traduit, en fonction du sens, par la conjonction correspondant à l'idée essentielle de la phrase :* **cuando**, **como**, **donde**, **por lo que**. *Pour la trouver, on cherchera la question à laquelle répond la phrase donnée.*

C'est en 1492 que Christophe Colomb découvrit l'Amérique.
→ ***(Quand ?)***
En 1492 fue cuando Cristóbal Colón descubrió América.

Il est mort à Valladolid.
→ ***(Où ?)***
En Valladolid fue donde se murió.

C'est ainsi que ce mot se dit en espagnol.
→ ***(Comment ?)***
Así es como se dice esta palabra en español.

• *Cette construction est très peu utilisée en espagnol, il faut la réserver pour insister vraiment. Pour alléger la phrase, on place en tête le mot à souligner.*
→ **Entonces** lo reconoció. *C'est alors qu'il le reconnut.*

17 Les interrogatifs

¿Qué? ¿Por qué? ¿Para qué?
¿Quién? ¿Quiénes?
¿Cuál? ¿Cuáles?
¿Cuánto? ¿Cuánta? ¿Cuántos? ¿Cuántas?
¿Cuándo?
¿Cómo?
¿Dónde?

Les mots interrogatifs portent un accent écrit sur la voyelle tonique.

Dans la phrase interrogative, le sujet est placé après le verbe.

¿Se marchará Paco mañana?
Paco partira-t-il demain ?

18 Les exclamatifs

Les mots exclamatifs portent toujours un accent écrit sur la voyelle tonique.

¡**Qué** bien!
¡**Cuánto** me alegro!

19 Les adverbes

• ***Les adverbes de manière se forment en ajoutant* -mente *au féminin de l'adjectif, s'il en a un. S'il n'y a pas de féminin, on ajoute* -mente *à la forme unique.***

Difícil → difícil**mente**
Seguro → segura**mente**
Diferente → diferente**mente**

• **Sólo → solamente**
Mais on emploie le plus souvent **sólo**.

Avec la réforme de l'orthographe de 2010, s'il n'y a pas de risque de confusion avec l'adjectif on peut supprimer l'accent écrit.

• **Rápido → rápidamente**
Mais on emploie le plus souvent **rápido**.

• ***Lorsque plusieurs adverbes se suivent, seul le dernier prend la forme en* -mente.** *Les premiers sont remplacés par l'adjectif au féminin.*
Llegaron fácil, rápida y directamente.

• ***Quelques adverbes de lieu :***
Estar boca arriba. → *Être sur le dos.*
Estar boca abajo. → *Être à plat ventre.*
Arriba... → *Vive...* ≠ Abajo... → *À bas...*
Adelante... → *En avant... Continue(z)... Entre(z)*
De aquí en adelante → *Désormais*
Por ahí → *À peu près, environ*

20 La coordination

ET

Y: *et*

Y est remplacé par e devant un mot commençant par i ou hi.

España e Italia. / Madre e hijo.

OU

O: *ou*

O est remplacé par u devant un mot commençant par o ou ho.

Jorge u Óscar. / Español u holandés.

MAIS

Pero: ***mais***

Mas: ***mais*** *(attention,* **más** *avec accent = plus)*

Sino: ***mais. Il s'emploie après une négation et exprime une opposition absolue.***

No bebo vino sino agua.

Sino que...: ***Il n'introduit pas un nom mais une proposition.***

No sólo le regaña sino que lo pega también.
Non seulement il le gronde mais il le frappe aussi.

ALORS QUE

Mientras que: *alors que*

Attention : *ne pas confondre* **mientras** *(pendant que) et* **mientras que** *(alors que)*

Ella es rubia mientras que su amiga es morena. *Elle est blonde alors que son amie est brune.*

Escucha música mientras trabaja. *Il écoute de la musique pendant qu'il travaille.*

À noter : **Mientras tanto** = *Pendant ce temps.*

21 La négation

- ***No se place devant le verbe ou entre le sujet et le verbe.***

No hablo. Yo no hablo.

- ***No est supprimé lorsque le verbe est précédé d'une négation.***

Nadie vendrá hoy. *Personne ne viendra aujourd'hui.*

- ***No est maintenu si le mot négatif est après le verbe.***

No vendrá nadie.

- ***Deux constructions sont possibles pour :***

Nada me gusta.	No me gusta nada.
Nadie habla.	No habla nadie.
Nunca habla.	No habla nunca.
Tampoco lo sabe.	No lo sabe tampoco.

- ***Les négations***

no	*non*
nadie	*personne*
nada	*rien*
tampoco	*non plus*
nunca	*jamais*
ya ... no	*ne ... plus*
no ... sino	*ne pas ... mais*
no sólo ... sino	*non seulement ... mais*
ni siquiera	*pas même*
no ... más que	
no ... sino	*ne ... que*
sólo ...	

22 Les prépositions

A

- ***Introduit le complément direct de personne.***

Reconozco a tu hermano. *Je reconnais ton frère.*

- ***S'emploie après les verbes de mouvement.***

Va a hablar. *Il va parler.*

- ***S'emploie pour indiquer le lieu où l'on va.***

Voy a Madrid. *Je vais à Madrid.*

EN

- ***Indique le lieu où l'on se trouve, sans mouvement.***

Estoy en Madrid. *Je suis à Madrid.*

- ***Situe dans le temps, dans une époque.***

Estamos en otoño. *Nous sommes en automne.*
En el siglo veintiuno. *Au vingt-et-unième siècle.*

DE

- ***Indique le lieu d'où l'on vient, l'origine.***

Vengo de Madrid. *Je viens de Madrid.*
Soy de Barcelona. *Je suis de Barcelone.*

- ***Indique la matière.***

Una moneda de oro. *Une pièce en or.*

- ***Indique l'appartenance.***

Este perro es de mi tío. *Ce chien est à mon oncle.*

- ***Indique une caractéristique.***

Es una chica de pelo rubio. *C'est une fille aux cheveux blonds.*
Es un chico de ojos azules. *C'est un garçon aux yeux bleus.*

- ***Expressions :***

Ir de compras: *aller faire des courses.*
Ir de paseo: *aller se promener.*

CON

• ***Obligatoire avec un complément de moyen ou de manière.***

Iba con la cabeza baja. *Il marchait la tête basse.*
Mira este cuadro con ojos interesados. *Il regarde ce tableau d'un air intéressé.*

• ***Indique un mélange.***
Un café con leche. *Un café au lait.*

POR

• ***Indique le lieu par où l'on passe.***
Nos paseamos por Sevilla. *Nous nous promenons dans Séville.*

• ***Indique la cause, traduit « en faveur de ».***
Lo hago por ti. *Je le fais à cause de toi / pour toi.*

• ***Introduit le complément d'agent.***
Tenochtitlán fue conquistada por Cortés.
Tenochtitlán fut conquise par Cortés.

• ***Indique le temps.***
Por la tarde, por la mañana. *L'après-midi, le matin.*

• ***Indique le prix, le service, l'échange.***
Compro flores por 12 euros. *J'achète des fleurs pour 12 euros.*

• ***Indique le goût, l'adhésion.***
Todo por la patria: *tout pour la patrie*
Preocuparse por: *se préoccuper de*
Interesarse por: *s'intéresser à*
Votar por: *voter pour*

• ***Avec l'infinitif peut indiquer la cause, la raison.***
Por robar, lo metieron en la cárcel.
Parce qu'il a volé, ils l'ont mis en prison.

PARA

• ***Exprime le but.***
Estudio para ser arquitecto.
J'étudie pour être architecte.

• ***Exprime le point de vue.***
Para mí, es un buen oficio.
Pour moi, c'est un bon métier.

• ***Exprime la direction.***
Mañana, me voy para España.
Demain, je pars pour l'Espagne.

• ***Exprime le destinataire.***
Es para ti. *C'est pour toi.*

• ***Traduit « eu égard à »***
Trabaja demasiado para sus pocos años.
Il travaille trop pour son jeune âge.

Le temps, la durée, le délai

• ***Pour indiquer le temps écoulé :*** **hace**
Hace cincuenta años, España era una dictadura.
Il y a cinquante ans, l'Espagne était une dictature.

• ***Pour indiquer un délai :*** **dentro de**
Me voy dentro de un mes. *Je m'en vais dans un mois.*

• ***Depuis :*** **desde**
España forma parte de la Comunidad Europea desde 1986.
L'Espagne fait partie de la Communauté Européenne depuis 1986.

• ***Depuis (durée dans le passé) :*** **desde hace**
Voy de vacaciones a España desde hace veinte años.
Je vais en vacances en Espagne depuis vingt ans.

23 SER et ESTAR

1 Cas où l'on emploie toujours «ser»

• ***Devant un nom ou un pronom***
Soy María. *Je suis Marie.*
Soy yo. *C'est moi.*
Soy una mujer. *Je suis une femme.*
Hoy es lunes. *Aujourd'hui c'est lundi.*

• ***Devant un nombre ou un indéfini.***
Son dos. *Ils sont deux.*
Son muchos. *Ils sont nombreux.*

• ***Devant une indication concernant l'origine, la nationalité, l'appartenance.***
Soy de Madrid. *Je suis de Madrid.*
Soy argentina. *Je suis argentine.*
El libro es de Pablo. *Le livre est à Pablo.*

• ***Devant une indication concernant la matière.***
La mesa es de madera. *La table est en bois.*

• ***Devant l'expression de l'heure.***
Son las diez. *Il est dix heures.*

2 Cas où l'on emploie toujours «estar»

• ***Devant une indication de temps.***
Estamos en el siglo veintiuno.
Nous sommes au vingt et unième siècle.
Estamos a dos de marzo.
Nous sommes le deux mars.
Estamos en invierno. *Nous sommes en hiver.*

• ***Devant une indication de lieu.***
Está en Almería. *Il est à Almería.*
Está en Toledo. *Elle est à Tolède.*

3 Cas où l'on peut employer «ser» ou «estar»

Ces cas sont plus complexes car l'utilisation de l'un ou de l'autre verbe modifiera le sens de la phrase.

• ***Devant un adjectif,*** **ser** ***définit, exprime une caractéristique essentielle.***

El chico es moreno. *Le garçon est brun.*
Es alta. *Elle est grande.*
Sus ojos son azules. *Ses yeux sont bleus.*

• ***Devant un adjectif,*** **estar** ***indique un état valable au moment où l'on parle.***

La chica está morena. *La jeune fille est bronzée.*
Estoy enfermo. *Je suis malade.*
Está preocupado. *Il est inquiet.*
¡Estás loco! *Tu es fou !*

Remarque :
On emploie toujours ser *dans les expressions* **ser feliz / dichoso**: *être heureux* ;
ser infeliz / desdichado: *être malheureux.*

• **Ser** ***devant un participe passé.***
Dans ce cas, il s'agit de la voix passive (peu employée en espagnol). L'action est vue en cours de déroulement.

El alcalde fue elegido por el pueblo:
Le maire a été élu par le peuple.

• Devant un participe passé, estar *indique le résultat d'une action.*

La puerta está cerrada. *La porte est fermée.*

Cas particulier :
« C'est... » se traduit toujours par **ser.**
Es fácil. *C'est facile.*
Son ellos. *Ce sont eux.*
Il y a quelques exceptions :
Está bien / está mal. *C'est bien / c'est mal.*

24 Les semi-auxiliaires

En espagnol, des verbes appelés semi-auxiliaires apportent une nuance particulière à certains aspects de l'action.
Ils sont suivis du participe passé ou d'un adjectif. (Il y a accord du participe passé en genre et en nombre.)

Tener ***remplace l'auxiliaire*** **haber** ***:***

• ***Pour indiquer une nuance fréquentative.***

Ya tengo corregidas diez páginas.
J'ai déjà corrigé dix pages.

• ***Pour indiquer une nuance d'insistance.***

Te lo tengo dicho mil veces.
Je te l'ai dit des milliers de fois.

Andar, ir, quedar, resultar, venir ***remplacent*** **ser** ***ou*** **estar.**

• ***Pour apporter une nuance de résultat.***

Me quedé (estuve) estupefacto. *J'ai été stupéfait.*
La vida en el campo resulta (es) más barata que en la ciudad. *La vie à la campagne est moins chère qu'en ville.*

• ***Pour indiquer le déplacement du sujet.***

Viene (está) encantada. *Elle est enchantée.*

DAR
Suivi d'un nom indiquant un sentiment ou une impression, le verbe dar *permet de les exprimer comme le verbe « faire » en français.*
→ Dar lástima, pena, miedo, risa... *Faire pitié, faire de la peine, faire peur, faire rire...*
→ Me das vergüenza. *Tu me fais honte.*

À noter : Me da igual / Me da lo mismo.
Cela m'est égal.

25 Les aspects de l'action

1 Durée, progression, continuité

• **Estar** ***+ gérondif***

Indique la durée. *Être en train de + verbe.*

Está leyendo. *Il est en train de lire.*

• **Ir** ***+ gérondif***

Indique la progression. *« Peu à peu »..., « de plus en plus »..., « l'un après l'autre ».*

La nieve va cayendo. *La neige tombe.*

• **Seguir** ***+ gérondif***

Indique la continuité. *« Continuer à » ...*

A pesar del ruido, siguió hablando.
Malgré le bruit, il continua à parler.

2 Équivalent de « cela fait... »

Llevar ***+ complément de temps + gérondif***

Indique le temps passé à faire quelque chose.
Llevo dos años estudiando.
Cela fait deux ans que j'étudie.

3 Fréquence, habitude, répétition

Volver a + *infinitif*

Indique la répétition.

Se traduit avec le préfixe « re- » ou par « à nouveau », « recommencer ».

Vuelve a llover: *il pleut à nouveau.*
Vuelve a empezar: *il recommence.*

Soler + *infinitif*

Indique l'habitude, la fréquence.

Se traduit par « en général », « généralement », « avoir l'habitude de... »

Suele levantarse antes de las siete. *Il a l'habitude de se lever avant sept heures.*

4 Changement : les équivalents de « devenir »

Ponerse + *adjectif*

Indique un changement accidentel.
Se puso enfermo. *Il tomba malade.*
Se puso furioso. *Il est devenu furieux.*

Volverse + *adjectif ou substantif*

Indique un changement définitif ou de courte durée mais important.

Este perro se volvió peligroso.
Ce chien est devenu dangereux.

Hacerse

Indique un changement voulu.

En pocos años se hizo rico.
Il est devenu riche en quelques années.

5 La proposition participe

Elle permet d'indiquer la suite d'une action qui est déjà terminée.
Il s'agit de l'association d'un participe passé et d'un nom ou d'un pronom avec lequel le participe s'accorde. Le participe précède toujours le nom sujet. En espagnol, on emploie la forme simple du participe passé là où, en français, on emploie le participe passé composé (ayant choisi..., étant fini...).
Terminada la escuela primaria, tuve que emigrar a Francia. *Après avoir fini l'école primaire, j'ai dû émigrer en France.*

26 L'obligation

1 L'obligation impersonnelle : « il faut », « il est nécessaire »

Hay que
Hace falta
Es necesario
Es menester
Es preciso
} + *infinitif*

Hay que comer para vivir. *Il faut manger pour vivre.*

2 L'obligation personnelle : « devoir », « il faut que je, tu,...»

Tener que + *infinitif*

Para adelgazar, tengo que comer menos.
Pour maigrir, je dois manger moins.

Deber + *infinitif (devoir moral)*

Los niños deben obedecer a los padres.
Les enfants doivent obéir aux parents.

Es necesario que
Es menester que
Es preciso que
Hace falta que
} + *subjonctif*

Es necesario que lo haga.
Je dois le faire. / Il faut que je le fasse.

27 La concession

1 Aunque

• *Lorsque la concession porte sur un fait réel elle sera exprimée en espagnol à l'indicatif.*

Aunque + ***indicatif*** = *Bien que + subjonctif*

Aunque se lo expliqué varias veces no sabe hacerlo.

• *Lorsque la concession porte sur un fait supposé ou douteux elle sera exprimée en espagnol par le subjonctif.*

Aunque + ***subjonctif*** = *Même si + indicatif*

Aunque se lo hayas explicado, no sabe hacerlo.

2 Por mucho que... / Por más que

Ces tournures correspondent à l'expression « avoir beau... »

• *Lorsque la concession porte sur un verbe :*
por mucho que / por más que + ***verbe conjugué*** = *avoir beau + infinitif*
Por mucho que se lo explicaba, él no comprendía.
Il avait beau le lui expliquer, il ne comprenait pas.

• *Si la concession porte sur un nom :*
por mucho (a, os, as) que / por más que *(mucho s'accorde avec le nom)*
Por muchas explicaciones que le diste no sabe hacerlo.
Tu as eu beau lui donner beaucoup d'explications, il ne sait pas le faire.

Por más esfuerzos que hacía, no podía hacerlo.
Il avait beau faire des efforts, il ne pouvait pas le faire.

3 La proposition gérondive

Placé devant le sujet, le gérondif peut équivaloir à aunque + *indicatif*.

Siendo joven, sabe ya muchas cosas.
Alors qu'il est jeune...

28 L'infinitif

• ***Il peut être substantivé, c'est-à-dire employé comme nom.***
El verse cada noche y hablarse hasta el amanecer se convirtió en una necesidad para ambos.

El + ***infinitif*** *est l'équivalent de « le fait de... ».*
El comer, el ser, el ir y venir.

• Al + ***infinitif***
Cette forme indique la simultanéité de deux actions.

Al verlo lo reconocí.
En le voyant, je l'ai reconnu.

Al + ***infinitif*** *peut être remplacé par* cuando ***+ un verbe conjugué.***
Cuando lo vi, lo reconocí.

• De + ***infinitif***
Cette forme à la même valeur qu'une subordonnée de condition.

De saberlo antes, no hubiera ido. *Si je l'avais su avant, je n'y serais pas allé.*

De + ***infinitif*** *est ici équivalent de* si ***+ subjonctif imparfait.***
Si lo hubiera sabido antes, no hubiera ido.

• Con + ***infinitif***
Selon les cas, cette forme peut avoir deux sens :

• *Elle peut avoir une nuance concessive.*
Con llevar varios años estudiando, no obtuvo ningún diploma. *Bien qu'il ait étudié de nombreuses années, il n'a obtenu aucun diplôme.*

• *Elle peut avoir le sens de « Il suffit de... ».*
Con hacer unos pocos esfuerzos, puedes sacar buenas notas.

• *On peut renforcer cette dernière tournure avec l'adverbe «sólo».*
Con sólo hacer unos pocos esfuerzos, puedes sacar buenas notas.

• Sin + ***infinitif*** / Por + ***infinitif***
Après les verbes **estar** *et* **quedar** *(parfois simplement sous-entendus) :*
– **Sin** *suivi de l'infinitif peut indiquer une action non réalisée.*
El chico se quedó sin comer.
– **Por** *suivi de l'infinitif indique que l'action est à faire.*
Todos estos libros quedaban por leer.

• Después de / Luego de + ***infinitif***
Cette tournure équivaut à « après » + infinitif passé.
Después de visitar la ciudad, se fueron.

29 L'emploi des temps

Certains temps ont un emploi différent en français et en espagnol.

1 Le passé composé

En espagnol, il exprime un fait du passé envisagé comme ayant des conséquences ou un rapport avec le présent.

La concordance des temps se fait avec le présent du subjonctif.

Te he dicho que lo hagas. *Je t'ai dit de le faire.*

Remarque :
En Amérique latine, le passé composé ne s'emploie pratiquement pas dans la langue parlée.

2 Le passé simple

Il est très fréquent en espagnol et se substitue souvent au passé composé français. Il renvoie à une action achevée dans le passé, qu'elle ait duré ou qu'elle ait été ponctuelle.
C'est le temps du récit.

Los árabes se quedaron ocho siglos en España.
Les Arabes sont restés huit siècles en Espagne.

3 Le futur

Il peut servir à indiquer une hypothèse, une incertitude.

Serán las doce. *Il doit être midi.*

4 Le conditionnel

Il peut servir à indiquer une hypothèse, une incertitude dans le passé.

Serían las doce cuando entró.
Il devait être midi quand il entra.

30 Emplois du subjonctif

• ***Il sert à exprimer la défense.***

No + ***subjonctif***

No corras. *Ne cours pas.*

• ***Il sert à exprimer un souhait ou un regret.***

¡Que aproveche! *Bon appétit.*
¡Ojalá estuviera aquí! *Ah, s'il était ici !*

• ***Il permet d'exprimer le doute, la possibilité avec*** **quizá, quizás, es posible que, puede que**...

Quizás venga mañana.
Peut-être viendra-t-il demain.

• ***Il s'emploie avec les verbes qui expriment un ordre, une volonté, une défense, un désir, une prière, un souhait :*** **decir que, aconsejar que, desear que, prohibir que, temer que...**

Diles que salgan. *Dis-leur de sortir.*
Te aconsejo que no lo repitas.
Je te conseille de ne pas le répéter.

• ***Il permet d'exprimer le but.***

Para que + ***subjonctif***

Se lo digo para que lo sepa.

Je le lui dis pour qu'il le sache.

• ***Il exprime le concession, l'opposition.***

Aunque viniera, sería tarde.
Même s'il venait ce serait trop tard.
Por increíble que parezca....
Aussi incroyable que cela puisse paraître.

• ***Il s'emploie dans la subordonnée temporelle, relative et comparative, lorque le verbe de la principale est au futur.***

Nos iremos cuando quieras.
Nous partirons quand tu voudras.
Harás lo que yo te diga. *Tu feras ce que je te dirai.*
Será como tú quieras. *Ce sera comme tu voudras.*

• ***Il s'emploie dans une subordonnée lorsque le verbe de la principale exprime une possibilité, une éventualité.***

Dudo que lo hagas.
Je ne suis pas certain que tu le feras.

• ***Il s'emploie dans la phrase conditionnelle.***
On emploie le subjonctif imparfait si la condition n'est pas réalisée dans le présent.

Si ganara mucho dinero me compraría una casa.

• ***On emploie le subjonctif imparfait après*** **como si**.

Habla como si conociera aquel país.
Il parle comme s'il connaissait ce pays.

• ***On emploie la forme en*** **-ra** ***du subjonctif imparfait pour remplacer parfois le plus-que parfait.***

Era el tesoro que enterrara la princesa.
C'était le trésor que la princesse avait enterré.

31 Concordance des temps

En français, elle n'est plus employée que dans la langue très soutenue ou littéraire. En espagnol, elle est appliquée strictement.

Principale	Subordonnée
présent de l'indicatif futur passé composé	subjonctif présent
imparfait de l'indicatif passé simple conditionnel plus-que-parfait	subjonctif imparfait

Su padre **quiere** que **vuelva** temprano. *Son père veut qu'il rentre tôt.*
Su padre **quería** que **volviera** temprano. *Son père voulait qu'il rentrât (rentre) tôt.*

32 Passage du discours direct au discours indirect

1 Le style indirect

S'utilise pour rendre compte d'un discours que l'on a tenu soi-même ou que quelqu'un d'autre a tenu.

En espagnol, pour effectuer le transfert du style direct au style indirect on se sert de verbes tels que : **decir, contar, añadir, preguntar (si), contestar...**

Lorsqu'il s'agit de rapporter des ordres, des conseils, des prières, etc., on utilise des verbes tels que **ordenar, rogar, pedir, aconsejar, decir...**

Avant de procéder à la transposition, il faut prendre garde à ***trois difficultés*** *: le choix des temps à utiliser, le choix des modes verbaux et le choix des personnes (pronoms, possessifs, formes verbales).*

2 Les temps

On procédera de manière différente selon que l'on aura à rapporter le texte au présent ou au passé.

• Si le verbe qui introduit le discours indirect est au présent :

Milagros **dice** que... El hombre le **pregunta** si... El narrador **cuenta** que...

Toutes les formes verbales qui suivent devront être conformes à l'original : on ne changera rien aux temps choisis dans le texte d'origine.

Exemples :

No conviene criticar a los antepasados → Milagros **dice** que no **conviene** criticar a los antepasados.

¿Y ellos?, ¿quieren verlo a usted? → El hombre le **pregunta** si los indios **quieren** verlo a él.

Me quedé dos semanas en «Madrid» → El narrador **cuenta** que **se quedó**...

• Si le verbe qui introduit le discours indirect est au passé :

Milagros **dijo** que...
El hombre le **preguntó** si ...
El narrador **contaba** que...

Toutes les formes verbales qui suivent devront respecter la concordance des temps au passé. *Donc, si dans la phrase originale le temps était au présent, il faudra effectuer une transposition au passé en choisissant les temps les plus appropriés (imparfait de l'indicatif ou du subjonctif notamment).*

Exemples :

No conviene criticar a los antepasados → Milagros **dijo** que no **convenía** criticar a los antepasados.

¿Y ellos?, ¿Quieren verlo a usted? → El hombre le **preguntó** si los indios **querían** verlo a él.

Me quedé dos semanas en «Madrid» → El narrador **contó** que se **había quedado**...

• Si dans la phrase originale le verbe est au futur, la transposition se fait au conditionnel.

Regresaré el martes → El chico contestó que regresaría el martes.

3 Les modes

Il faudra prendre garde, lorsque le discours comporte des ordres directs ou indirects, de bien effectuer la transposition : à l'emploi d'un impératif correspondra ainsi celui d'un subjonctif.

Attention à l'emploi du verbe **decir**.
Celui-ci introduit souvent un simple énoncé (en français « dire que »).

Exemple :

No conviene criticar a los antepasados → Milagros **dice** que no **conviene** criticar a los antepasados.

Cependant, il peut également introduire un ordre indirect et sera alors suivi du subjonctif (en français : « dire de » + infinitif).

No critiques a los antepasados → Milagros le **dice** que no **critique** a los antepasados
ou Milagros le **dijo** que no **criticara** a los antepasados.

4 Les personnes

En passant du dialogue au récit, les personnes verbales, les pronoms personnels et les pronoms et adjectifs possessifs sont généralement modifiés.

Exemples :

¿Dónde está **mi** libro? –dijo ella. → Ella le preguntó dónde estaba **su** libro.

¡Dámelo! –dijo ella. → Ella le dijo que **se** lo diera.

33 Du récit au dialogue

1 Les verbes utiles

...pour structurer un dialogue (ainsi que leur conjugaison aux formes les plus courantes dans les annotations d'un dialogue).

- Decir (digo, dice / dije, dijo / diciendo), exclamar (exclamo, exclama / exclamé, exclamó / exclamando), gritar, murmurar
- Preguntar, interrogar, contestar, responder (respondo, responde / respondí, respondió / respondiendo)
- Pretextar, sugerir (sugiero, sugiere / sugerí, sugirió / sugiriendo), proponer (propongo, propone / propuse, propuso / proponiendo)
- Añadir (añado, añade / añadí, añadió / añadiendo), agregar (agrego, agrega / agregué, agregó / agregando)
- Seguir (sigo, sigue / seguí, siguió / siguiendo), proseguir
- Puntualizar (puntualizo, puntualiza / puntualicé, puntualizó), especificar (especifico, especifica / especifiqué, especificó).
- Llorar, reír, etc.

On reverra également les formes de l'impératif et on révisera les règles de l'enclise, notamment au gérondif (riéndose, sentándose, mirándome, etc.)

2 Les adverbes et expressions utiles

- En voz baja; con un hilo de voz... En voz alta; gritando a voz en cuello / a voz en grito... Hablar a gritos...
- Con voz burlona, socarrona, lastimosa, comprensiva, pensativa...
- Rompe a llorar; se echa a reír; riéndose a carcajadas...
- Pega un salto; pega un respingo; hace aspavientos...
- Mirándole de soslayo; frunciendo el ceño; poniéndose colorado...
- Tristemente, alegremente, seriamente... Seria y triste**mente**... Triste y seri**amente**...
- De repente; de pronto; al fin y al cabo...
- Conversamos a solas; a escondidas...

3 Les expressions propres au langage parlé

- Oye (tú), mira... (pour interpeller quelqu'un)
- Pues..., Pues bien... Bueno..., A ver..., Mira... → *Eh bien, bon, euh...*
- Vaya, vaya... → *Ah bon, tiens donc...*
- ¡Qué va! → *Mais non, voyons...*
- ¡Claro! (Por supuesto...) → *Bien sûr... Mais oui*
  ¡Claro que sí! *Bien sûr...*
  ¡Claro que no! → *Mais non, alors...*
- ¡Cómo no! → *Naturellement, c'est bien naturel !*
- ¡De eso, ni hablar! ¡Eso sí que no! → *Ça non, pas question !*
- Vale, de acuerdo... → *O.K., d'accord.*
- No me digas... → *Non, c'est vrai ?, Pas possible !*
- ¿Verdad? ¿Verdad que sí? → *N'est-ce-pas ?*
- ¡Hombre! ¡Mujer! ¡Chico! ¡Chica! ¡Hijo! ¡Hija! → *Interjection choisie en fonction de la personne à laquelle on s'adresse (à un homme, une femme, un camarade, quelqu'un de plus jeune que soi...) Le sens dépend du contexte.*

Tableaux de conjugaison

Infinitivo (*Infinitif*)	Presente de indicativo (*Indicatif présent*)		Presente de subjuntivo (*Subjonctif présent*)		Imperativo (*Impératif*)		Imperfecto de indicativo (*Indicatif imparfait*)	
LES VERBES RÉGULIERS								
Hablar *parler*	hablo hablas habla	hablamos habláis hablan	hable hables hable	hablemos habléis hablen	habla	hablad	hablaba hablabas hablaba	hablábamos hablabais hablaban
Comer *manger*	como comes come	comemos coméis comen	coma comas coma	comamos comáis coman	come	comed	comía comías comía	comíamos comíais comían
Vivir *vivre*	vivo vives vive	vivimos vivís viven	viva vivas viva	vivamos viváis vivan	vive	vivid	vivía vivías vivía	vivíamos vivíais vivían
LES VERBES À DIPHTONGUE E → IE O → UE								
Pensar *penser*	pienso piensas piensa	pensamos pensáis piensan	piense pienses piense	pensemos penséis piensen	piensa	pensad	pensaba pensabas pensaba	pensábamos pensabais pensaban
Contar *raconter*	cuento cuentas cuenta	contamos contáis cuentan	cuente cuentes cuente	contemos contéis cuenten	cuenta	contad	contaba contabas contaba	contábamos contabais contaban
LES VERBES À AFFAIBLISSEMENT E → I								
Pedir *demander*	pido pides pide	pedimos pedís piden	pida pidas pida	pidamos pidáis pidan	pide	pedid	pedía pedías pedía	pedíamos pedíais pedían
Même modèle pour : seguir, corregir, despedir, elegir, impedir, medir, servir, vestir, reír								
LES VERBES À ALTERNANCE E → IE et I O → UE et U								
Sentir *sentir, ressentir*	siento sientes siente	sentimos sentís sienten	sienta sientas sienta	sintamos sintáis sientan	siente	sentid	sentía sentías sentía	sentíamos sentíais sentían
Même modèle pour : divertir, mentir, preferir, sugerir								
Dormir dormir	duermo duermes duerme	dormimos dormís duermen	duerma duermas duerma	durmamos durmáis duerman	duerme	dormid	dormía dormías dormía	dormíamos dormíais dormían
LES VERBES EN -ACER / -ECER / -OCER / -UCIR, TYPE CONOCER C → ZC								
Conocer *connaître*	conozco conoces conoce	conocemos conocéis conocen	conozca conozcas conozca	conozcamos conozcáis conozcan	conoce	conoced	conocía conocías conocía	conocíamos conocíais conocían
Même modèle pour : nacer, obedecer, padecer, parecer, pertenecer, relucir								
LES VERBES EN -DUCIR, TYPE DEDUCIR C → ZC C → J								
Deducir *déduire*	deduzco deduces deduce	deducimos deducís deducen	deduzca deduzcas deduzca	deduzcamos deduzcáis deduzcan	deduce	deducid	deducía deducías deducía	deducíamos deducíais deducían
Même modèle pour : conducir, introducir, producir, traducir, seducir								

Pretérito indefinido (Passé simple)		Imperfecto de subjuntivo (Subjonctif imparfait)*		Futuro (Futur)		Condicional (Conditionnel)		Gerundio (Gérondif) Participio pasivo (Participe passé)	

LES VERBES RÉGULIERS

hablé hablaste habló	hablamos hablasteis hablaron	hablara hablaras hablara	habláramos hablarais hablaran	hablaré hablarás hablará	hablaremos hablaréis hablarán	hablaría hablarías hablaría	hablaríamos hablaríais hablarían	g. p. p.	hablando hablado
comí comiste comió	comimos comisteis comieron	comiera comieras comiera	comiéramos comierais comieran	comeré comerás comerá	comeremos comeréis comerán	comería comerías comería	comeríamos comeríais comerían	g. p. p.	comiendo comido
viví viviste vivió	vivimos vivisteis vivieron	viviera vivieras viviera	viviéramos vivierais vivieran	viviré vivirás vivirá	viviremos viviréis vivirán	viviría vivirías viviría	viviríamos viviríais vivirían	g. p. p.	viviendo vivido

LES VERBES À DIPHTONGUE E → IE O → UE

pensé pensaste pensó	pensamos pensasteis pensaron	pensara pensaras pensara	pensáramos pensarais pensaran	pensaré pensarás pensará	pensaremos pensaréis pensarán	pensaría pensarías pensaría	pensaríamos pensaríais pensarían	g. p. p.	pensando pensado
conté contaste contó	contamos contasteis contaron	contara contaras contara	contáramos contarais contaran	contaré contarás contará	contaremos contaréis contarán	contaría contarías contaría	contaríamos contaríais contarían	g. p. p.	contando contado

LES VERBES À AFFAIBLISSEMENT E → I

pedí pediste pidió	pedimos pedisteis pidieron	pidiera pidieras pidiera	pidiéramos pidierais pidieran	pediré pedirás pedirá	pediremos pediréis pedirán	pediría pedirías pediría	pediríamos pediríais pedirían	g. p. p.	pidiendo pedido

Même modèle pour : seguir, corregir, despedir, elegir, impedir, medir, servir, vestir, reír

LES VERBES À ALTERNANCE E → IE et I O → UE et U

sentí sentiste sintió	sentimos sentisteis sintieron	sintiera sintieras sintiera	sintiéramos sintierais sintieran	sentiré sentirás sentirá	sentiremos sentiréis sentirán	sentiría sentirías sentiría	sentiríamos sentiríais sentirían	g. p. p.	sintiendo sentido

Même modèle pour : divertir, mentir, preferir, sugerir

dormí dormiste durmió	dormimos dormisteis durmieron	durmiera durmieras durmiera	durmiéramos durmierais durmieran	dormiré dormirás dormirá	dormiremos dormiréis dormirán	dormiría dormirías dormiría	dormiríamos dormiríais dormirían	g. p. p.	durmiendo dormido

LES VERBES EN -ACER / -ECER / -OCER / -UCIR, TYPE CONOCER C → ZC

conocí conociste conoció	conocimos conocisteis conocieron	conociera conocieras conociera	conociéramos conocierais conocieran	conoceré conocerás conocerá	conoceremos conoceréis conocerán	conocería conocerías conocería	conoceríamos conoceríais conocerían	g. p. p.	conociendo conocido

Même modèle pour : nacer, obedecer, padecer, parecer, pertenecer, relucir

LES VERBES EN -DUCIR, TYPE DEDUCIR C → ZC C → J

deduje dedujiste dedujo	dedujimos dedujisteis dedujeron	dedujera dedujeras dedujera	dedujéramos dedujerais dedujeran	deduciré deducirás deducirá	deduciremos deduciréis deducirán	deduciría deducirías deduciría	deduciríamos deduciríais deducirían	g. p. p.	deduciendo deducido

Même modèle pour : conducir, introducir, producir, traducir, seducir.

* *Il existe une autre forme de subjonctif en* -se : hablase, comiese, viviese, pensase, contase, pidiese, sintiese, durmiese...

Tableaux de conjugaison

AUTRES VERBES IRRÉGULIERS

Infinitivo (*Infinitif*)	Presente de indicativo (*Indicatif présent*)	Presente de subjuntivo (*Subjonctif présent*)	Imperativo (*Impératif*)	Imperfecto de indicativo (*Indicatif imparfait*)
Andar *marcher*	ando andas anda andamos andáis andan	ande andes ande andemos andéis anden	anda andad	andaba andabas andaba andábamos andabais andaban
Caer *tomber*	caigo caes cae caemos caéis caen	caiga caigas caiga caigamos caigáis caigan	cae caed	caía caías caía caíamos caíais caían
Dar *donner*	doy das da damos dais dan	dé des dé demos deis den	da dad	daba dabas daba dábamos dabais daban
Decir *dire*	digo dices dice decimos decís dicen	diga digas diga digamos digáis digan	di decid	decía decías decía decíamos decíais decían
Estar *être*	estoy estás está estamos estáis están	esté estés esté estemos estéis estén	está estad	estaba estabas estaba estábamos estabais estaban
Haber *aux. avoir*	he has ha hemos habéis han	haya hayas haya hayamos hayáis hayan		había habías había habíamos habíais habían
Hacer *faire*	hago haces hace hacemos hacéis hacen	haga hagas haga hagamos hagáis hagan	haz haced	hacía hacías hacía hacíamos hacíais hacían
Ir *aller*	voy vas va vamos vais van	vaya vayas vaya vayamos vayáis vayan	ve id	iba ibas iba íbamos ibais iban
Oír *entendre*	oigo oyes oye oímos oís oyen	oiga oigas oiga oigamos oigáis oigan	oye oíd	oía oías oía oíamos oíais oían
Poder *pouvoir*	puedo puedes puede podemos podéis pueden	pueda puedas pueda podamos podáis puedan		podía podías podía podíamos podíais podían
Poner *mettre*	pongo pones pone ponemos ponéis ponen	ponga pongas ponga pongamos pongáis pongan	pon poned	ponía ponías ponía poníamos poníais ponían
Querer *vouloir, aimer*	quiero quieres quiere queremos queréis quieren	quiera quieras quiera queramos queráis quieran	quiere quered	quería querías quería queríamos queríais querían
Saber *savoir*	sé sabes sabe sabemos sabéis saben	sepa sepas sepa sepamos sepáis sepan	sabe sabed	sabía sabías sabía sabíamos sabíais sabían
Salir *sortir*	salgo sales sale salimos salís salen	salga salgas salga salgamos salgáis salgan	sal salid	salía salías salía salíamos salíais salían
Ser *être*	soy eres es somos sois son	sea seas sea seamos seáis sean	sé sed	era eras era éramos erais eran
Tener *avoir, posséder*	tengo tienes tiene tenemos tenéis tienen	tenga tengas tenga tengamos tengáis tengan	ten tened	tenía tenías tenía teníamos teníais tenían
Traer *apporter*	traigo traes trae traemos traéis traen	traiga traigas traiga traigamos traigáis traigan	trae traed	traía traías traía traíamos traíais traían
Venir *venir*	vengo vienes viene venimos venís vienen	venga vengas venga vengamos vengáis vengan	ven venid	venía venías venía veníamos veníais venían
Ver *voir*	veo ves ve vemos veis ven	vea veas vea veamos veáis vean	ve ved	veía veías veía veíamos veíais veían

AUTRES VERBES IRRÉGULIERS

Pretérito indefinido (Passé simple)		Imperfecto de subjuntivo (Subjonctif imparfait)*		Futuro (Futur)		Condicional (Conditionnel)		Gerundio (Gérondif) Participio pasivo (Participe passé)	
anduve anduviste anduvo	anduvimos anduvisteis anduvieron	anduviera anduvieras anduviera	anduviéramos anduvierais anduvieran	andaré andarás andará	andaremos andaréis andarán	andaría andarías andaría	andaríamos andaríais andarían	g. p. p.	andando andado
caí caíste cayó	caímos caísteis cayeron	cayera cayeras cayera	cayéramos cayerais cayeran	caeré caerás caerá	caeremos caeréis caerán	caería caerías caería	caeríamos caeríais caerían	g. p. p.	cayendo caído
di diste dio	dimos disteis dieron	diera dieras diera	diéramos dierais dieran	daré darás dará	daremos daréis darán	daría darías daría	daríamos daríais darían	g. p. p.	dando dado
dije dijiste dijo	dijimos dijisteis dijeron	dijera dijeras dijera	dijéramos dijerais dijeran	diré dirás dirá	diremos diréis dirán	diría dirías diría	diríamos diríais dirían	g. p. p.	diciendo dicho
estuve estuviste estuvo	estuvimos estuvisteis estuvieron	estuviera estuvieras estuviera	estuviéramos estuvierais estuvieran	estaré estarás estará	estaremos estaréis estarán	estaría estarías estaría	estaríamos estaríais estarían	g. p. p.	estando estado
hube hubiste hubo	hubimos hubisteis hubieron	hubiera hubieras hubiera	hubiéramos hubierais hubieran	habré habrás habrá	habremos habréis habrán	habría habrías habría	habríamos habríais habrían	g. p. p.	habiendo habido
hice hiciste hizo	hicimos hicisteis hicieron	hiciera hicieras hiciera	hiciéramos hicierais hicieran	haré harás hará	haremos haréis harán	haría harías haría	haríamos haríais harían	g. p. p.	haciendo hecho
fui fuiste fue	fuimos fuisteis fueron	fuera fueras fuera	fuéramos fuerais fueran	iré irás irá	iremos iréis irán	iría irías iría	iríamos iríais irían	g. p. p.	yendo ido
oí oíste oyó	oímos oísteis oyeron	oyera oyeras oyera	oyéramos oyerais oyeran	oiré oirás oirá	oiremos oiréis oirán	oiría oirías oiría	oiríamos oiríais oirían	g. p. p.	oyendo oído
pude pudiste pudo	pudimos pudisteis pudieron	pudiera pudieras pudiera	pudiéramos pudierais pudieran	podré podrás podrá	podremos podréis podrán	podría podrías podría	podríamos podríais podrían	g. p. p.	pudiendo podido
puse pusiste puso	pusimos pusisteis pusieron	pusiera pusieras pusiera	pusiéramos pusierais pusieran	pondré pondrás pondrá	pondremos pondréis pondrán	pondría pondrías pondría	pondríamos pondríais pondrían	g. p. p.	poniendo puesto
quise quisiste quiso	quisimos quisisteis quisieron	quisiera quisieras quisiera	quisiéramos quisierais quisieran	querré querrás querrá	querremos querréis querrán	querría querrías querría	querríamos querríais querrían	g. p. p.	queriendo querido
supe supiste supo	supimos supisteis supieron	supiera supieras supiera	supiéramos supierais supieran	sabré sabrás sabrá	sabremos sabréis sabrán	sabría sabrías sabría	sabríamos sabríais sabrían	g. p. p.	sabiendo sabido
salí saliste salió	salimos salisteis salieron	saliera salieras saliera	saliéramos salierais salieran	saldré saldrás saldrá	saldremos saldréis saldrán	saldría saldrías saldría	saldríamos saldríais saldrían	g. p. p.	saliendo salido
fui fuiste fue	fuimos fuisteis fueron	fuera fueras fuera	fuéramos fuerais fueran	seré serás será	seremos seréis serán	sería serías sería	seríamos seríais serían	g. p. p.	siendo sido
tuve tuviste tuvo	tuvimos tuvisteis tuvieron	tuviera tuvieras tuviera	tuviéramos tuvierais tuvieran	tendré tendrás tendrá	tendremos tendréis tendrán	tendría tendrías tendría	tendríamos tendríais tendrían	g. p. p.	teniendo tenido
traje trajiste trajo	trajimos trajisteis trajeron	trajera trajeras trajera	trajéramos trajerais trajeran	traeré traerás traerá	traeremos traeréis traerán	traería traerías traería	traeríamos traeríais traerían	g. p. p.	trayendo traído
vine viniste vino	vinimos vinisteis vinieron	viniera vinieras viniera	viniéramos vinierais vinieran	vendré vendrás vendrá	vendremos vendréis vendrán	vendría vendrías vendría	vendríamos vendríais vendrían	g. p. p.	viniendo venido
vi viste vio	vimos visteis vieron	viera vieras viera	viéramos vierais vieran	veré verás verá	veremos veréis verán	vería verías vería	veríamos veríais verían	g. p. p.	viendo visto

* *Il existe une autre forme de subjonctif en* -se : anduviese, cayese, diese, dijese, estuviese, hubiese, hiciese, fuese...

Lexique

A

abad, *n. m., abbé*
abalorio, *n. m., verroterie, perle de verre*
abanico, *n. m., éventail*
abastecer, *v., approvisionner*
abertura, *n. f., ouverture*
abnegarse, *v. pr., se dévouer, se sacrifier*
abogado, a, *n., avocat, e*
abogar, *v., plaider*
aborrecer, *v., haïr*
abrasar, *v., embraser*
abrazar, *v., embrasser*
abrigar, *v., abriter, protéger*
en absoluto, *loc. adv., pas du tout*
aburrirse, *v. pr., s'ennuyer*
acabar, *v., finir;* acabar de, *venir de*
academia, *n. f., école*
acaso, *adv., peut-être*
acerca de, *loc. prép., au sujet de*
acercar (ie), *v., approcher*
acero, *n. m., acier*
acertar (ie), *v., arriver à ; bien faire*
acierto, *n. m., réussite*
acoger, *v., accueillir*
acometer, *v., attaquer*
acomodarse, *v. pr., s'installer*
acomodado, a, *adj., aisé, e*
acompañar, *v., accompagner*
aconsejar, *v., conseiller*
acontecimiento, *n. m., événement*
acordarse (ue), *v. pr., se souvenir*
acostar (ue), *v., coucher*
acostumbrar, *v., avoir l'habitude de*
acostumbrado, a, *adj., habitué, e*
acotación, *n. f., indication scénique*
actuación, *n. f., jeu de l'acteur*
actuar, *v., agir ; jouer (un rôle)*
acudir, *v., se rendre à*
adelantar, *v., avancer*
adelante, *adj., en avant ;* más adelante, *plus tard*
ademán, *n. m., geste*
adicional, *adj., supplémentaire*
adicto, a, *adj., dépendant, e*
adinerado, a, *adj., riche, nanti, e*
adjuntar, *v., joindre*
adornar, *v., décorer*
adquirir, *v., acquérir*
adscrito, a, *adj., rattaché, e*
advertencia, *n. f., avertissement*
advertir (ie-i), *v., remarquer ; avertir*
afeitar, *v., raser*
aficionado, a, *n., amateur*
aflojar, *v., relâcher*
aflorar, *v., affleurer*
agarrar, *v., saisir, attraper*
agasajar, *v., bien traiter un hôte ; offrir quelque chose*
agotar, *v., épuiser*
agradecer, *v., remercier*
agravio, *n. m., offense*
agregar, *v., ajouter*
agudizar, *v., accentuer*
águila, *n. f., aigle*
aguja, *n. f., aiguille*
agujero, *n. m., trou*
ahí, *adv., là*
ahorro, *n. m., économie, épargne*
aislar, *v., isoler*
ajeno, a, *adj., d'autrui ; étranger, ère*
ajuar, *n. m., trousseau (de la mariée)*
alabastro, *n. m., albâtre*
alacrán, *n. m., scorpion*
alameda, *n. f., peupleraie ; promenade bordée de peupliers*
albañil, *n. m., maçon*
albergar, *v., héberger*
albor, *n. m., aube*
alcachofa, *n. f., artichaut*
alcance, *n. m., portée*
alcanzar, *v., atteindre, rattraper ;* alcanzar para, *suffire pour*
aldea, *n. f., hameau*
alegrar, *v., réjouir*
alegre, *adj., joyeux, euse*
alejar, *v., éloigner*
alerta, *n. f., alerte*
alerta, *adv.,* estar alerta, *être sur le qui-vive*
alfombra, *n. f., tapis*
alforja, *n. f., besace ; sacoche*
alhaja, *n. f., bijou, joyau*
alinear, *v., aligner*
alistar, *v., inscrire, enrôler*
aliviar, *v., soulager*
allá, *adv., là-bas ;* más allá de, *au-delà de*
alma, *n. f., âme*
almacén, *n. m., magasin*
almena, *n. f., créneau*
almizcle, *n. m., musc*
alquilar, *v., louer*
alquiler, *n. m., loyer*
alrededor, *adv., autour*
alrededores, *n. m. pl., alentours*
altavoz, *n. m., haut-parleur*
altura, *n. f., hauteur ; altitude*
alumbrar, *v., éclairer*
alzar, *v., élever*
alzarse, *v. pr., se révolter*
alzamiento, *n. m., soulèvement*
amado, a, *n., bien-aimé, bien-aimée*
amanecer, *n. m., petit matin*
amargar, *v., rendre amer ; gâcher*
amargo, a, *adj., amer, ère*
amargura, *n. f., amertume*
amarrar, *v., attacher, lier*
ámbar, *n. m., ambre*
ambos, as, *pron. pl., tous les deux, toutes les deux*
amenazador, a, *adj., menaçant, e*
amenazar (con), *v., menacer (de)*
ametralladora, *n. f., mitrailleuse*
amistoso, a, *adj., amical, e*
amorfo, a, *adj., amorphe, informe*
añadir, *v., ajouter*
ancho, a, *adj., large ;* estar a sus anchas, *être à l'aise*
anciano, a, *n., personne âgée, vieux monsieur, vieille dame*
anclar, *v., ancrer*
andino, a, *adj., andin, e*
angustia, *n. f., angoisse*
anhelo, *n. m., aspiration, désir*
añicos, hacer -, *réduire en miettes*
animar, *v., encourager ;* animarse a, *se décider à*
ánimo, *n. m., courage ; encouragement ; humeur*
anoche, *adv., hier soir*
añorar, *v., avoir la nostalgie de*
ansia, *n. f., désir ardent*
de antemano, *loc. adv., d'avance*
antepasado, *n. m., ancêtre*
antes de, *loc. prép., avant de ; plutôt que*
anunciante, n., *annonceur, euse*
apacible, *adj., paisible*
apagar, *v., éteindre*
apañarse, *v. pr., se débrouiller*
aparato, *n. m., appareil*
aparte, *n. m., aparté*
aparte, *adv., à part ;* aparte de, *en plus de*
apetecer, *v., faire envie*
apiadarse, *v. pr., avoir pitié*
apiñarse, *v. pr., s'entasser*
aplastar, *v., aplatir*
aplauso, *n. m., applaudissement*
aplazar, *v., ajourner*
apoderado, *n. m., fondé de pouvoir*
apoderarse, *v. pr.,* - de, *s'emparer de*
aportación, *n. f., apport*
aporte, *n. m., apport*
apoyo, *n. m., appui, soutien*
apresar, *v., capturer*
aprestar, *v., apprêter*
apresurado, a, *adj., pressé, e*
apretar (ie), *v., serrer*
aprovechar, *v., profiter*
apuñalar, *v., poignarder*
apuntalar, *v., étayer*
apuntar, *v., viser*
apuntarse, *v. pr., s'inscrire*
arar, *v., labourer*
arco iris, *n. m., arc-en-ciel*
ardilla, *n. f., écureuil*
área, *n. f., aire ; zone*
arena, *n. f., sable*
arguir, *v., argumenter*
argumento, *n. m., argument ; sujet, thème, intrigue*
armada, *n. f., flotte ; marine de guerre*
armadura, *n. f., armure*
armario, *n. m., armoire*
arquetipo, *n. m., archétype*
arrabal, *n. m., faubourg*
arraigado, a, *adj., enraciné, e*
arrancar, *v., arracher ; démarrer*
arrastrar, *v., traîner, entraîner*
arrebatar, *v., arracher des mains*
arriba, *adj., au-dessus ; en haut ;* arriba abajo, *de haut en bas*
arrimar, *v., attacher*
arrojar, *v., jeter*
arrojo, *n. m., courage*
arrollador, a, *adj., irrésistible*
asaltar, *v., assaillir ; attaquer*
asalto, *n. m., assaut ; agression*
ascender (ie), *v., monter*
asegurar, *v., assurer*
asentamiento, *n. m., colonie ;* asentamiento chabolista, *bidonville*
aseo, *n. m., toilette ; propreté ; salle d'eau*
asesoría, *n. f., conseil*
asentir (ie-i), *v., acquiescer ; admettre*
asiento, *n. m., siège*
asignatura, *n. f., matière scolaire*
asistenta, *n. f., femme de ménage*
asomar, *v., apparaître ;* asomarse a, *se pencher à*
asombrar, *v., étonner*
áspero, a, *adj., âpre ; rude, difficile*
áspid, *n. m., aspic, vipère*
asumir, *v., assumer*
asunto, *n. m., sujet ; problème ; affaire*
asustar, *v., effrayer*
atar, *v., attacher*
atender (ie), *v., s'occuper de ; recevoir*
atenerse (ie), *v. pr.,* - a, *s'en tenir à*
atentamente, *adv., cordialement*
atento, a, *adj., attentif, ive*
aterrado, a, *adj., atterré, e*
atiborrado, a, *adj., plein, e ; encombré, e*
atractivo, a, *adj., attirant, e ; attrayant, e*
atractivo, *n. m., attrait*
atrás, *adv., derrière, à l'arrière, en arrière ; plus tôt, avant*
atravesar (ie), *v., traverser*
atreverse, *v. pr., oser*
atrevido, a, *adj., audacieux, euse*
auge, *n. m., apogée*
aula, *n. f., salle de classe*
aumento, *n. m., augmentation*
aun, *adv., même*
aún, *adv., encore*
ausencia, *n. f., absence*
autopista, *n. f., autoroute*
autorretrato, *n. m., autoportrait*
avergonzar (ue), *v., faire honte*
ave, *n. f., oiseau*
avestruz, *n. m., autruche*
avidez, *n. f., avidité*
avisar, *v., prévenir, avertir*
avispa, *n. f., guêpe*
avistar, *v., distinguer, apercevoir*
ayuntamiento, *n. m., municipalité, mairie*

B

bachillerato, *n. m., baccalauréat*
bahía, *n. f., baie*
bailaor, a, *n., danseur, euse*
bailarín, a, *n., danseur, euse*
baile, *n. m., danse ; bal*
bajar, *v., descendre ; télécharger*
bajo, a, *adj., bas, basse ; petit, e*
bajo, *prép., sous*
balanceo, *n. m., balancement*
balneario, *n. m., station balnéaire*
balsa, *n. f., radeau*
banco, *n. m., banque ; banc*
bandera, *n. f., drapeau*
bandido, *n. m., bandit*
bando, *n. m., camp*
bañar, *v., baigner ; tremper*
baño, *n. m., bain ; salle de bain ; toilettes*
barato, a, *adj., bon marché*
bárbaro, a, *adj., barbare ; super*
barbilla, *n. f., menton*
barracón, *n. m., baraque*
barrer, *v., balayer*
barrio, *n. m., quartier*
barro, *n. m., boue ; terre cuite*
barrote, *n. m., barreau*
basura, *n. f., ordures ; saleté*
basurero, *n. m., décharge*
baúl, *n. m., coffre*
bendecir (i), *v., bénir*
bendito, a, *adj., béni, e*
bienestar, *n. m., bien-être*
bigote, *n. m., moustache*
bizarro, a, *adj., généreux, euse*
blancura, *n. f., blancheur*
blando, a, *adj., mou, molle*
bloggero, a, *n., blogueur, euse*
bloque, *n. m., bloc*
bobo, a, *adj., idiot, e, niais, e*
bobería, *n. f., bêtise*
boca, *n. f., bouche ;* boca abajo, *à plat ventre*
bocado, *n. m., bouchée*
boceto, *n. m., esquisse*
boda, *n. f., noce*
bodega, *n. f., cave*
bodegón, *n. m., nature morte*
bolsa, *n. f., bourse ; sac*
bombardeo, *n. m., bombardement*
bombilla, *n. f., ampoule électrique*
bonito, a, *adj., joli, e*
borboritar, *v., bouillonner*
bordado, *n. m., broderie*
bordar, *v., broder*

borracho, a, *adj., ivre*
borrar, *v., effacer, gommer*
borroso, a, *adj., flou, e*
bosque, *n. m., forêt, bois*
bostezar, *v., bâiller*
botín, *n. m., butin*
bravo, a, *adj., brave ; sauvage*
brindar, *v., offrir*
brío, *n. m., entrain*
broma, *n. f., plaisanterie*
burbuja, *n. f., bulle*
burgués, a, *adj., bourgeois, e*
burla, *n. f., moquerie, plaisanterie ; tromperie, escroquerie*
burlar, *v., tromper* ; **burlarse**, *se moquer*
busca, *n. f., recherche* ; **en busca de**, *à la recherche de*

C

cabalgar, *v., chevaucher*
caballeresco, a, *adj., chevaleresque, de chevalerie*
caballero, *n. m., monsieur ; homme ; chevalier* ; **- andante**, *chevalier errant*
cabello, *n. m., cheveu ; chevelure*
caber, *v., tenir, rentrer*
cabeza, *n. f., tête*
cabo, *n. m., cap ; bout* ; **cabo primero**, *caporal-chef* ; **llevar a cabo**, *mener à bien, réaliser* ; **al fin y al cabo**, *loc., au bout du compte* ; **al cabo de**, *loc. prép., au bout de*
cacto, *n. m., cactus*
cada, *adj., chaque* ; **cada cual**, *chacun* ; **cada tanto**, *de temps en temps*
cadena, *n. f., chaîne*
caer, *v., tomber* ; **caer en que**, *se rendre compte que*
caída, *n. f., chute*
caja, *n. f., caisse ; boîte*
cajón, *n. m., tiroir*
calabozo, *n. m., cachot*
calavera, *n. f., tête de mort*
caldear, *v., réchauffer*
calefacción, *n. f., chauffage*
cálido, a, *adj., chaud, e ; chaleureux, euse*
calificar, *v., qualifier*
callado, a, *adj., silencieux, euse*
callar, *v., se taire ; faire taire*
callejero, a, *adj., de la rue*
calzar, *v., chausser*
cama, *n. f., lit*
cámara, *n. f., caméra ; appareil photo*
caminata, *n. f., trotte*
camino, *n. m., chemin* ; **ir camino de**, *aller à*
camisa, *n. f., chemise*
camisón, *n. m., chemise de nuit*
campamento, *n. m., campement*
campaña, *n. f., campagne*
campana, *n. f., cloche*
campanario, *n. m., clocher*
campanilla, *n. f., clochette*
campesino, a, *n., paysan, anne*
campo, *n. m., campagne ; champ*
caña, *n. f., tige* ; **caña de azúcar**, *canne à sucre*
canana, *n. f., cartouchière*
cana, *n. f., cheveu blanc*
cancelar, *v., annuler*
candente, *adj., brûlant, e*
cándido, a, *adj., candide*
cañería, *n. f., canalisation*
canguro, *n. f., baby-sitter*
canoso, a, *adj., grisonnant, e*
cansar, *v., fatiguer*
cantante, *n., chanteur, euse*
cantaor, a, *n., chanteur, euse*
cante, *n. m., chant* ; **cante jondo**, *chant flamenco*
cantidad, *n. f., quantité ; somme*
cantinela, *n. f., ritournelle, rengaine*
cañutillo, *n. m., cannetille (fil d'or ou d'argent)*
caoba, *n. f., acajou*
caos, *n. m., chaos*
capa, *n. f., couche ; cape*
capataz, *n. m., contremaître*
capaz, *adj., capable*
capricho, *n. m., caprice*
captar, *v., saisir ; gagner*
cara, *n. f., visage* ; **dar la cara**, *regarder quelque chose en face*
caramelo, *n. m., bonbon*
cárcel, *n. f., prison*
carcelario, a, *adj., carcéral, e*
carecer de, *v., manquer de*
cargo, *n. m., charge* ; **estar a cargo de**, *être à la charge de* ; **hacerse cargo de**, *se charger de*
caridad, *n. f., charité*
cariño, *n. m., affection, amour ; mon chéri, ma chérie*
carne, *n. f., viande ; chair*
carrera, *n. f. course ; carrière ; études*
cartel, *n. m. affiche*
cartulina, *n. f., feuille à dessin*
casar, *v., marier*
casco, *n. m., sabot* ; **casco antiguo**, *vieille ville*
casete, *n. m., cassette*
caso, *n. m., cas* ; **el caso es que**, *le fait est que* ; **hacer caso a**, *prêter attention à*
castigar, *v., punir*
castigo, *n. m., châtiment, punition*
casualmente, *adv., par hasard*
caudillo, *n. m., caudillo ; chef militaire*
cautiverio, *n. m., captivité*
cautivo, a, *n., captif, ive*
cazar, *v., chasser*
ceja, *n. f., sourcil*
celda, *n. f., cellule*
celosía, *n. f., jalousie*
censura, *n. f., censure* ; **nota de censura**, *blâme*
centauro, *n. m., centaure*
centrar, *v., centrer ; fixer*
céntrico, a, *adj., central, e* ; **un piso céntrico**, *un appartement situé en plein centre-ville*
cerca, *adv., près*
cercanía, *n. f., environs ; banlieue*
cercar, *v., entourer*
cerca, *n. f., barrière, clôture*
cerebro, *n. m., cerveau*
cerro, *n. m., colline*
certeza, *n. f., certitude*
cesar, *v., cesser*
cesta, *n. f., panier*
chabola, *n. f., baraque* ; **barrio de chabolas**, *bidonville*
chaperona, *n. f., chaperon*
chapucear, *v., bricoler ; bâcler*
chatarra, *n. f., ferraille*
chillar, *v., crier, grincer*
cholo, a, *n., métis, isse ; indien, enne*
ciego, a, *n., aveugle*
ciénaga, *n. f. marécage*
cierto, a, *adj., certain, e*
cifra, *n. f., chiffre*
cigarrera, *n. f., cigarière*
cigarro, *n. m., cigarette ; cigare*
cinta, *n. f., ruban ; bande*
cita, *n. f., rendez-vous*
ciudadano, a, *n., citoyen, enne*
claroscuro, *n. m., clair obscur*
clase, *n. f., sorte ; cours* ; **dar clase**, *faire cours*
clave, *n. f., clef*
clímax, *n. m., point culminant*
cliquear, *v., cliquer*
cloaca, *n. f., cloaque, égout*
cobrar, *v., encaisser ; acquérir*
cobre, *n. m., cuivre*
cochera, *n. f., garage*
cocina, *n. f., cuisine*
código, *n. m., code*
codo, *n. m., coude*
coger, *v., prendre ; attraper ; saisir*
cojo, a, *adj., boiteux, euse*
colapso, *n. m., chute de tension ; effondrement*
colegio, *n. m., école ; collège* ; **colegio mayor**, *résidence universitaire*
cólera, *n. f., colère*
colgar (ue), *v., accrocher ; pendre*
collar, *n. m., collier*
colmo, *n. m., comble*
colocar, *v., placer*
coloquio, *n. m., discussion*
colorido, *n. m., coloris*
columna, *n. f., colonne*
comba, *n. f., corde à sauter*
comedia, *n. f., pièce de théâtre ; comédie*
comedor, *n. m., salle à manger ; réfectoire*
comendador, *n. m., commandeur*
comercial, *n. m., représentant de commerce*
comienzo, *n. m., début, commencement* ; **a comienzos de**, *au début de*
comitiva, *n. f., cortège*
comodidades, *n. f. pl., confort*
compaginar, *v., concilier*
compañero, a, *n., camarade*
compartir, *v., partager*
compás, *n. m., rythme*
competir (i), *v., être en compétition, faire concurrence*
componente, *n., composant, e ; membre*
compra, *n. f., achat ; courses*
comprobar (ue), *v., vérifier*
comprometerse, *v., s'engager*
compromiso, *n. m., engagement*
computadora, *n. f., ordinateur*
con, *prép., avec* ; **con todo**, *bien que*
concebir (i), *v., concevoir*
conciliar, *v., concilier* ; **conciliar el sueño**, *trouver le sommeil*
condena, *n. f., condamnation*
confiar, *v., avoir confiance*
confiable, *adj., digne de confiance*
conflictivo, a, *adj., conflictuel, elle*
conflicto, *n. m., conflit* ; **conflicto bélico**, *guerre*
conformar, *v., façonner*
conformarse, *v. pr., s'adapter* ; **conformarse con**, *se contenter de*
conformidad, *n. f., consentement*
conjunto, a, *adj., conjoint, e*
conmovedor, a, *adj., émouvant, e*
conmover (ue), *v., émouvoir*
cono, *n. m., cône*
conocimiento, *n. m., connaissance*
conquistar, *v., conquérir*
consagrar, *v., consacrer*
conseguir (i), *v., obtenir ; réussir à*
consejero, *n. m., conseiller*
consiguiente, *adj., résultant, e* ; **por consiguiente**, *par conséquent*
constar, *v., comporter*
consuelo, *n. m., consolation*
consumidor, a, *n., consommateur, consommatrice*
consumo, *n. m., consommation*
contabilidad, *n. f., comptabilité*
contaminación, *n. f., pollution*
contar (ue), *v., raconter ; compter* ; **contar con**, *compter sur*
contener (ie), *v., contenir*
contestación, *n. f., réponse*
contienda, *n. f., combat, conflit*
contorno, *n. m., contour*
contraer, *v., contracter*
contratar, *v., embaucher*
convencer, *v., convaincre*
convidar, *v., inviter*
convincente, *adj., convaincant, e*
convivencia, *n. f., vie en commun*
convivir, *v., vivre ensemble*
coordinador, a, *n., coordinateur, coordinatrice*
coral, *n. m., corail*
corazón, *n. m., cœur*
coreografía, *n. f., chorégraphie*
coro, *n. m., chœur*
coronel, *n. m., colonel*
corral, *n. m., basse-cour ; cour de ferme*
correo, *n. m., courrier* ; **correos**, *la poste*
corresponder, *v., correspondre ; rendre ; revenir* ; **sentimiento correspondido**, *sentiment partagé*
corresponsal, *n. m., correspondant*
corriente, *n. f., courant*
corte, *n. f., cour* ; **las cortes**, *le parlement*
cortejar, *v., courtiser*
cortina, *n. f., rideau*
coser, *v., coudre*
costa, *n. f., côte*
costado, *n. m., côté*
costar (ue), *v., coûter* ; **cuesta trabajo + inf.**, *il est difficile de*
costoso, a, *adj., coûteux, euse*
costra, *n. f., croûte*
costumbre, *n. f., coutume, habitude*
costura, *n. f., couture*
cotillear, *v., faire des ragots*
cotización, *n. f., prix, cotation, cours à la bourse*
crecer, *v., croître, grandir*
creciente, *adj., croissant, e*
crecimiento, *n. m., croissance*
creyente, *adj., croyant, e*
cría, *n. f., élevage*
criada, *n. f., domestique*
criar, *v., élever*
crimen, *n. m., crime*
crines, *n. f. pl., crinière*
crisis, *n. f., crise*
cristal, *n. m., verre ; cristal ; vitre*
cristiano, a, *adj., chrétien, enne*
crudo, a, *adj., cru, e ; rude*
crueldad, *n. f., cruauté*
cruzar, *v., croiser ; traverser*
cualidad, *n. f., qualité*
cuanto, a, *adj., tout le, toute la*
en cuanto a, *loc. prép., en ce qui concerne* ; **unos cuantos, unas cuantas**, *loc., quelques-uns, quelques-unes* ; **de cuanto en cuanto**, *de temps en temps*

cuartel, *n. m.*, *caserne*
cuartilla, *n. f.*, *feuille (de papier)*
cuarto, a, *adj. num.*, *quatrième*
cuarto, *n. m.*, *quart ; chambre, pièce*
cubil, *n. m.*, *tanière*
cubo, *n. m.*, *seau*
cucaracha, *n. f.*, *cafard*
cucharilla, *n. f.*, *petite cuillère*
cuchilla, *n. f.*, *lame*
cuello, *n. m.*, *cou ; col*
cuenta, *n. f.*, *compte ;* darse cuenta de, *se rendre compte de ;* dar cuenta de, *rendre compte de*
cuesta, *n. f.*, *côte, pente ;* ir cuesta arriba, *monter la pente*
cuestionar, *v.*, *remettre en question*
cuidado, *n. m.*, *attention ; soin*
cuidar, *v.*, *soigner ; prendre soin de*
culpa, *n. f.*, *faute*
culto, a, *adj.*, *cultivé, e*
cumplir, *v.*, *accomplir ; respecter ;* cumplir quince años, *avoir quinze ans*
cuñado, a, *n.*, *beau-frère, belle-sœur*
curar, *v.*, *soigner*
cursar, *v.*, *faire des études de*
curso, *n. m.*, *cours ; année scolaire*
cuyo, a, *adj.*, *dont le, dont la*

D

dar, *v.*, *donner ;* dar a, *donner sur ;* dar para vivir, *permettre de vivre ;* dar cuenta, *rendre compte ;* dar abasto, dar para todo, *suffire ;* dar a conocer, *faire connaître ;* dar clase, *faire cours,* dar con, *trouver ;* dar fe, *témoigner ;* dar por, *considérer comme ;* darse de alta, *s'inscrire*
daño, *n. m.*, *mal, dégât*
danza, *n. f.*, *danse*
dársena, *n. f.*, *bassin ; docks*
dato, *n. m.*, *donnée, renseignement*
debido a, *loc. prép.*, *du fait de*
debilitar, *v.*, *affaiblir*
decomisar, *v.*, *saisir*
decorado, *n. m.*, *décor*
dedicar, *v, n. m.*, *consacrer*
dedicatoria, *n. f.*, *dédicace*
dedo, *n. m.*, *doigt*
defecto, *n. m.*, *défaut*
defensor, *n. m.*, *défenseur*
dejar, *v.*, *laisser ;* dejar de, *cesser de*
delantero, a *adj.*, *avant, de devant*
deleite, *n. m.*, *délice, régal*
delincuencia, *n. f.*, *délinquance*
demás, *adj.*, *invariable, autre*
dentro, *adv.*, *dedans, à l'intérieur*
dentro de, *loc. prép.*, dentro de dos años, *dans deux ans*
denuncia, *n. f.*, *dénonciation*
departamento, *n. m.*, *département*
dependienta, *n. f.*, *vendeuse*
depilación, *n. f.*, *épilation*
deportivo, a, *adj.*, *sportif, ive*
depositar, *v.*, *déposer*
depositario, a, *adj.*, *dépositaire*
derecho, a, *adj.*, *droit, e*
derrochar, *v.*, *gaspiller*
derrota, *n. f.*, *déroute*
derrotar, *v.*, *mettre en déroute*
derrumbar, *v.*, *démolir ; abattre*
desafiante, *adj.*, *provocant, e*
desafío, *n. m.*, *défi*
desaforado, a, *adj.*, *démesuré, e, épouvantable*
desamparo, *n. m.*, *abandon, détresse*
desapacible, *adj.*, *désagréable*
desarme, *n. m.*, *désarmement*
desarraigar, *v.*, *déraciner*
desarrollo, *n. m.*, *développement*
desazón, *n. f.*, *inquiétude*
descalzo, a, *adj.*, *pieds nus, nu-pieds*
descamisado, a, *adj.*, *débraillé, e ; torse nu*
descansar, *v.*, *se reposer*
descanso, *n. m.*, *le repos ; l'entracte*
descartar, *v.*, *rejeter, écarter*
descolgar (ue), *v.*, *décrocher*
descomplicado, a, *adj.*, *simple, sans façons*
desconfiar, *v.*, *ne pas avoir confiance, se méfier*
descontrol, *n. m.*, *désordre*
descuido, *n. m.*, *négligence*
desde luego, *loc. adv.*, *bien sûr*
desear, *v.*, *désirer*
desembocar, *v.*, *déboucher*
desempeñar, *v.*, *jouer*
desencantar, *v.*, *désenchanter*
desengañar, *v.*, *détromper, faire perdre ses illusions à quelqu'un*
desengaño, *n. m.*, *désillusion*
desenlace, *n. m.*, *dénouement*
deseo, *n. m.*, *désir*
desesperación, *n. f.*, *désespoir*
desfase, *n. m.*, *décalage*
desfilar, *v.*, *défiler*
desgracia, *n. f.*, *malheur*
deshonra, *n. f.*, *déshonneur*
desidia, *n. f.*, *négligence, laisser-aller*
deslavar, *v.*, *délaver*
deslizar, *v.*, *glisser*
desmayar, *v.*, *évanouir*
desmesurado, a, *adj.*, *démesuré, e*
desmontar, *v.*, *démonter, descendre de cheval*
desnudo, a, *adj.*, *nu, e*
despacio, *adv.*, *lentement*
despecho, *n. m.*, *dépit*
despedazar, *v.*, *mettre en pièces*
despedir (i), *v.*, *faire ses adieux à ; renvoyer*
despedida, *n. f.*, *adieux*
despeinar, *v.*, *dépeigner*
desperdicio, *n. m.*, *perte, gaspillage ;* desperdicios, *déchets*
despertador, *n. m.*, *réveil*
despertar (ie), *v.*, *éveiller ; réveiller*
despido, *n. m.*, *licenciement*
despilfarrar, *v.*, *gaspiller*
desplomarse, *v.*, *s'effondrer*
desposar, *v.*, *épouser*
déspota, *n. m.*, *despote*
desprecio, *n. m.*, *mépris*
desprender, *v.*, *dégager ; détacher*
desproporción, *n. f.*, *disproportion*
después, *adv.*, *après, plus tard , ensuite, puis*
destacar, *v.*, *souligner, faire remarquer ; se détacher*
desterrar (ie), *v.*, *exiler*
destino, *n. m.*, *destination ; destin*
destocarse, *v.*, *se découvrir, ôter son chapeau*
destrozar, *v.*, *abîmer ; détruire ; mettre en pièces*
desvelar, *v.*, *dévoiler*
desvestir (i), *v.*, *dévêtir*
desvivirse, *v.*, *se dépenser sans compter*
detención, *n. f.*, *arrestation*
detener (ie), *v.*, *arrêter*
deuda, *n. f.*, *dette*
devolver (ue), *v.*, *rendre*
diario, a, *adj.*, *quotidien, enne ;* a diario, *tous les jours*
dibujante, *n. m.*, *dessinateur, dessinatrice*
dibujar, *v.*, *dessiner*
dicha, *n. f.*, *bonheur*
dicho, a, *adj.*, *ce, cette*
dictadura, *n. f.*, *dictature*
difundir, *v.*, *diffuser*
diminuto, a, *adj.*, *tout petit, toute petite ; minuscule*
diputado, a, *n.*, *député, e*
director, ora, *n.*, *directeur, directrice ; metteur en scène, réalisateur*
dirigir, *v.*, *mettre en scène, diriger*
discrepar, *v.*, *être en désaccord*
discurso, *n. m.*, *discours*
discutir, *v.*, *discuter ; se disputer*
diseminar, *v.*, *disséminer*
diseñador, ora, *n.*, *dessinateur, dessinatrice ; designer ; concepteur, conceptrice*
diseñar, *v.*, *dessiner*
disfrazar, *v.*, *déguiser*
disparate, *n. m.*, *bêtise ; idée saugrenue*
disparo, *n. m.*, *coup de feu*
distinto, a, *adj.*, *différent, e*
distraer, *v.*, *distraire*
disturbio, *n. m.*, *troubles émeute*
dividir, *v.*, *diviser*
divisar, *v.*, *apercevoir*
documentación, *n. f.*, *papiers*
documentar, *v.*, *donner des preuves*
documental, *n. m.*, *documentaire*
doler (ue), *v.*, *faire mal ; faire de la peine*
dolor, *n. m.*, *douleur ;* dolor de cabeza, *mal de tête*
doloroso, a, *adj.*, *douloureux, euse*
dominio, *n. m.*, *domaine ; domination ; maîtrise*
don, doña, *n.*, don + *prénom, monsieur ;* doña + *prénom, madame*
doncella, *n. f.*, *jeune fille*
dormitorio, *n. m.*, *chambre à coucher*
drama, *n. m.*, *drame*
dramaturgo, *n. m.*, *dramaturge, auteur*
duda, *n. f.*, *doute*
dudar, *v.*, *douter ; hésiter*
duelo, *n. m.*, *duel ; deuil*
dueño, a, *n.*, *maître, maîtresse*
dulce, *n. m.*, *sucrerie ;* dulce de leche, *confiture de lait*
dulce, *adj.*, *doux, douce*
dulzura, *n. f.*, *douceur*
duque, esa, *n.*, *duc, duchesse*
duración, *n. f.*, *durée*
durante, *prép.*, *pendant*

E

echar, *v.*, *jeter ; chasser ;* echar una mano, *donner un coup de main ;* echar de menos, *regretter ;* echar a + inf., *se mettre à ;* echar la culpa à alguien, *accuser quelqu'un*
edad, *n. f.*, *âge ;* Edad Media, *Moyen Âge*
edificio, *n. m.*, *bâtiment, immeuble*
editorial, *n. f.*, *maison d'édition*
editorial, *n. m.*, *éditorial*
efecto, *n. m.*, *effet ; trompe-l'œil*
eficacia, *n. f.*, *efficacité*
eje, *n. m.*, *axe*
ejecución, *n. f.*, *exécution*
ejecutar, *v.*, *exécuter*
ejemplar, *adj.*, *exemplaire*
ejercer, *v.*, *exercer*
ejército, *n. m.*, *armée*
elección, *n. f.*, *élection ; choix*
elegir (i), *v.*, *choisir ; élire*
elemental, *adj.*, *élémentaire*
elogiar, *v.*, *louer, faire l'éloge de*
elote, *n. m.*, *épi de maïs*
embajada, *n. f.*, *ambassade*
embajador, *n. m.*, *ambassadeur*
embarazada, *adj. f.*, *enceinte*
sin embargo, *loc. conj.*, *cependant*
emblemático, a, *adj.*, *emblématique*
emborracharse, *v. pr.*, *s'enivrer*
embutir, *v.*, *bourrer ; farcir*
emitir, *v.*, *émettre*
emocionar, *v.*, *émouvoir, toucher*
emocional, *adj.*, *émotionnel, elle*
empaquetador, a, *n.*, *emballeur, euse*
emparedado, *n. m.*, *sandwich de pain de mie*
empeño, *n. m.*, *obstination*
empezar (ie), *v.*, *commencer*
empinado, a, *adj.*, *escarpé, e*
empleado, a, *n. m.*, *employé, e*
emplear, *v.*, *employer*
empleo, *n. m.*, *emploi*
emprender, *v.*, *entreprendre*
empresa, *n. f.*, *entreprise ; devise*
empujar, *v.*, *pousser*
empujón, *n. m.*, *coup ; poussée*
empuñar, *v.*, *empoigner*
enamorado, a, *n. m.*, *amoureux, euse*
enamorarse, *v.*, *tomber amoureux, euse*
encabezar, *v.*, *prendre la tête de*
encabezamiento, *n. m.*, *en-tête*
encadenar, *v.*, *enchaîner*
encajar, *v.*, *emboîter ; ajuster*
encantar, *v.*, *enchanter*
encanto, *n. m.*, *charme*
encarcelamiento, *n. m.*, *emprisonnement*
encarcelar, *v.*, *emprisonner*
encarecer, *v.*, *renchérir (rendre plus cher)*
encargar, *v.*, *commander ; charger*
encarnar, *v.*, *incarner*
encender (ie), *v.*, *allumer*
encendido, a, *adj.*, *allumé, e ; en feu*
encerrar (ie), *v.*, *enfermer*
enchapar, *v.*, *plaquer*
enchufar, *v.*, *brancher*
encima, *adv.*, *dessus ; en plus*
encontrar (ue), *v.*, *trouver, rencontrer*
encorvarse, *v.*, *se voûter, se courber*
encuentro, *n. m.*, *rencontre*
encuesta, *n. f.*, *enquête*
endecasílabo, *n. m.*, *hendécasyllabe*
endemoniado, a, *adj.*, *possédé, e*
enfermarse, *v.*, *tomber malade*
enfermedad, *n. f.*, *maladie*
enfrentamiento, *n. m.*, *affrontement*
enfrentar, *v.*, *affronter*
enfriar, *v.*, *refroidir*
engalanamiento, *n. m.*, *décoration*
engañar, *v.*, *tromper*
enganchar, *v.*, *accrocher*
engaño, *n. m.*, *tromperie*
enlace, *n. m.*, *correspondance*
enmarcar, *v.*, *encadrer*
enmascarado, a, *adj.*, *masqué, e*
ennegrecer, *v.*, *noircir*
enojar, *v.*, *mettre en colère, irriter*
enriquecer, *v.*, *enrichir*
enrollar, *v.*, *enrouler ; embobiner*
ensalzar, *v.*, *louer, faire l'éloge*
ensanche, *n. m.*, *élargissement ; extension urbaine ; quartiers neufs*
ensartar, *v.*, *enfiler*
ensayo, *n. m.*, *essai ; test ; répétition*

enseñanza, *n. f., enseignement*
enseñar *v., montrer ; enseigner, apprendre*
ensoñación, *n. f., rêverie*
ensuciar, *v., salir*
entender (ie), *v., comprendre*
enterarse de, *v., apprendre (une nouvelle)*
entierro *n. m., enterrement*
entonces, *adv., alors ;* en aquel entonces, *à cette époque-là*
entradilla, *n. f., sous titre*
entregar, *v., livrer ; donner*
entrelazar, *v., entrelacer*
entresacar, *v., sélectionner, tirer*
entretener (ie), *v., distraire ; entretenir*
entrevista, *n. f., entretien ; interview*
entusiasta, *adj., enthousiaste*
envenenar, *v., empoisonner*
envidia, *n. f., envie*
envío, *n. m., envoi*
envolver (ue), *v., envelopper*
equivocación, *n. f., erreur*
equivocarse, *v., se tromper*
erguirse (ie-i), *v., se dresser*
erradicar, *v., éradiquer*
esbozar, *v., esquisser*
escala, *n. f., escale ; échelle*
escalafón, *n. m., tableau d'avancement ; hiérarchie*
escalera, *n. f., escalier*
escándalo, *n. m., scandale*
escandaloso, a, *adj., scandaleux, euse*
escaño, *n. m., siège ; tabouret*
escapar, *v., s'échapper*
escaparate, *n. m., vitrine*
escasez, *n. f., pénurie ; indigence*
escaso, a, *adj., maigre ; rare*
escena, *n. f., scène*
escenario, *n. m., scène ; théâtre*
esclavitud, *n. f., esclavage*
esclavizar, *v., réduire en esclavage*
escoba, *n. f., balai*
escoger, *v., choisir*
esconder, *v., cacher*
escopeta, *n. f., fusil*
escritorio, *n. m., bureau*
escuadra *n. f., équerre*
escuálido, a, *adj., décharné, e*
escudero, *n. m., écuyer*
escudo, *n. m., écusson ; bouclier*
esculpir, *v., sculpter*
escupir, *v., cracher*
esforzarse (ue), *v., faire des efforts ;* esforzarse en, *s'efforcer de*
esfuerzo, *n. m., effort*
esgrima, *n. f., escrime*
eso, *pron. dem. n., cela, ça ;* a eso de, *loc. prép., vers ;* eso sí, *par contre*
espada, *n. f., épée*
espalda, *n. f., dos ;* estar de espaldas, *être de dos ;* dar la espalda, *tourner le dos*
espanto, *n. m., épouvante*
espectro, *n. m., spectre*
espejo, *n. m., miroir*
espera, *n. f., attente*
esperanza, *n. f., espoir*
esperar, *v., attendre ; espérer*
espiga, *n. f., épi*
espíritu, *n. m., esprit*
espontáneo, a, *adj., spontané, e*
esposo, a, *n., époux, épouse*
espuela, *n. f., éperon*
establecer, *v., établir*
estación, *n. f., saison ; gare*
estadística, *n. f., statistique*
estado, *n. m., état ;* estado mayor, *état major*
estadounidense, *adj., américain, e (des États-Unis)*
estafa, *n. f., escroquerie*
estallar, *v., éclater*
estallido, *n. m., explosion*
estampar, *v., imprimer*
estampado, a, *adj., imprimé, e*
estandarte, *n. m., étendard*
estaño, *n. m., étain*
estante, *n. m., étagère*
estatal, *adj., de l'État*
estatura, *n. f., taille, stature*
estelar, *adj. marquant ;* momento estelar, *moment clé*
estilográfica, *n. f., stylo*
estocada, *n. f., estocade*
estorbar, *v., gêner*
estratagema, *n. f., stratagème*
estrategia, *n. f., stratégie*
estrechar, *v., serrer*
estrella, *n. f, étoile*
estrépito, *n. m., fracas, grand bruit*
estrepitosamente, *adv., bruyamment*
estribar, *v.,* - en, *reposer sur*
estricto, a, *adj., strict, e*
estropear, *v., abîmer*
estudiantil, *adj., estudiantin, e ; d'étudiants*
estudio, *n. m., étude ; studio*
estufa, *n. f., poêle*
estupendo, a, *adj., formidable, magnifique*
estúpido, a, *adj., stupide*
evento, *n. m., événement*
evidenciar, *v., mettre en évidence*
evocar, *v., évoquer*
evolucionar, *v., évoluer*
exhibir, *v., montrer, exhiber*
exiliar, *v., exiler*
éxito, *n. m., succès ;* éxito taquillero, *le succès commercial*
expectación, *n. f., attente*
expediente, *n. m., dossier*
experimentar, *v., éprouver*
explotar, *v., exploiter*
exponer, *v., exposer*
exquisito, a, *adj., exquis, e*
extender, *v., étendre*
extenso, a, *adj., étendu, e ; long, longue*
extrañar, *v., regretter l'absence de ; sembler étrange*
extranjero, a, *adj., étranger, ère*
extraño, a, *adj., étrange, bizarre ; étranger, ère*

F

fábrica, *n. f., usine*
facciones, *n. f. pl., traits (du visage)*
fachada, *n. f., façade*
facilitar, *v., fournir ; faciliter*
falange, *n. f., phalange*
fallecer, *v., mourir*
falso, a, *adj., faux, fausse*
faltar, *v., manquer*
falta, *n. f., faute, manque*
fama, *n. f., réputation ; célébrité*
familiar, *adj., familier, ère ; familial, e*
familiar, *n. m., parent*
famoso, a, *v., célèbre*
famoso, a, *n., célébrité*
fantasma, *n. m., fantôme*
farol, *n. m., lanterne*
fe, *n. f., foi*
feria, *n. f., foire*
festejar, *v., fêter, célébrer*
festivo, a, *adj., de fête ; férié, e*
fiar, *v., faire crédit ;* fiarse, *se fier ; avoir confiance*
fidedigno, a, *adj., digne de foi*
fiel, *adj., fidèle*
fiera, *n. f., bête sauvage*
figurarse, *v., imaginer*
fijador, *n. m., fixateur ; gel (pour les cheveux)*
fijar, *v., fixer*
fijarse, *v. pr., faire attention*
fijo, a, *adj., fixe*
fijo, *adv., sûr ; sans aucun doute*
fingir, *v., feindre, faire semblant*
firma, *n. f., signature*
firmeza, *n. f., fermeté ; solidité*
física, *n. f., physique*
físico, a, *n., physicien, enne*
flaco, a, *adj., maigre*
flameante, *adj., flamboyant, e*
flaquear, *v., faiblir*
flaqueza, *n. f., faiblesse*
florecer, *v., fleurir*
foco, *n. m., projecteur, ampoule ;* foco de luz, *lumière*
fogón, *n. m., fourneau ; chaudière*
folio, *n. m., feuille (de papier)*
fomentar, *v., favoriser, encourager*
forestal, *adj., forestier, ère*
foro, *n. m., forum ; fond de la scène*
forzado, a, *adj., forcé, e*
fracasado, a, *adj., raté, e*
fracasar, *v., échouer*
fracaso, *n. m., échec*
fragancia, *n. f., parfum, senteur*
fraile, *n. m., frère (religieux)*
fregadero, *n. m., évier*
fregar (ie), *v., nettoyer, laver*
frente, *n. m., front (pendant la guerre)*
frente, *n. f., front*
frente a, *loc. prép., face à ;* frente a frente, *face à face*
fresco, a, *adj., frais, fraîche*
frondoso, a, *adj., touffu, e*
fuego, *n. m., feu*
fuente, *n. f., source ; fontaine ; plat*
fuera, *adv., dehors ;* fuera de, *hors de ;* fuera de campo, *hors champ*
fuerte, *adj., fort, e*
fuerza, *n. f., force*
Fulano, *n. m., (monsieur) Untel*
fulgor, *n. m., éclat*
fulminado, a, *adj., foudroyé, e*
funeral, *n. m., enterrement*
fusilar, *v., fusiller*

G

gala, *n. f., gala ;* traje de gala, *tenue de soirée*
galán, *n. m., bel homme ; galant*
gallardo, a, *adj., qui a fière allure*
gallardía, *n. f., prestance ; hardiesse*
gallego, a, *adj., galicien, enne*
galleta, *n. f., biscuit*
gallina, *n. f., poule*
gamuza, *n. f., peau de chamois*
gana, *n. f., envie ;* dar la gana, *faire envie ;* dar ganas, *faire envie*
ganadería, *n. f., élevage*
ganadero, *n. m., éleveur*
ganado, *n. m., bétail*
ganar, *v., gagner*
garbo, *n. m., allure, élégance*
gastar, *v., dépenser*
gasto, *n. m., frais, dépense*
género, *n. m., genre ;* violencia de género, *violence conjugale*
gente, *n. f., gens*
gentío, *n. m., foule*
gestionar, *v., gérer*
gestión, *n. f., démarche ; gestion*
gigante, *n. m., géant*
giro, *n. m., tour ;* giro argumental, *revirement, changement dans l'intrigue*
globo, *n. m., globe ; ballon*
gloria, *n. f., gloire ; paradis*
glorificar, *v., glorifier*
gobierno, *n. m., gouvernement*
goleta, *n. f., goélette*
goloso, a, *adj., gourmand, e*
golpe, *n. m., coup*
golpista, *n. m., putschiste*
gorra, *n. f., casquette*
grabación, *n. f., enregistrement*
grabar, *v., graver ; enregistrer*
grabadora, *n. f., magnétophone*
grabado, *n. m., gravure*
gracia, *n. f., grâce, charme ;* hacer gracia, *faire rire ;* gracias, *merci, grâce à*
grado, *n. m., degré ; grade ;* en grado sumo, *au plus haut point*
granada, *n. f., grenade*
granero, *n. m., grenier*
griego, a, *adj., grec, grecque*
gritar, *v., crier*
grito, *n. m., cri*
grúa, *n. f., grue*
grueso, a, *adj., gros, grosse, épais, épaisse*
guapo, a, *adj., beau, belle*
guardaespaldas, *n. m., garde du corps*
guardería, *n. f., garderie*
guardia, *n., garde*
gubernamental, *adj., gouvernemental, e*
guerrero, *n. m., guerrier*
guía, *n., guide*
guiar, *v., guider*
guión, *n. m., scénario*
guionista, *n., scénariste*
gusto, *n. m., goût ; plaisir ;* estar a gusto, *être à son aise ;* con mucho gusto, *avec plaisir ;* darse el gusto, *se faire plaisir*

H

habanero, a, *adj., havanais, e*
haber, *v. aux., avoir ; être ;* haber de, *devoir*
habilidad, *n. f., habileté ; talent*
hacer, *v., faire ;* hace, *cela fait ;* hacerse, *devenir*
hacia, *prép., vers*
hacienda, *n. f., ferme ; propriété ; hacienda*
hallar, *v., trouver*
hamaca, *n. f., hamac*
hambre, *n. f., faim*
harto, a, *adj., rassasié, e ; beaucoup ;* estar harto de, *en avoir assez de, ne plus supporter*
hasta, *prép., jusque ; jusqu'à ;* hasta luego, *à tout à l'heure, à plus tard*
hazaña, *n. f., prouesse, exploit*
hecho, *n. m., fait*
helar (ie), *v., glacer, geler*
helado, *n. m., glace*
hembra, *n. f., femelle ; fille, femme*

heredar, v., *hériter*
herencia, n. f., *héritage*
herida, n. f., *blessure*
herir (ie-i), v., *blesser*
hermano, a, n., *frère, sœur*
hermoso, a, adj., *joli, e ; beau, belle*
hermosura, n. f., *beauté*
héroe, n. m., *héros*
heroína, n. f., *héroïne*
herrumbre, n. f., *rouille*
hidalgo, n. m., *gentilhomme*
hiel, n. f., *fiel*
hielo, n. m., *gel ; glace*
hierático, a, adj., *hiératique*
hierba, n. f., *herbe*
hierro, n. m., *fer*
hijo, a, n., *fils, fille*
hilar, v., *filer*
hilo, n. m., *fil*
hipoteca, n. f., *emprunt ; hypothèque*
historieta, n. f., *bande dessinée*
hito, n. m., *événement marquant ; borne*
hogar, n. m., *foyer*
hoguera, n. f., *bûcher*
hoja, n. f., *feuille*
hojear, v., *feuilleter*
holgazanería, n. f., *paresse*
hombre, n. m., *homme*
hombro, n. m., *épaule*
homenaje, n. m., *hommage*
honrado, a, adj., *honnête*
hormiga, n. f., *fourmi*
hospital, n. m., *hôpital*
hoy, adv., *aujourd'hui*
hoy día, adv., *de nos jours*
hoy en día, adv., *de nos jours*
hueco, n. m., *creux*
huelga, n. f., *grève*
huella, n. f., *trace ; marque*
huevo, n. m., *œuf*
huir, v., *fuir*
humeante, adj., *fumant, e*
húmedo, a, adj., *humide*
humilde, adj., *humble*
humo, n. m., *fumée*
humorístico, a, adj., *humoristique*
hundir, v., *enfoncer*

I

icono, n. m., *icône*
ida, n. f., *aller* ; ida y vuelta, *aller et retour*
idear, v., *imaginer*
idioma, n. m., *langue*
iglesia, n. f., *église*
igual, adj., *égal, égale, semblable* ; me da igual, *ça m'est égal* ; igual que, *de même que*
igualdad, n. f., *égalité*
ilusión, n. f., *illusion ; joie* ; hacer ilusión, *faire envie*
ilusionar, v., *ravir ; donner des illusions, de faux espoirs*
ilustrado, a, adj., *éclairé, e*
imagen, n. f., *image ; statue (religieuse)*
impactante, adj., *fort, marquant*
imperar, v., *dominer, imposer sa loi*
imperio, n. m., *empire*
imponente, adj., *imposant, e*
importar, v., *importer ; compter*
importe, n. m., *montant, prix*
impostor, a, n., *imposteur, personne qui se fait passer pour ce qu'elle n'est pas*
impotencia, n. f., *impuissance*
imprenta, n. f., *imprimerie*
impreso, a, adj., *imprimé, e*
impuesto, n. m., *impôt*
impugnar, v., *contester*
impulso, n. m., *impulsion*
inapelable, adj., *sans appel*
incapaz, adj., *incapable*
incendio, n. m., *incendie*
incertidumbre, n. f., *incertitude*
incluir, v., *inclure*
incluso, adv., *même*
incómodo, a, adj., *inconfortable ; mal à l'aise*
incontable, adj., *innombrable*
incremento, n. m., *augmentation*
incruento, a, adj., *dépourvu, e de cruauté*
independizar, v., *rendre indépendant*
indeseable, adj., *indésirable*
índice, n. m., *indice ; index*
indumentaria, n. f., *costume*
ineludible, adj., *inévitable, inéluctable*
inesperado, a, adj., *inattendu, e ; inespéré, e*
infancia, n. f., *enfance*
infiel, adj., *infidèle*
infierno, n. m., *enfer*
informe, n. m., *compte-rendu*
ingenio, n. m., ingenio azucarero, *sucrerie (usine)*
ingenioso, a, adj., *ingénieux, euse*
ingresar, v., *entrer*
ingreso, n. m., *entrée, admission*
iniciar, v., *débuter*
inmediato, a, adj., *immédiat, e* ; de inmediato, *immédiatement*
inodoro, n. m., *toilettes*
inquebrantable, adj., *inébranlable*
insensato, a, adj., *ridicule*
instituto, n. m., *lycée*
integrar, v., *intégrer*
intemperie, n. f., a la intemperie, *dehors, à la belle étoile*
intentar, v., *tenter ; essayer*
intento, n. m., *essai, tentative*
interrumpir, v., *interrompre*
invadir, v., *envahir*
invasor, a, n., *envahisseur*
inverosímil, adj., *invraisemblable*
inversión, n. f., *investissement*
inversor, n. m., *investisseur*
invertir (ie-i), v., *investir*
investigar, v., *chercher, faire des recherches*
involucrado, a, adj., *mêlé, e*
ir, v., *aller* ; ir a por, *aller chercher* ; irse, *partir*
irrumpir, v., *faire irruption*
isla, n. f., *ile*
islote, n. m., *ilôt*
izquierda, n. f., *gauche*

J

jamás, adv., *jamais*
jamón, n. m., *jambon*
jefe, n. m., *chef*
jinete, n. m., *cavalier*
jornada, n. f., *journée ; acte*
joya, n. f., *bijou*
joyería, n. f., *bijouterie*
jubilarse, v., *prendre sa retraite*
júbilo, n. m., *joie*
judío, a, adj., *juif, juive*
juego, n. m., *jeu* ; hacer juego con, *être assorti, e à*
jugar (ue), v., *jouer* ; jugar limpio, *jouer honnêtement*
juglar, n. m., *jongleur, ménestrel*
jugo, n. m., *jus*
juicio, n. m., *jugement*
junta, n. f., *assemblée*
juntar, v., *assembler ; réunir*
junto a, adv., *près de* ; junto con, *avec*
juntos, adj., *ensemble*
juramento, n. m., *serment*
justificar, v., *justifier*
juventud, n. f., *jeunesse*
juzgar, v., *juger*

L

labio, n. m., *lèvre*
laboral, adj., *du travail*
laborar, v., *travailler*
labrar, v., *travailler*
lacayo, n. m., *laquais*
ladera, n. f., *versant*
lado, n. m., *côté*
ladrillo, n. m., *brique*
ladrón, ona, n., *voleur, euse*
lagartija, n. f., *petit lézard*
lago, n. m., *lac*
lágrima, n. f., *larme*
lamento, n. m., *lamentation*
lámpara, n. f., *lampe*
lamparón, n. m., *grosse tache*
lance, n. m., *circonstance* ; lance dramático, *coup de théâtre*
lápida, n. f., *pierre tombale*
lápiz, n. m., *crayon*
largar, v., *lâcher*
largo, a, adj., *long, longue* ; a lo largo de, *tout au long de*
lastimar, v., *blesser*
latifundio, n. m., *grand domaine agricole*
látigo, n. m., *fouet*
lavado, n. m., *lavage* ; lavado cerebral, *lavage de cerveau*
lavadora, n. f., *lave-linge*
lavaplatos, n. m., *lave-vaisselle*
lazo, n. m., *lien ; nœud*
lejano, a, adj., *lointain, e*
lejos, adv., *loin* ; a lo lejos, *au loin*
lema, n. m., *devise ; slogan*
leña, n. f., *bois de chauffage*
león, n. m., *lion*
letargo, n. m., *léthargie*
letra, n. f., *lettre ; façon d'écrire ; emprunt*
levantar, v., *lever ; soulever ; construire*
levantamiento, n. m., *soulèvement*
ley, n. f., *loi*
libertador, n. m., *libérateur*
libertar, v., *libérer*
librar, v., *délivrer*
licenciarse, v. pr., *obtenir son diplôme de fin de second cycle*
liderar, v., *être à la tête de*
líder, n. m., *leader ; chef*
lienzo, n. m., *toile*
limosna, n. f., *aumône*
limpieza, n. f., *propreté*
limpio, a, adj., *propre*
lindo, a, adj., *joli, e*
lirio, n. m., *iris*
listo, a, adj., *prêt, e ; intelligent, e*
llama, n. f., *flamme ; lama*
llamar, v., *appeler* ; llamar la atención, *attirer l'attention*
llamativo, a, adj., *voyant, e*
llano, n. m., *plaine*
llanto, n. m., *pleurs*
llanura, n. f., *plaine*
llegada, n. f., *arrivée*
llenar, v., *remplir*
lleno, a, adj., *rempli, e ; plein, e*
llevar, v., *porter* ; llevar a cabo, *mener à bien* ; llevar la casa, *s'occuper de la maison*
llorar, v., *pleurer*
llover (ue), v., *pleuvoir*
loable, adj., *louable*
loco, a, adj., *fou, folle*
locutor, a, n., *présentateur, présentatrice*
logotipo, n. m., *logo*
logro, n. m., *réussite*
lona, n. f., *toile*
loza, n. f., *vaisselle*
lozano, a, adj., *vigoureux, euse ; en pleine forme*
luchar, v., *lutter*
lucir, v., *briller ; montrer ; arborer*
luego, adv., *ensuite, plus tard ; donc*
lugar, n. m., *lieu*
lujo, n. m., *luxe*
lujoso, a, adj., *luxueux, euse*
lumbre, n. f., *feu*
lunes, n. m., *lundi*
luto, n. m., *deuil*
luz, n. f., *lumière*

M

madera, n. f., *bois*
maderero, a, adj., *du bois*
madrugada, n. f., *matin*
maestro, n., *maître, maîtresse ; instituteur, institutrice*
maíz, n. m., *maïs*
maldecir (i), v., *jurer ; maudire*
maldición, n. f., *malédiction*
maldito, a, adj., *maudit, e*
malestar, n. m., *malaise, gêne*
maleta, n. f., *valise*
malhumorado, a, adj., *de mauvaise humeur*
malo, a, adj., *méchant, e ; mauvais, e ; malade*
malparado, a, adj., *mal en point*
mameluco, n. m., *mamelouk*
mañana, n. f., *matin ; demain*
mancha, n. f., *tache*
manchar, v., *tacher ; salir*
mandatario, n. m., *mandataire* ; primer mandatario, *chef de l'État*
mandar, v., *envoyer ; ordonner, commander*
mando, n. m., *commandement* ; mando militar, *officier, gradé*
mangosta, n. f., *mangouste*
manifiesto, n. m., *manifeste* ; poner de manifiesto, *mettre en évidence*
manjar, n. m., *mets*
mano, n. f., *main* ; de segunda mano, *d'occasion*
mansión, n. f., *résidence*
manso, a, adj., *doux, douce ; calme*
manta, n. f., *couverture*
mantener (ie), v., *maintenir ; faire vivre*
mantequilla, n. f., *beurre*
manzana, n. f., *pomme*
mar, n. m. ou f., *mer*
marchar, v., *partir*
marcial, adj., *martial*
marea, n. f., *marée*
mareo, n. m., *mal au cœur ; mal de tête*
marfil, n. m., *ivoire*
marido, n. m., *mari*
mariposa, n. f., *papillon*
mármol, n. m., *marbre*
marqués, esa, n., *marquis, e*

martillo, *n. m., marteau*
mas, *conj., mais*
más, *adv., plus* ; **más allá**, *au-delà*
máscara, *n. f., masque*
matar, *v., tuer ; éteindre*
materia, *n. f., matière*
matiz, *n. m., nuance*
matrimonio, *n. m., mariage ; ménage*
matrona, *n. f., matrone*
máximo, a, *adj., plus grand, e ; plus élevé, e*
máximo, *n. m., maximum*
mayor, *adj., plus grand, e, vieux* ; **mayor de edad**, *majeur, e*
mayoría, *n. f., majorité*
mazorca, *n. f.*, **mazorca de maiz**, *épi de maïs*
mecánico, a, *n., mécanicien, enne*
media, *n. f., bas*
mediante, *prép., moyennant, grâce à*
médico, *n. m., médecin*
medida, *n. f., mesure*
medio, a, *adj., demi, e*
medio, *n. m., moyen ; media*
mediodía, *n. m., midi*
medir (i), *v., mesurer*
mejilla, *n. f., joue*
mejor, *adj., meilleur, e* ; **a lo mejor**, *adv., peut-être* ; **mejor dicho**, *plutôt*
mejorar, *v., améliorer*
mejoramiento, *n. m., amélioration*
mendigar, *v., mendier*
menear, *v., remuer*
menester, *n. m., occupation* ; **es menester que**, *il faut que*
menor, *adj., mineur, e ; plus petit*
menos, *adv., moins; sauf* ; **por lo menos**, *au moins*
mensajero, a, *n., messager, ère*
mentalidad, *n. f., mentalité*
mentira, *n. f., mensonge*
menudo, a, *adj., petit, e* ; **a menudo**, *souvent*
mero, a, *adj., simple*
mercado, *n. m., marché*
mercancía, *n. f., marchandise*
merecedor, a, *adj., méritant, e* ; **ser merecedor de**, *mériter*
merecer, *v., mériter* ; **merecer la pena**, *valoir la peine*
merecimiento, *n. m., mérite*
merendar (ie), *v., goûter*
merienda, *n. f., goûter*
mermelada, *n. f., confiture*
mes, *n. m. mois*
mesa, *n. f. table*
meta, *n. f. but*
meter, *v., mettre* ; **meterse en**, *se mêler de*
mezcla, *n. f., mélange*
mezclar, *v., mélanger*
micrófono, *n. m., microphone*
miedo, *n. m., peur* ; **tenerle miedo a**, *avoir peur de*
miedoso, a, *adj., peureux, euse*
miembro, *n. m., membre*
mientras, *adv., pendant que ; tandis que* ; **mientras que**, *tandis que, alors que* ; **mientras tanto**, *pendant ce temps*
milagro, *n. m., miracle*
milico, *n. m., militaire (amér.)*
millar, *n. m., millier*
minería, *n. f., industrie minière*
mínimo, a, *adj., minime ; moindre*
mira, *n. f., point de mire, ce qui est visé*
mirar, *v., regarder*
mirada, *n. f., regard*
miriñaque, *n. m., babiole*
misa, *n. f., messe* ; **misa mayor**, *grand-messe* ; **misa de gallo**, *messe de minuit*
mismo, a, *adj., même*
mitad, *n. f., moitié*
modales, *n. m. pl., manières*
modisto, *n. m., couturier ; tailleur*
modo, *n. m., façon* ; **de modo que**, *de sorte que*
mojado, a, *adj., mouillé, e*
molestar, *v., gêner*
molesto, a, *adj., gêné, e*
molino, *n. m., moulin*
monarca, *n. m., monarque*
monarquía, *n. f., monarchie*
mono, *n. m., bleu de travail (salopette), singe*
monotemático, a, *adj., mono-obsessionnel, elle*
monstruo, *n. m., monstre*
monte, *n. m., forêt; bois ; montagne*
morada, *n. f., demeure*
morado, a, *adj., violet, ette*
moraleja, *n. f. morale (d'une fable)*
mordaz, *adj., acerbe, mordant, e*
morder (ue), *v., mordre*
mordisquear, *v., mordiller ; grignoter*
moro, a, *n., maure*
mosca, *n. f., mouche*
motosierra, *n. f., tronçonneuse*
mover (ue), *v., bouger*
muchacho, a, *n. jeune homme, jeune fille*
mudanza, *n. f., déménagement ; changement*
multitud, *n. f. foule*
muñeca, *n. f., poignet ; poupée*
mural, *n. m., fresque*
muselina, *n. f., mousseline*
musical, *n. m., comédie musicale, spectacle*
musitar, *v., murmurer*
mutuo, a, *adj., mutuel, elle, réciproque*

N

nacer, *v., naître*
nacionalizar, *v., nationaliser*
nada, *pron., rien*
nadie, *pron., personne*
Nápoles, *n. p., Naples*
narcotráfico, *n. m., trafic de stupéfiants*
narrador, a, *n., narrateur, narratrice*
nato, a, *adj., né, e*
naturaleza, *n. f., nature*
navegar, *v., naviguer*
Navidad, *n. f. Noël*
necesidad, *n. f., besoin*
necesitar, *v., avoir besoin*
negar (ie), *v., nier ; refuser*
negociar, *v., négocier*
negrilla, *n. f., caractère gras*
nene, *n. m., bébé*
nervioso, a, *adj., nerveux, euse*
neutral, *adj., neutre*
niebla, *n. f., brouillard*
nieto, a, *n., petit-fils, petite-fille*
nieve, *n. f., neige*
niñera, *n. f., nourrice*
niñez, *n. f., enfance*
nítido, a, *adj., net, nette ; clair, e*
nivel, *n. m., niveau*
Nochebuena, *n. f., nuit de Noël*
nombrar, *v., nommer*
nombre, *n. m., nom* ; **nombre de pila**, *prénom*
notar, *v., remarquer*
noticia, *n. f., nouvelle ; information*
novela, *n. f., roman* ; **novela corta**, *nouvelle*
noveno, a, *adj., neuvième*
novio, a, *n., fiancé, e ; marié, e*
nube, *n. f., nuage*
núcleo, *n. m., noyau*
número, *n. m., nombre*
numeroso, a, *adj., nombreux, euse*

O

oblicuo, a, *adj., oblique*
obra, *n. f., œuvre* ; **obra maestra**, *chef-d'œuvre*
obrero, a, *n., ouvrier, ouvrière*
obtener (ie), *v., obtenir*
obviamente, *adv., évidemment*
ocultar, *v., cacher*
oculto, a, *adj., occulte ; caché, e*
ocurrir, *v., se produire*
odiar, *v., haïr*
odio, *n. m., haine*
ofender, *v., offenser*
oferta, *n. f., offre*
oficiar, *v.*, **oficiar de**, *faire office de*
oficial, *adj., officiel, elle*
oficial, *n. m., officier*
oficina, *n. f., bureau*
oficio, *n. m., métier*
ofidio, *n. m., ophidien, serpent*
ofrecer, *v., offrir*
ofrecimiento, *n. m., offre*
ofrendar, *v., donner en offrande*
oídos, *n. m. pl., oreilles, ouïe*
oír, *v., entendre*
ojalá, *interj., pourvu que, si seulement*
ojo, *n. m., œil*
ola, *n. f., vague*
óleo, *n. m., peinture à l'huile*
oler (ue), *v., sentir*
olfatear, *v., flairer*
oligarquía, *n. f., oligarchie*
olivo, *n. m., olivier*
olor, *n. m., odeur*
olvidar, *v., oublier* ; **olvidarse de**, *oublier*
onomatopeya, *n. f., onomatopée*
ópera, *n. f., opéra*
opinar, *v., penser ; donner son avis*
oponer, *v., opposer*
oportunidad, *n. f., chance, occasion*
opositor, a, *n., opposant, e*
optar, *v.*, **- por**, *choisir*
oración, *n. f., prière*
oráculo, *n. m., oracle*
orden, *n. m., ordre ; rangement*
orden, *n. f., ordre (donner un ordre)*
orfanato, *n. m., orphelinat*
orgullo, *n. m., fierté ; orgueil*
origen, *n. m., origine*
oscuro, a, *adj., sombre, foncé, e* ; **a oscuras**, *dans l'obscurité*
oscurecer, *v., obscurcir, assombrir; commencer à faire nuit*
ostentar, *v., arborer*
otoño, *n. m., automne*
otorgar, *v., accorder*

P

padecer, *v., souffrir*
padre, *n. m., père* ; **padres**, *parents*
paga, *n. f., salaire, paie*
pagar, *v., payer*
página, *n. f., page*
pago, *n. m., paiement*
país, *n. m., pays*
paisaje, *n. m., paysage*
paisano, a, *n., compatriote, personne du même pays*
paja, *n. f., paille*
pájaro, *n. m., oiseau*
pala, *n. f., pelle*
palabra, *n. f., mot*
palacio, *n. m., palais*
pálido, a, *adj., pâle*
paliza, *n. f., raclée*
palma, *n. f., paume*
paloma, *n. f., pigeon ; colombe*
pan, *n. m., pain* ; **pan rural**, *pain de campagne, rustique*
panfleto, *n. m., tract ; pamphlet*
pantalla, *n. f., écran*
pañuelo, *n. m., mouchoir ; foulard*
papel, *n. m., papier ; rôle*
paquete, *n. m., paquet*
paradero, *n. m., arrêt*
parado, a, *n., chômeur, euse*
paradoja, *n. f., paradoxe*
paraíso, *n. m., paradis*
paraje, *n., endroit ; parage*
paralelo, *n. m., parallèle*
parar, *v., arrêter*
parecer, *v., sembler, paraître*
pared, *n. f., mur*
pareja, *n. f., couple*
parlamento, *n. f., tirade, discours*
paro, *n. m., chômage*
párpado, *n. m., paupière*
parque, *n. m., parc*
párrafo, *n. m., paragraphe*
parrilla, *n. f., grille ; gril*
párroco, *n. m., curé*
parte, *n. f., partie* ; **formar parte**, *faire partie*
parte, *n. m., faire-part* ; **parte de matrimonio**, *faire-part de mariage*
participar, *v., participer*
partida, *n. f., partie*
partidario, a, *adj., partisan*
partido, *n. m., parti*
partir, *v., fendre; couper ; partir ; casser*
pasar, *v., passer ; se passer* ; **pasar de**, *dépasser* ; **pasar hambre**, *avoir faim* ; **pasarlo bien**, *bien s'amuser*
pasarela, *n. f., podium ; passerelle (sur un bateau)*
pasear, *v., se promener*
paseo, *n. m., promenade*
paso, *n. m., pas ; passage* ; **paso de peatones**, *passage pour piétons*
pastilla, *n. f., comprimé*
paterno, a, *adj., paternel, elle*
patio, *n. m., cour ; patio*
patrocinar, *v., sponsoriser*
paulatinamente, *adv., progressivement*
pausa, *n. f., pause*
pavor, *n. m., terreur, effroi*
paz, *n. f., paix*
pecho, *n. m., poitrine ; sein ; cœur*
pedazo, *n. m., morceau*
pedir (i), *v., demander*
pegar, *v., frapper ; coller* ; **pegar un grito**, *pousser un cri*
peinar, *v., peigner*
pelea, *n. f., bagarre ; combat ; dispute*
pelear, *v., se battre ; combattre*
película, *n. f., film* ; **¡es de película!**, *c'est comme dans un rêve, comme au cinéma !*
peligro, *n. m., danger*
peligroso, a, *adj., dangereux, euse*

pelo, *n. m., cheveu ; poil ; cheveux*
pelota, *n. f., balle, ballon*
peluquería, *n. f., salon de coiffure*
pena, *n. f., peine, tristesse*
pensamiento, *n. m., pensée, réflexion*
pensar (ie), *v., réfléchir, penser*
peón, *n. m., ouvrier*
peor, *adj., pire*
pequeñez, *n. f., petitesse*
pequeño, a, *adj., petit, e*
perdidamente, *adv., éperdument*
perdonar, *v., pardonner*
perezoso, a, *adj., paresseux, euse*
perfecto, a, *adj., parfait, e*
perforadora, *n. f., perforatrice*
perfume, *n. m., parfum*
pergamino, *n. m., parchemin*
periódico, *n. m., journal*
periodismo, *n. m., journalisme*
periodista, *n., journaliste*
período, *n. m., période*
permanecer, *v., rester*
permiso, *n. m., permis ; permission*
permitir, *v., permettre*
pero, *conj., mais*
perplejidad, *n. f., perplexité*
perseguir (i), *v., poursuivre*
personal, *adj., personnel, elle*
pertenecer, *v., appartenir*
peruano, a, *adj., péruvien, enne*
pesado, a, *adj., lourd, e ; ennuyeux, euse*
pesar, *n. m., chagrin*
a pesar de, *loc. prép., malgré*
pese a, *loc. prép., malgré*
pésimo, a, *adj., très mauvais, e*
peso, *n. m., poids ; peso (monnaie)*
picaporte, *n. m., poignée de porte*
pie, *n. m., pied ;* pie de página, *légende, bas de page*
piedad, *n. f., pitié ; piété*
piedra, *n. f., pierre*
pierna, *n. f., jambe*
pimienta, *n. f., poivre*
pincelada, *n. f., coup de pinceau*
pintada, *n. f., graffiti*
pintar, *v., peindre*
pintor, a, *n., peintre*
pintura, *n. f., peinture*
piragüismo, *n. m., canoë-kayak*
pirámide, *n. f., pyramide*
Pirineos, *n. m. pl., les Pyrénées*
pisar, *v.,* pisar algo, *marcher sur quelque chose*
piso, *n. m., appartement ; étage ; sol*
pisotear, *v., piétiner*
planchar, *v., repasser*
planear, *v., planifier*
plantear, *v., poser ; envisager*
plasmar, *v., exprimer*
plata, *n. f., argent*
plato, *n. m., assiette, plat*
playa, *n. f., plage*
plazo, *n. m., délai*
pleito, *n. m., procès*
pleno, a, *adj., plein, e*
pleno, *n. m., séance plénière*
población, *n. f., population*
poblado, *n. m., village ; agglomération*
poder (ue), *v., pouvoir ;* poder con alguien, *venir à bout de quelqu'un*
poderoso, a, *adj., puissant, e*
poemario, *n. m., recueil de poèmes*
policíaco, a, *adj., policier, ère*
policía, *n. m., policier*
policía, *n. f., police*
polilla, *n. f., mite*
póliza, *n. f., police, contrat*
pollera, *n. f., jupon*
poner, *v., poser ; mettre ;* ponerse, *devenir*
portada, *n. f, page de couverture*
portal, *n. m., entrée ; portail*
portavoz, *n., porte-parole*
portazo, *n. m.,* dar un portazo, *claquer la porte*
en pos de, *loc. prép., en quête de ;* ir en pos de, *courir après quelque chose*
posdata, *n. f.,* (p.d.), *post scriptum*
poseer, *v., posséder*
postrero, a, *adj., dernier, ère*
potencial, *adj., potentiel, elle*
potro, *n. m., poulain*
precario, a, *adj., précaire*
precio, *n. m., prix*
predecir (i), *v., prédire*
pregonar, *v., proclamer*
pregunta, *n. f., question*
preguntar, *v., demander*
premiar, *v., récompenser*
premio, *n. m., prix*
prenda, *n. f., vêtement*
prensa, *n. f., presse*
preocupado, a, *adj., préoccupé, e*
presenciar, *v., assister*
preso, a, *n., prisonnier, ère*
pretender, *v., vouloir*
prisa, *n. f., hâte ;* darse prisa, *se dépêcher*
probador, *n. m., cabine d'essayage*
probar (ue), *v., essayer ; goûter ; prouver*
procedimiento, *n. m., procédé*
procesar, *v., poursuivre, accuser*
proceso, *n. m., processus*
prohibición, *n. f., interdiction*
prohibido, a, *adj., interdit, e*
promedio, *n. m., moyenne*
promover (ue), *v., promouvoir*
promulgar, *v., promulguer*
pronto, *adv., rapidement ;* de pronto, *soudain*
pronunciamiento, *n. m., putsch*
propenso, a, *adj., - a, porté, e à ; sujet à*
propio, a, *adj., propre ; lui-même, elle-même*
proporcionar, *v., fournir*
propósito, *n. m., intention, but*
protagonista, *n., personnage*
protagonizar, *v., jouer le rôle principal dans*
protesta, *n. f., protestation*
proveer, *v., pourvoir*
provisto, a, *adj., pourvu, e*
proyecto, *n. m., projet*
prueba, *n. f., preuve ; épreuve*
publicista, *n., publicitaire*
pueblo, *n. m., village ; peuple*
puente, *n. m., pont*
puerco, *n. m., porc*
puerto, *n. m., port*
pues, *conj., car ; donc ; eh bien*
puesto, *n. m., poste, place*
pujante, *adj., vigoureux, euse*
pulmón, *n. m., poumon ;* a pleno pulmón, *à pleins poumons*
puñado, *n. m., poignée*
puñetazo, *n. m., coup de poing*
puño, *n. m., poing*
punto, *n. m., point*
puntualidad, *n. f., ponctualité*
puntualizar, *v., préciser*
pupila, *n. f., pupille*
puro, *n. m., cigare*

Q

quebrar (ie), *v., briser*
quedar, *v., rester*
queja, *n. f., plainte*
quejarse, *v., se plaindre*
quemar, *v., brûler*
queso, *n. m., fromage*
quimera, *n. f., chimère*
quiosco, *n. m., kiosque*
quitar, *v., enlever*

R

rabia, *n. f., rage, colère*
rabillo, *n. m.,* mirar con el rabillo del ojo, *regarder du coin de l'œil*
radiante, *adj., radieux, euse*
raíz, *n. f., racine*
ranchero, a, *n., fermier, ère*
rapiña, *n. f., rapine, pillage ;* ave de rapiña, *oiseau de proie*
raro, a, *adj., rare, exceptionnel ; bizarre*
rascacielos, *n. m. inv., gratte-ciel*
rasgos, *n. m. pl., traits*
rastro, *n. m., trace*
rato, *n. m., moment ;* a ratos, *par moments*
rayo, *n. m., foudre*
reaccionar, *v., réagir*
real, *adj., réel, réelle ; royal, e*
realce, *n. m., relief ; éclat ;* poner de realce, *mettre en relief, en valeur*
reanudar, *v., renouer ; reprendre*
rebajar, *v., rabaisser ; solder*
rebajas, *n. f. pl., soldes*
rebelde, *adj., rebelle*
rebeldía, *n. f., révolte*
recalcar, *v., mettre en relief*
recelar, *v., se méfier*
rechazar, *v., repousser, rejeter*
rechazo, *n. m., rejet ; refus*
recién, *adv., récemment, nouvellement*
recinto, *n. m., enceinte*
recoger, *v., recueillir*
reconquista, *n. f., reconquête*
recordar (ue), *v., se souvenir ; rappeler*
recorrer, *v., parcourir*
recostarse (ue), *v. pr., s'allonger*
recrear, *v., recréer ; amuser, distraire*
recreo, *n. m., récréation*
rector, a, *n., directeur, directrice*
recurso, *n. m., recours ; ressource*
red, *n. f., filet ; réseau ;* la Red, *Internet*
redactar, *v., rédiger*
redondo, a, *adj., rond, e*
referir (i-ie), *v., rapporter ;* referirse a, *parler de ; se référer à*
reflejar, *v., refléter ; réfléchir*
reflexionar, *v., réfléchir*
reforzar (ue), *v., renforcer*
refrán, *n. m., proverbe*
refrescar, *v., rafraîchir*
refunfuñar, *v., ronchonner*
regadera, *n. f., arrosoir*
regadío, *n. m., irrigation*
regalo, *n. m., cadeau*
regar (ie), *v., arroser*
régimen, *n. m., régime*
regresar, *v., revenir*
regreso, *n. m., retour*
reinar, *v., régner*
reinado, *n. m., règne*
reivindicar, *v., revendiquer*
reja, *n. f., grille*
relámpago, *n. m., éclair*
relajar, *v., détendre, relaxer*
relato, *n. m., récit*
relegar, *v., reléguer, se débarrasser de*
relevante, *adj., important, e*
relieve, *n. m., relief*
rellenar, *v., remplir ; fourrer*
reluciente, *adj., brillant, e*
relumbrar, *v., briller*
remitente, *n., expéditeur, expéditrice*
remitir, *v., renvoyer*
renacimiento, *n. m., renaissance*
rendido, a, *adj., épuisé, e*
renta, *n. f., revenu*
renunciar, *v., renoncer*
repartir, *v., distribuer*
reparto, *n. m., partage ; distribution*
de repente, *loc. adv., tout à coup*
repentino, a, *adj., soudain, e*
replicar, *v., répliquer, répondre*
reportaje, *n. m., reportage*
reportero, a, *n., reporter*
represalia, *n. f., représaille*
requisito, *n. m., condition requise*
resbalar, *v., glisser*
rescatar, *v., sauver ; délivrer*
rescatador, *n. m., sauveteur*
rescate, *n. m., sauvetage ; rançon*
resoplar, *v., grogner ; être essoufflé*
resoplido, *n. m., essoufflement ; grognement*
respaldo, *n., dossier*
respecto, *n. m.,* (con) respecto a, *quant à, en ce qui concerne*
respetuoso, a, *adj., respectueux, euse*
resplandor, *n. m., éclat*
restar, *v., soustraire*
restregar, *v., frotter*
resultar, *v., résulter ; être ; revenir*
retirada, *n. f., retraite ;* batirse en retirada, *battre en retraite*
retorno, *n. m., retour*
retrasar, *v., retarder*
revés, *n. m., envers ; revers*
revisar, *v., vérifier*
revuelta, *n. f., révolte*
ribera, *n. f., rive, rivage*
rico, a, *adj., riche ; savoureux, euse*
ridículo, *n. m., ridicule ;* hacer el ridículo, *se ridiculiser*
rifle, *n. m., fusil*
rigidez, *n. f., rigidité*
riña, *n. f., dispute*
riqueza, *n. f., richesse*
robar, *v., voler*
rociar, *v., arroser, asperger*
rodaje, *n. m., tournage*
rodar (ue), *v., tourner*
rodear, *v., entourer*
rodilla, *n. f., genou*
roer, *v., ronger*
rogar (ue), *v., prier de, demander*
rollizo, a, *adj., rebondi, e, dodu, e*
romance, *n., romance (poème) ;* lengua romance, *langue romane*
romper, *v., casser, briser*
ronda, *n. f., ronde*
ropa, *n. f., vêtements*
ropero, *n. m., penderie*
rostro, *n. m., visage*
rotundo, a, *adj., catégorique*
rueda, *n. f., roue*
rugido, *n. m., rugissement*
rumor, *n. m., rumeur ; bruit*

S

sábana, *n. f., drap*
saber a, *v., avoir le goût de*
sabiduría, *n. f., sagesse*
sable, *n. m., sabre*
sacar, *v., sortir ; enlever ;* **sacar adelante**, *faire prospérer*
sacerdote, *n. m., prêtre*
sacudir, *v., secouer*
sagrado, a, *adj., sacré, e*
sal, *n. f., sel*
salar, *v., saler*
salar, *n. m., désert de sel*
salir, *v., sortir ; déborder ;* **salir adelante**, *aller de l'avant, s'en sortir*
salitre, *n. m., salpêtre ; nitrate*
saltar, *v., sauter*
salto, *n. m., saut*
salvación, *n. f., salut ; sauvetage*
salvador, a, *n., sauveur*
salvoconducto, *n. m., sauf-conduit*
sandalia, *n. f., sandale*
sano, a, *adj., sain, e*
saqueo, *n. m., pillage*
sargento, *n. m., sergent*
satisfacer, *v., satisfaire*
secuestrar, *v., enlever*
secuestro, *n. m., enlèvement*
seda, *n. f., soie*
sede, *n. f., siège*
seducir, *v., séduire*
seguidor, a, *v., supporter, admirateur*
seguir (i) *v., suivre ; continuer ;* **sigue**, *à suivre*
seguro, *adv, sûrement ;* **a buen seguro que**, *loc.adv., sûrement*
selecto, a, *adj., de choix*
sello, *n. m., timbre*
selva, *n. f., forêt vierge*
semáforo, *n. m., feux tricolores*
semanal, *adj., hebdomadaire*
sembrar (ie), *v., semer*
semejante, *adj., semblable*
semilla, *n. f., graine*
señal, *n. f., signal ; signe*
señalar, *v., marquer ; montrer ; signaler*
sencillez, *n. f., simplicité*
sencillo, a, *adj., simple, facile*
senda, *n. f., sentier*
sentencia, *n. f., sentence ;* **sentencia de muerte**, *arrêt de mort*
sentido, *n. m., sens*
sentir (ie-i), *v., sentir; ressentir ; regretter*
serio, a, *adj., sérieux, euse ;* **en serio**, *sérieusement*
seudónimo, *n. m., pseudonyme*
si bien, *loc. conj., bien que*
sierra, *n. f., montagne ; chaîne de montagnes*
significado, *n. m., sens*
signo, *n. m., signe ;* **signo de admiración**, *point d'exclamation*
silenciar *v., réduire au silence, faire taire*
silla, *n. f., chaise ; selle*
similar, *adj., similaire*
sinfín, *n. m., infinité*
soberbia, *n. f., orgueil*
sobrar, *v., rester ; être de trop*
sobre, *prép., sur ; au-dessus de*
sobre, *n. m., enveloppe ; sachet*
sobrecogido, a, *adj., surpris, e*
sobreentender, *v., sous-entendre*
sobrepasar, *v., surpasser*
sobrepoblación, *n. f., surpopulation*
sobresaltar, *v., faire sursauter*
sobrino, a, *n., neveu, nièce*
sofá, *n. m., canapé*
solemne, *adj., solennel, elle*
soler (ue), *v., avoir l'habitude*
solicitante, *n., solliciteur ; pétitionnaire*
soltero, a, *adj., célibataire*
solucionar, *v., résoudre*
sombrero, *n. m., chapeau ;* **sombrero de copa**, *haut de forme*
soñador, a, *adj., rêveur, euse*
soñar (ue), *v., rêver*
sonar (ue), *v., sonner, résonner*
sopera, *n. f., soupière*
sorbo, *n. m., gorgée*
sordera, *n. f., surdité*
sordo, a, *adj., sourd, e*
sospecha, *n. f., soupçon*
sospechar, *v., soupçonner*
sotana, *n. f., soutane*
suave, *adj., doux, douce*
subasta, *n. f., vente aux enchères*
subastar, *v., vendre aux enchères*
sublevación, *n. f., soulèvement*
sublevarse, *v., se soulever, se révolter*
submarinismo, *n. m., plongée sous-marine*
subrayar, *v., souligner*
suburbio, *n. m., banlieue*
subyugar, *v., soumettre, subjuguer*
suceder, *v., se produire*
suceso, *n. m., fait divers*
sudor, *n. m., sueur*
sueco, a, *adj., suédois, e*
suegro, a, *n., beau-père, belle-mère*
sueldo, *n. m., salaire*
suelo, *n. m., sol*
suerte, *n. f., chance*
suficiente, *adj., suffisant, e*
sufragar, *v., financer*
sufrimiento, *n. m., souffrance*
sugerir (ie-i), *v., suggérer*
sumar, *v., additionner*
sumergir, *v., submerger ; plonger*
sumiso, a, *adj., soumis, e*
sumo, a, *adj., suprême, extrême*
suntuoso, a, *adj., somptueux, euse*
superar, *v., dépasser ; surmonter*
súplica, *n. f., supplique ; supplication*
surco, *n. m., pli ; ride ; ligne (de la main) ; sillon*
surtir, *v.,* **surtir efecto**, *avoir de l'effet*
susurro, *n. m., chuchotement*

T

tablón, *n. m., planche ; plaque*
tacón, *n. m., talon ;* **tacón de aguja**, *talon aiguille*
con tal (de) que, *loc. conj., pourvu que*
talar, *v., abattre*
talle, *n. m., taille*
tamaño, *n. m., taille*
tañido, *n. m., tintement ; son*
tanque, *n. m., tank*
tapa, *n. f., couvercle*
tapar, *v., couvrir ;* **taparse la cara**, *se cacher le visage*
tapiar, *v., murer*
tapiz, *n. m., tapisserie ; tapis*
tardanza, *n. f., retard*
tarjeta, *n. f., carte*
tarro, *n. m., pot*
tasa, *n. f., taxe*
techo, *n. m., toit*
técnico, a, *adj., technique*
tejado, *n. m., toit*
telediario, *n. m., journal télévisé*
telón, *n. m., rideau*
temblar (ie), *v., trembler*
temer, *v., craindre*
temible, *adj., redoutable*
temor, *n. m., crainte*
temporada, *n. f., saison ; séjour*
temprano, *adv., tôt, de bonne heure*
tenacidad, *n. f., ténacité*
tender (ie), *v., étendre*
teniente, *n. m., lieutenant*
término, *n. m., terme ; plan*
ternura, *n. f., tendresse*
terrateniente, *n., propriétaire terrien, enne*
terreno, *n. m., terrain*
terrorífico, a, *adj., terrifiant, e*
tesis, *n. f., thèse*
tesón, *n. m., obstination, volonté*
testigo, *n., témoin*
testimonio, *n. m., témoignage*
tetera, *n. f., théière*
tibio, a, *adj., tiède*
tierno, a, *adj., tendre*
tieso, a, *adj., raide*
tinta, *n. f., encre*
tirar, *v., jeter ;* **tirar de**, *tirer*
tiro, *n. m., tir ; coup de feu*
titular, *v., intituler*
titular, *n. m., gros titre*
tiznar, *v., tacher de noir*
tobillo, *n. m., cheville*
toma, *n. f., prise*
tonto, a, *adj., bête, sot*
tormenta, *n. f., orage*
trabajador, a, *adj., travailleur, euse*
trabar, *v.,* **trabar amistad**, *se lier d'amitié*
traer, *v., apporter*
tragar, *v., avaler*
trago, *n. m., gorgée ; verre*
traicionar, *v., trahir*
traje, *n. m., costume ;* **traje de gala**, *grande tenue*
trampa, *n. f., piège*
tranco, *n. m., grande enjambée*
transcurrir, *v., passer*
tránsito, *n. m., passage*
transmitir, *v., transmettre*
tranvía, *n. m., tramway*
trapo, *n. m., chiffon*
tras, *prép., après*
trasero, a, *adj., arrière*
traslucir, *v., laisser entrevoir, révéler*
trasmisión, *n. f., transmission*
trastornar, *v., bouleverser*
trata, *n. f., traite*
trato, *n. m., marché ; affaire*
travesía, *n. f., traversée*
trazado, *n. m., tracé*
trazo, *n. m., trait*
tremendo, a, *adj., terrible*
trenza, *n. f., tresse*
trigo, *n. m., blé*
trillado, a, *adj., rebattu, e*
trinchera, *n. f., tranchée*
tripulación, *n. f., équipage*
triunfar, *v., triompher ; réussir*
trizar, *v., réduire en miettes*
trompazo, *n. m., coup*
trozo, *n. m., morceau*
trueque, *n. m., troc, échange*
tumbarse, *v., s'allonger*
turnar, *v., alterner, se succéder*
turno, *n. m., tour ; service*

U

umbral, *n. m., seuil*
uña, *n. f., ongle*
unirse, *v. pr., s'unir ; se joindre à*
usar, *v., utiliser, se servir de ; porter*
uva, *n. f., raisin*

V

vacío, a, *adj., vide*
vacilación, *n. f., hésitation*
valedero, a, *adj., valable*
valentía, *n. f., courage*
valer, *v., valoir ;* **valerse de**, *se servir de*
valeroso, a, *adj., courageux, euse*
válido, a, *adj., valide*
valiente, *adj., courageux, euse*
valle, *n. m., vallée*
valor, *n. m., courage ; valeur*
valoración, *n. f., évaluation*
vanagloriarse, *v. pr., se vanter*
vara, *n. f., baguette*
varón, *n. m., mâle ; homme*
vaso, *n. m., verre*
vecino, a, *n., voisin, e ; habitant, e*
vega, *n. f., plaine fertile*
vela, *n. f., bougie ; voile*
velada, *n. f., veillée, soirée*
velar, *v., veiller ; voiler*
vencer, *v., vaincre*
venenoso, a, *adj., vénéneux, euse ; venimeux, euse*
venir (i-ie), *v., venir ;* **venirse abajo**, *s'écrouler*
venta, *n. f., vente*
ventaja, *n. f., avantage*
ventajoso, a, *adj., avantageux, euse*
ventanilla, *n. f., guichet*
ventura, *n. f., chance ; hasard*
verdugo, *n. m., bourreau*
vergel, *n. m., verger*
vergüenza, *n. f., honte*
vestido, *n. m., robe*
veta, *n. f., filon*
víbora, *n. f., vipère*
victimario, *n. m., assassin*
vigilar, *v., surveiller*
viñeta, *n. f., dessin, illustration*
virtud, *n. f., vertu*
virtuoso, a, *adj., vertueux, euse*
vista, *n. f., vue*
vistoso, a, *adj., voyant, e*
viudo, a, *adj., veuf, veuve*
vivencia, *n. f., expérience vécue*
vivienda, *n. f., demeure ; habitation*
vivo, a, *adj., vif, vive ; vivant, e*
vocablo, *n. m., mot*
vocal, *n. f., voyelle*
volcar (ue), *v., renverser*
volver (ue), *v., revenir ;* **volver a**, *recommencer ;* **volverse**, *devenir*
voz, *n. f., voix ; cri*
vuelco, *n. m., renversement, changement brutal*
vuelo, *n. m., vol*
vuelta, *n. f., retour ; tour ;* **dar vueltas**, *tourner*

Y

yacimiento, *n. m., gisement*
yate, *n. m., yacht*

Z

zafra, *n. f., récolte de la canne à sucre*
zarpar, *v., appareiller*

Crédits

Crédits photos

• p. 12h : Magazine de La Vanguardia • p. 12b : Chamussy/Sipa Press • p. 13 : Bodo Marks/dpa/Corbis • p. 14 : Pascal Saez/Sipa Press • p. 15 : Mario Fourmy/Réa • p. 16 : Élisabeth Mazoyer • p. 17 : Élisabeth Mazoyer • p. 18 : © Marc Alex/AFP • p. 19 : Reynald Montaigu • p. 20 : Bjorn Svensson/age fotostock • p. 21 : El Corte Inglés • p. 24 : Zanussi • p. 25 : Maltratozero • p. 29h : Raphaël Gaillarde/Gamma • p. 29b : PrismaArchivo/Leemage © Agata Films – José Luis Dibildos • p. 30h : Mary Evans Picture Library/Alamy © Balenciaga • p. 30m : Daniel Ochoa de Olza/AP/Sipa Press • p. 30b : Adolfo Domínguez • p. 31h : Jordi Puig/Alamy/Photo12 • p. 31b : Albert Olive/epa/Corbis • p. 32h : EFE/Sipa Press • p. 32b : Dev Carr/Cultura/Photononstop • p. 33 : EFE/Sipa Press • p. 35 : El País.com/elviajero • p. 36h : Prod DB © Globo Media S.A. • p. 36b : Prod DB © Globo Media S.A. • p. 37g : Prod DB © El Deseo • p. 37d : Prod DB © El Deseo • p. 38 : Prod DB © Televisa S.A. de C.V. • p. 39h et b : Nintendo • p. 40 : EFE/Sipa Press • p. 41 : James Quine/Alamy/Photo12 • p. 42 : Alison Wright/Corbis • p. 43h et b : Tute • p. 46 : Prod DB © El Deseo • p. 47 : Prod DB © Bac Films – Mate – Ce Qui Me Meut Motion Pictures • p. 51h : PrismaArchivo/Leemage • p. 51b : idp spain collection/Alamy/Photo12 • p. 52g : Prod DB © Figaro Films • p. 52hd : PrismaArchivo/Leemage • p. 52hb : Prod DB © El Deseo • p. 53g : Prod DB © Lauren • p. 53d : Ouka Leele/Agence VU • p. 54h : PrismaArchivo/Leemage • p. 54b : Association FFREEE • p. 55 : Photo Josse/Leemage • p. 56 : Universidad de Valencia • p. 57h : Krahn • p. 57b : Universidad de Valencia • p. 58-59 : Bridgeman-Giraudon © Succession Picasso 2011 • p. 60 : Universidad de Valencia • p. 61 : Michael Nicholson/Corbis • p. 62 : Pros DB © Los Producciones del Escorpion • p. 63 : Pros DB © Los Producciones del Escorpion • p. 64h : María Galán/age fotostock • p. 64b : Patrick Escudero/Hemis/Corbis • p. 65 : Photo12 ©Rafael Alberti • p. 68 : Aisa/Leemage • p. 69 : Museo de la Paz de Gernika, Bizkaia • p. 73h : Album/Asun Carandell/Akg-images • p. 73b : Archivio Arici/Leemage • p. 74hg : Le Point • p. 74hd : Le Nouvel Observateur • p. 74m : Denis Doyle/AP/Sipa Press • p. 74b : Ministerio de Defensa de España, Madrid • p. 75 : ©Mario Fourmy/Réa • p. 76h : Élisabeth Mazoyer • p. 76b : Élisabeth Mazoyer • p. 77 : EFE/Sipa Press • p. 78h et b, 79 : El País/Garcia Cordero • p. 80 : www.libertad-expresion.org.mx • p. 81 : 2010 by El Universal/Zuma/Réa • p. 82 : El País • p. 83 : Yoani Sánchez • p. 84, 85 : Aisa/Leemage • p. 86h : Réa • p. 86b : ©Mario Fourmy/Réa • p. 87 : Ministerio de Cultura de España, Madrid • p. 90 : Plantu • p. 91 : EFE/Alejandro Ernesto/Sipa Press • p. 95h : Costa/Leemage ©Rafael Pena • p. 95b : Aisa/Leemage • p. 96h : Aisa/Leemage • p. 96bg : Aisa/Roger-Viollet • p. 96bd : Gusman/Leemage • p. 97 : Aisa/Leemage • p. 98h : Gonzalo Jallasi/ABI/AFP • p. 98b : Guillermo Angulo /Clasos.com/AFP • p. 99 : Susana Gonzalez/dpa/Corbis • p. 100 : Bridgeman Giraudon • p. 102 : Enrique de la Osa/Reuters • p. 103 : Fundación Telefonica • p. 105 : Bridgeman Giraudon © 2011 Banco de México Diego Rivera Frida Kahlo Museums Trust, Mexico, D.F. - Adagp, Paris • p. 107h et b : República de Venezuela Instituto Postal Telegráfico • p. 108 : Hisham Ibrahim/PhotoV/Alamy/Photo12 • p. 109 : National Geographic Image Collection/Alamy/Photo12 • p. 112 : Miguel Guiterrez/AFP • p. 113h et b : MSF • p. 117h : Effigie/Leemage • p. 117b : Prod DB ©Films Ariane-Italmedia Film • p. 118hg : Roger-Viollet • p. 118hd : LAPI/Roger-Viollet • p. 118b : Gamma • p. 119h : Daniel Mordzinski/Opale • p. 119m : AGF/Leemage • p. 119b : Jacques Sassier/Gallimard/Opale • p. 120 (carte) : Philippe Valentin • p. 120 : René Mattes/hemis.fr • p. 120-121 : Michelle Chaplow/Alamy/Photo12 • p. 121 : Patrick Ward/Corbis • p. 122 : Bettmann/Corbis © Salvador Dalí, Fundació Gala-Salvador Dalí - Adagp, Paris, 2011 • p. 123 : James Andanson/Sygma/Corbis © Adagp, Paris, 2011 • p. 124 : Akg-images • p. 125 : Alberto Paredes/Alamy/Photo12 • p. 126 : Sunset Boulevard/Corbis • p. 127h : Consorcio Camino del Cid, Burgos • p. 127b : Album/Oronoz/akg-images • p. 128 : Alberto Paredes/Alamy/Photo12 • p. 129 : Aisa/Leemage © Succession Picasso 2011 • p. 132 : Swim Ink 2,LLC/Corbis • p. 133h : Gianni Dagli Orti/Corbis • p. 133b : © Roland et Sabrina Michaud/RAPHO • p. 136 : Bnf, Paris • p. 137 : Photo Josse/Leemage • p. 138h : Stéphane de Sakutin/AFP • p. 138b : Carlos Alvarez/Getty Images/AFP • p. 139h : Gustavo Cuevas/epa/Corbis • p. 139m : Carlos Alvarez/Getty Images/AFP • p. 139b : José Moro - www.josemoro.com • p. 140h : Archives Casasola/Photo12 • p. 140b : Keystone • p. 141 : Pedro Ruiz/Gamma • p. 142 : Ullstein Bild/Roger-Viollet • p. 143 : Frilet/Sipa Press © 2011 Banco de México Diego Rivera Frida Kahlo Museums Trust, México, D.F. - Adagp, Paris • p. 144 : Coll. part. © Adagp, Paris, 2011 • p. 145b : World Pictures/Alamy/Photo12 • p. 146 : TIPS/Photononstop • p. 147 : Coll. auteur • p. 148 : TIPS/Photononstop • p. 149 : Look/Photononstop • p. 150 : Najlah Feanny/Réa • p. 151 : J.B. Russel/Sygma/Corbis • p. 153 : Christie's Images/Bridgeman-Giraudon © 2011 Banco de México Diego Rivera Frida Kahlo Museums Trust, Mexico, D.F. - Adagp, Paris • p. 156 : Coll auteur • p. 157h : Luke MacGregor/Reuters © Jorge Rivelino • p. 157b : Mauritius/Photononstop • p. 161h : Effigie/Leemage • p. 161b : Museo de Arte Moderno, Mexico City/Bridgeman-Giraudon © Adagp, Paris, 2011 • p. 163 : Alfredo Dagli Orti/Photo12 © Adagp, Paris, 2011 • p. 164h : Coll. part. © Adagp, Paris, 2011 • p. 164b : Farrell Grehan/Corbis © Adagp, Paris, 2011 • p. 164h : Christian Heeb/hemis.fr • p. 164b : François Lochon/Gamma • p. 165 : Olivier Joly/Explorer • p. 166 : James Brunker/Alamy/Photo12 • p. 167 : Mauritius/Photononstop • p. 168h : Xinhua/Zuma/Réa • p. 168b : J.M. de la Maza/Archivolatino/Réa • p. 169h : Quilapayún • p. 169b : Lorenzo Moscia/Archivolatino/Réa p. 170b : Réa • p. 170, 171, 172 : Ediciones Madres de Plaza de Mayo • p. 173 : Patricio Murphy/latinphoto.org • p. 174 : Michel Marcu • p. 178 : Teuve • p. 179h : Patrick Escudero/hemis.fr • p. 179b : Stefano Politi Markovina/Alamy/Photo12 • p. 183h : Neil Libbert/Lebrecht/Leemage • p. 183b : IML Image Group/Alamy/Photo12 • p. 184hg : Prod DB © Progress Communications • p. 184hd : Prod DB © Nisarga – Paradis Films • p. 184b : La Penna/Sipa Press • p. 185h : Claudio Santana/AFP • p. 185b : Prod DB ©Paraiso – Tornasol • p. 186 : © Effigie/Leemage • p. 188 : © Album/Asun Carandell/akg-images • p. 192 : © Javier Lira/Opale • p. 193 : © Paola Agosti/Opale

Couverture : deux photos de Randy Faris/Corbis • Carlos Alvarez/Getty Images/AFP • Michel Guiterrez/AFP • Frédéric Soreau/Photononstop

Recherche iconographique : Lisa Buchaudon

Crédits textes

• p. 14 © permiso otorgado por MB Agencia Literaria • p. 18 © permiso otorgado por AMV Agencia Literaria • p. 20 © ABC Semanal • pp. 26, 42, 60-61, 172 © permiso otorgado por Antonia Kerrigan Agencia Literaria • pp. 28, 38, 40, 100, 108, 114-115, 116, 160, 166, 182, 190 © permiso otorgado por Carmen Balcells • p. 34 © Editorial Destino • pp. 48, 72 © Random House Mondadori • p. 56 © Luis de Castresana • pp. 62, 70 © Ediciones Maeva • p. 64 © Blas de Otero, permiso otorgado por Sabina de la Cruz • p. 84 © Arturo Pérez Reverte • p. 86 © Lidia Baltra, Observatorio de Medios Fucatel • p. 94 © Herederos de Federico García Lorca, permiso otorgado por Casanovas y Lynch • p. 104 © Editorial Anagrama • p. 106 © Editorial La Otra Orilla, Grupo Norma • pp. 134-135, 186 © Tusquets Editores • p. 142 © Ediciones Era Mexico • pp. 146, 152 © Grupo Planeta • p. 148 © Nicolás Guillén • p. 150 © Esteban Casañas Lostal • pp. 158-159 © Grupo Editorial Luis Vives • p. 180 © Carlos Schmerkin • p. 188 © Herederos Gabriel Celaya • p. 192 © Guillermo Samperio • p. 193 © permiso otorgado por Guillermo Schavelzon Agencia Literaria

Cartes : Coredoc (rabats de couverture) ; Philippe Valentin (p. 120)

IMPRIM'VERT®

Imprimé en France par I.M.E. – 25110 Baume-les-Dames
N° d'édition : 005538-04 – Dépôt légal : août 2013